高职高专"十二五"建筑及工程管理类专业系列规划教材

房地产估价

主　编　常　青
副主编　龙启云　郭　晟

西安交通大学出版社
XI'AN JIAOTONG UNIVERSITY PRESS

内 容 提 要

本书以职业岗位能力培养为核心，着力体现项目导向、任务引领的课程设计与教学指导思想，以项目为单位组织内容，以真实、典型的案例为载体引出相关专业知识和运用过程，使学生在每个项目的课题学习、探究和实践中完成技能训练，加深对专业知识的理解，培养学生的专业能力和职业素质，满足学生职业发展的需要。

本书共分为三个模块八个项目，其中房地产估价基础模块包括房地产与房地产估价、房地产价格两个项目；房地产估价方法模块包括市场比较法、收益法、成本法、假设开发法和地价评估与地价分摊五个项目；房地产估价实务模块包括估价程序与估价方法一个综合项目。

本书既可作为高等职业教育房地产经营与估价、建筑工程管理等土建类专业的教材和教学参考书，也可作为房地产估价企业、房地产开发经营企业和房地产管理部门等相关单位人员的工作参考书和职业资格考试参考用书。

前言

随着我国经济持续发展、城镇化进程加快以及人民生活水平的不断提高,房地产产业迅速发展,房地产市场日趋完善,房地产估价服务愈来愈广泛地渗透到社会经济活动的各个领域,市场对具有房地产估价知识与经验的房地产估价师的需求日益加大,房地产估价企业也随之增多,房地产估价师队伍也在不断壮大。这一客观形势对培养具有理论深度和较强操作能力的房地产估价人员提出了更高要求,对房地产估价教材同样具有更高的要求。

本书以职业岗位能力培养为核心,理论与实践相结合,注重学生职业能力和素质的提高。全书对房地产与房地产估价、房地产价格与价值、市场比较法、收益法、成本法、假设开发法、地价评估与地价分摊、房地产估价程序和房地产估价报告等内容进行了较为全面、详细的阐述。

本书特色主要体现在:

(1)以工学结合为切入点,基于岗位工作任务确定课程内容体系。以房地产估价师的岗位知识和能力需求为导向,根据真实岗位工作任务,采用项目化设计教学内容,体现职业针对性。

(2)内容与职业资格认证紧密结合,突出职业能力培养。本书内容与房地产估价师的职业资格考证内容相贯通,为实现以职业资格考证代替本课程考核打好基础,同时兼顾房地产估价师执业资格考试内容,为学生将来参加房地产估价师执业资格考试打下坚实基础。

(3)以能力为本位,突出专业能力和职业素质培养。利用来源于实际工作的典型估价案例和例题,通过学生主动进行分析和实际操作,加深对实际估价项目的理解和应用,调动学生学习的积极性与主动性,并通过实际案例的分析与应用操作,提高学生的专业能力和职业素质。

(4)以人的认知规律为依据,层级递进的设置相应知识学习和能力训练等内容,为探究性学习创造条件。本书每个项目首先设计"学习目标",明确本项目学习应达到的知识和能力目标;其次,设计"项目分析",介绍本项目主要内容及其在实际估价中的应用,并设计本项目导入综合案例;第三,在项目的每个课题基本知识之后,设计"基础训练"和"技能训练"(包括估价方法项目后的估价案例分析),使学生掌握本课题有关知识,并进行相应能力的训练;最后设计"能力拓展训练",通过若干案例的分析与应用,对本项目知识与技能完成进一步训练。

本书由多年从事专业教学与实践的高职院校教师和企业一线专业人员组成编写团队,由甘肃工业职业技术学院常青负责全书的总体设计,拟定编写思路和大纲后,编写组人员分工编写完成。具体分工为:甘肃工业职业技术学院常青编写项目一、项目四;甘肃建筑职业技术学院张正琨编写项目二;浙江工贸职业技术学院龙启云编写项目三;甘肃工业职业技术学院潘栋编写项目五;无锡城市职业技术学院郭晟编写项目六;潘栋、常青编写项目七;常青与天水启诚房地产评估咨询有限责任公司刘震林编写项目八。最后由主编负责全书的统稿和定稿。

本书编写过程中参考了大量文献资料,在此向这些作者表示衷心的感谢!由于受作者水平所限,书中难免存在不妥之处,恳请读者在使用过程中给予批评指正。

编者
2013 年 8 月

目 录

模块一　房地产估价基础

项目一　房地产与房地产估价　(2)
- 课题一　认识房地产 …………………………………………… (3)
- 课题二　房地产估价 …………………………………………… (16)
- 课题三　房地产估价师的职业道德 …………………………… (26)
- 课题四　房地产估价原则 ……………………………………… (27)

项目二　房地产价格基础　(35)
- 课题一　房地产价格和价值 …………………………………… (36)
- 课题二　房地产价格影响因素 ………………………………… (48)

模块二　房地产估价方法

项目三　市场比较法　(60)
- 课题一　认识市场比较法 ……………………………………… (61)
- 课题二　交易实例收集与可比实例筛选 ……………………… (63)
- 课题三　可比实例价格的修正与调整 ………………………… (71)
- 课题四　求取比准价值 ………………………………………… (80)
- 课题五　市场比较法应用示例 ………………………………… (86)

项目四　收益法　(91)
- 课题一　收益法概述 …………………………………………… (92)
- 课题二　报酬资本化法 ………………………………………… (94)
- 课题三　直接资本化法 ………………………………………… (109)
- 课题四　投资组合技术和剩余技术 …………………………… (113)
- 课题五　收益法应用示例 ……………………………………… (118)

— 1 —

项目五　成本法 ··· (121)
课题一　认识成本法 ·· (122)
课题二　房地产价格构成和成本法估价公式 ······································· (125)
课题三　重新购建价格的求取 ·· (132)
课题四　建筑物折旧的求取 ··· (138)
课题五　房屋完损等级评定和折旧的有关规定 ··································· (145)
课题六　成本法运用举例 ·· (148)

项目六　假设开发法 ··· (151)
课题一　认识假设开发法 ·· (152)
课题二　假设开发法估价公式 ·· (155)
课题三　现金流量折现法和传统方法 ··· (157)
课题四　假设开发法估价测算中各项的求取 ····································· (158)
课题五　假设开发法应用举例 ·· (165)

项目七　地价评估与地价分摊 ·· (167)
课题一　路线价法 ·· (168)
课题二　城镇基准地价评估和基准地价修正法 ·································· (179)
课题三　补地价的测算 ··· (181)
课题四　高层建筑地价分摊 ··· (182)

模块三　房地产估价实务

项目八　房地产估价程序与估价报告 ··· (188)
课题一　房地产估价程序 ·· (189)
课题二　房地产估价报告 ·· (200)

参考文献 ··· (229)

模块一 房地产估价基础

简单地说，房地产估价就是对房地产价值的分析、测算和判断，所以又称为房地产价值评估。因此，房地产估价的对象就是房地产，而无论何种房地产估价，最终都是以评估出特定房地产的价值作为结果。所以，房地产和房地产价值是房地产估价工作中所涉及的两个最基本概念。

要进行房地产估价，首先，必须对房地产有一个准确、完整的认识；其次，要搞清楚房地产估价的有关概念和知识；再次，要对房地产估价，必须熟悉房地产的价格与价值。因此，本模块就是对房地产、房地产估价和房地产价格与价值的有关内容和问题进行全面探讨，作为本书后续模块内容学习和应用的基础。

本模块包括两个项目内容，分别是：项目一，认识房地产与房地产估价；项目二，房地产价格基础。

项目一 房地产与房地产估价

学习目标

知识目标
了解房地产的概念、特性及类型；
掌握房地产估价的概念、本质和要素；
熟悉房地产估价的基本原则。

能力目标
能辨析房地产的整体概念和房地产估价的关键术语；
能结合房地产估价原则确定估价案例的估价目的、估价时点；
会在实际估价中应用房地产估价原则。

项目分析

项目概述

房地产估价的对象是质量、性能、产权等都十分复杂的房地产，准确进行房地产估价是以对房地产全面、深入、正确的认识为基础的。同时，从事房地产估价工作，要对房地产估价以及这种职业和行业的知识、要求等有所了解。因此，本项目通过不同课题，首先介绍房地产的含义、特性、种类以及作为估价对象的房地产应从哪些方面进行了解并如何予以描述，然后介绍房地产估价的含义、特点、现实中对房地产估价的需要以及房地产估价要素和房地产估价师职业道德，最后介绍房地产估价原则的含义与作用、实际估价中应遵循的估价原则以及如何遵循这些原则。

情境案例

甲工业企业根据市场研究，为了扩大规模，促进企业进一步发展，急需筹集一笔资金，经企业决策层研究决定，以企业现有全部房地产作抵押向乙商业银行申请抵押贷款。经与银行协商，决定委托丙房地产估价公司对甲企业的房地产进行价值评估。假设你代表所在的丙房地产评估公司接受评估委托，并决定由你作为房地产估价师负责该房地产评估项目。

通过本项目内容的学习，请回答如下问题：
(1)该公司拟评估房地产的类型及范围？
(2)该估价项目中有哪些估价要素？
(3)如果所确定的估价项目成员中张三与该公司某副总经理是亲戚关系，则张三是否能继续参加该项目估价工作？为什么？
(4)完成本项目的估价工作，应遵循哪些估价原则？

基本知识与技能

课题一　认识房地产
课题二　房地产估价
课题三　房地产估价师的职业道德
课题四　房地产估价原则

基础与能力训练

课题一　认识房地产

房地产估价的对象是房地产,客观、全面、深入、准确地认识房地产,是学习、从事房地产估价工作的前提和基础。以下从房地产估价的角度认识房地产的基本含义、特性和类型。

一、房地产的含义与特性

(一)房地产的含义

房地产是指土地、建筑物及其他地上定着物,是实物、权益和区位的结合体。

1. 土地、建筑物及其他地上定着物

(1)土地。房地产估价中涉及的土地是一个立体空间,指地球的陆地表面及其上下一定范围内的空间。因此,一宗土地的空间范围可分为三层:地球表面,简称地表;地球表面以上一定范围内的空间,简称地上空间;地球表面以下一定范围内的空间,简称地下空间。

(2)建筑物。建筑物是最主要的地上定着物,有广义和狭义两种含义。广义的建筑物既包括房屋,也包括构筑物。狭义的建筑物主要指房屋,不包括构筑物。在房地产估价中一般将建筑物作广义理解,指人工建造的供人们进行生产、生活等活动的场所,包括房屋和构筑物,是由建筑材料、建筑构配件和建筑设备等组成的整体物。

房屋是指有基础、墙、顶、门、窗,起着遮风避雨、保温隔热、抵御侵袭等作用,供人们在其中居住、工作、生活、娱乐、储藏物品或进行其他活动的空间场所。构筑物是指人们一般不直接在其中生产和生活活动的建筑物,如烟囱、水塔、水井、道路、桥梁、隧道、水坝等。

(3)其他地上定着物(其他地上附着物)。其他地上定着物是指附属于或结合于土地或建筑物,从而成为土地或建筑物的一部分,应随着土地或建筑物的转让而一同转让的物体。

其他地上定着物固定在土地或建筑物上,与土地或建筑物不可分离,或者虽然可以分离,但分离不经济,或者分离后会破坏土地、建筑物的完整性、使用价值或功能,或者使土地、建筑物的价值明显减损。例如,为了提高土地或建筑物的使用价值或功能,埋设在地下的管线、设施,建造在地上的围墙、假山、水池,种植在地上的树木、花草等都是其他地上定着物。对于仅仅是放进土地或建筑物中,置于土地或建筑物的表面,或者与土地、建筑物毗连者,如摆放在房屋内的家具、电器,挂在墙上的画,地上临时搭建的帐篷、戏台等,不属于其他地上定着物。

现实中,由于其他地上定着物往往被视为土地或建筑物的组成或附属部分,因此,本书把房地产简化为包括土地和建筑物两大部分。

2. 实物、权益和区位

(1) 实物。实物是指房地产中看得见、摸得着的部分，如土地的形状、地形、地势、地基、平整程度等，建筑物的外观、建筑结构、设施设备、装饰装修等。

房地产实物可进一步分为有形的实体、该实体的质量、该实体组合完成的功能等方面。以一幢房屋为例，其有形的实体，从房屋的建筑结构而言是指它是砖木结构的，还是砖混结构、钢筋混凝土结构或者钢结构的；实体的质量，以该房屋是砖木结构的为例，则是指它是采用什么质量的砖和木材建造的，或者其施工质量如何；组合完成的功能，是指该房屋的空间布局如何，如住宅的户型如何等。

(2) 权益。权益是指房地产中无形的、不可触摸的部分，是基于房地产实物而衍生出来的权利、利益和好处。房地产权益以房地产权利为基础，包括房地产的各种权利（如房屋所有权、建设用地使用权），受到其他房地产权利限制的房地产权利（同一宗房地产上可以同时存在多种房地产权利，如设立了抵押权、租赁权的房屋所有权或建设用地使用权），受到其他各种限制的房地产权利（如城市规划对房地产用途的限制）以及房地产的额外利益或收益（如屋顶或墙面可出售或出租给广告公司做广告等）。

不同类型的资产中，实物和权益对价值的影响是不同的：①一般的有形资产如机器、设备、家具等，主要是实物的价值，即实物的好坏决定着其价值的高低。②一般的无形资产如专利权、专有技术、著作权（版权）、商标专用权、特许权、商誉、有价证券（股票、债券）等无形资产，主要是权益的价值。③房地产的实物和权益在价值决定中都很重要。如一幢房屋，其价值既受建筑结构、设备、装修、新旧程度的影响，又受产权性质及其是否完整等权益状况的影响，两宗实物状况相同的房地产，如果权益状况不同，价值可能有很大不同；反之，两宗权益状况相同的房地产，如果实物状况不同，价值也可能有很大的不同。

(3) 区位。区位原本是房地产的外在因素，由于房地产不可移动而使其成了房地产的重要组成部分。房地产区位是指一宗房地产与其他房地产或者事物在空间方位和距离上的关系，包括位置、交通条件、外部配套设施、周围环境和景观等。

虽然任何物品在某一时间都有一个具体的位置，但房地产不可移动，位置固定不变；而其他物品可以移动，位置可以移动。因此，价格、价值与区位密切相关几乎是房地产所独有的特性。因此，"location, location and location"是西方认为的投资房地产的三大秘诀，即"第一是区位，第二是区位，第三还是区位"。当然，区位并不能代表房地产的一切，但强调了区位对房地产的极端重要性——一般情况下，你能改变房地产除区位以外的东西，但你改变不了房地产的区位，这就是为何区位对房地产如此重要的原因。两宗实物和权益状况相同的房地产，如果区位状况不同，价格、价值会有所不同，甚至差异很大。

(二) 房地产的基本存在形态

房地产虽然包括土地和建筑物两大部分，但并不意味着只有土地和建筑物在一起时才称为房地产，单独的土地或者单独的建筑物都属于房地产，即房地产有土地、建筑物、房地三种基本存在形态。

1. 土地形态

最简单的情形是一块没有建筑物的空地，如图1-1(a)所示。即使土地上有建筑物，如图1-1(b)所示，有时根据需要或按照有关规定，应把土地单独看待，只评估其中土地的价值。例如，为征收土地税费或者确定转让、出租、抵押划拨的建设用地使用权的房地产应补交的出让金等费用,就需要单独评估土地的价值。对有建筑物的土地,估价中有两种做法:一是无视建筑物存在,将其设想为无建筑物的空地;二是考虑建筑物存在对土地价值的影响。

2. **建筑物形态**

建筑物虽然必须建造在土地上,在实物形态上与土地连为一体,但有时根据需要或按照有关规定,应把它单独看待,只评估其中建筑物的价值,如图 1-1(c)所示。例如,在房地产投保火灾险时评估其保险价值,灾害发生后评估其损失,为会计上计算建筑物折旧服务的估价等,通常只单独评估建筑物的价值。估价中有两种做法:一是无视土地的存在,将建筑物设想为"空中楼阁";二是考虑土地存在对建筑物价值的影响。

3. **房地形态**

房地形态即实物形态上土地与建筑物合在一起并在估价时把它们作为一个整体看待的房地产,如图 1-1(d)所示。

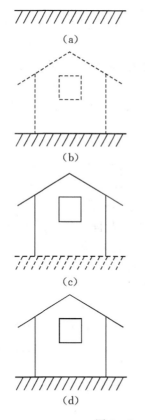

无建筑物的土地:
这是一块无建筑物的空地。

有建筑物的土地:
该块土地上虽然建有建筑物,但在观念上可把它单位看待。具体的看待方式有两种:①无视建筑物的;②考虑建筑物存在的影响。

建筑物:
建筑物虽然必须建在土地上,但在观念上可把它单位看待。具体的看待方式有两种:①无视土地的存在;②考虑土地存在的影响。

房地:
下有土地,上有建筑物,此时把土地与建筑物也作为一个整体来看待。

图 1-1 房地产的基本存在形态

(三)房地产的特性

房地产包括土地、建筑物和其他地上定着物,其中土地是大自然的产物,是永存的;建筑物是人工建造的,它定着在土地上。因此,房地产的特性主要取决于土地的特性,是以土地的特性为基础的。从房地产估价和把握房地产价值的角度来看,房地产主要有以下十大特性。

1. 不可移动

不可移动性也称为位置固定性，是房地产最重要的特性。作为立体空间、完整意义的土地，其位置是固定不能移动的。由于建筑物"扎根"于土地之中，其位置通常也是固定的，不能移动。尽管有时为了道路建设和古建筑保护等，需要对建筑物实施一定距离的整体平移，但总的来看，建筑物被迁移的距离很短，此外，被迁移的建筑物相对于现存的建筑物数量也是微不足道的。

由于不可移动，每宗房地产与重要场所（如市中心）的距离、对外交通、外部配套设施、周围环境与景观等，均有相对稳定的状态，形成每宗房地产独有的自然地理位置和社会经济位置，使不同房地产之间区位有了优劣之分。值得指出的是，房地产的不可移动主要是其自然地理位置固定不变，其社会经济位置在经过一段时间之后可能发生变化。因为对外交通、外部配套设施等，均可以影响房地产的社会经济位置，而这些通常随着城市建设和发展而发生变化，特别是在中国目前城市建设和发展变化较快的情况下。

房地产的不可移动特性，决定了任何一宗房地产只能就地开发、利用或消费，而且要受制于其所在的空间环境（当地的制度政策、社会经济发展状况及邻里关系等）。房地产市场不是一个全国性市场，更不是一个全球性市场，而是一个地区性市场，因此，房地产的供求状况、价格水平和价格走势等都是地区性的。城市的房地产市场一般可视为一个市场，但特大城市的东、西、南、北、中各个方向等区域，其房地产供求状况也会有很大的不同，故可细分为若干个市场。

2. 独一无二

独一无二性也称为独特性、异质性、个别性。每宗房地产都有自己的独特之处，没有两宗房地产是完全相同的。即使两处房地产的建筑物一模一样，但由于它们的位置、朝向、地形、地势、周围环境和景观等的不同，这两宗房地产实质上也是不相同的。

房地产的独一无二特性，使得房地产市场上没有大量相同的房地产供给，不同房地产之间不能实现完全替代，房地产市场不是完全竞争的市场，房地产价格千差万别。另外，尽管有样板房、沙盘、售楼书、照片等，但房地产交易不适宜采用样品交易的方式，购买者必须对交易对象进行实地观察、感受或体验，房地产估价也必须对房地产实地查勘。

尽管房地产具有独一无二的特性，但一些房地产之间特别是住宅之间、写字楼之间、商业门面之间，仍然具有一定程度的替代性，从而使房地产存在一定程度的竞争，在价格上也有一定程度的牵制，房地产估价的替代原则及估价方法之一的市场比较法正是以此为基础的。

3. 寿命长久

寿命长久特性也称为耐久性，对土地而言，也称为不可毁灭性、永续性。土地虽然可能发生塌陷、被洪水淹没或者荒漠化，但它在地表所标明的场所，作为空间是永存的。建筑物虽然不像土地那样具有不可毁灭性，但其寿命也通常可达数十年甚至上百年。在正常情况下，建筑物很少发生自然倒塌，只是为了土地的更好利用或土地具有了更高价值才会被拆除。因此，房地产由于寿命长久，可以给其拥有者带来持续不断的利益。

需要说明的是，从具体使用者的角度来看，土地在某些情况下是有寿命的，如以出让方式取得的建设用地使用权是有使用期限的。目前，我国规定的建设用地使用权出让的最高年限为：居住用地 70 年，工业用地 50 年，教育、科技、文化、卫生、体育用地 50 年，商业、旅游、娱乐用地 40 年，综合或者其他用地 50 年。

4. 供给有限

土地是大自然的产物，地表面积基本上是固定不变的，因此土地总量不能增加。土地的这种特性称为有限性、不可再生性。当然，对于狭义的土地（可用的陆地），如果地价高到一定程度，可以吸引人们移山填海或者将荒漠改造为良田，从而"制造"出可用的土地，国内外已有很多这方面的实例。但即便如此，相对于现存的土地数量，这种"造地"的数量是微不足道的。由于土地不能增加，特别是位置较好土地供给有限，导致建筑物特别是位置较好的建筑物数量也是有限的。

房地产的供给有限性，使得房地产具有独占性。一定位置特别是好位置的房地产被人占有之后，占用者可以获得生产或生活场所，享受特定的光、热、空气、雨水和风景，或者可以支配相关的天然资源和生产力，而他人除非支付相当的代价，否则无法享有。

房地产供给有限的本质，不在于土地总量不能增加，关键在于其不可移动特性造成了房地产供给不能集中于一处，只能在特定位置上具有固定的数量。要增加房地产供给，一是向更远的平面方向发展，如向郊区发展；二是向更高的立体方向发展，如增加容积率或建筑高度。但这些又要受到耕地保护、环境保护、交通等基础设施条件和城市规划等条件的约束。

5. 价值量大

与一般商品相比，房地产的价值不仅单价高，而且总价大。从单价来看，每平方米土地或每平方米建筑面积房屋的价格，低则数千元，高则上万元甚至十几万元，"寸土寸金"的繁华地段价格更高。从总价大来看，由于房地产不可以按平方米等小单位零星消费，必须有一定规模（面积），因此，可供利用的一块土地或一套住房往往价值很高，普通居民购买一套普通商品住宅通常需花费其一生的积蓄。至于一幢别墅、一座商场的价值就更大，常常达到上百万元、上千万元甚至上亿元。

6. 用途多样

用途多样特性也称为用途的竞争、转换及并存的可能性，主要是空地所具有的特性。土地上一旦建造了建筑物，用途即被限定，一般难以改变，这主要是因为可能受到原有建筑结构的限制而不能改变，或者改变的费用可能很高而在经济上不可行。

多数土地就其本身来看，可以有多种不同的用途，但现实中房地产的用途并不是可以随意决定的。房地产的利用一方面要符合城市规划等的规定，另一方面存在着不同用途以及利用方式之间的竞争和优选问题。在市场经济中，房地产趋向于在法律允许的范围内将房地产用于预期可以获得最高收益的用途和利用方式。因此，房地产估价中有"合法原则"和"最高最佳利用原则"。从经济角度看，土地利用选择的先后顺序一般是：商业、办公、居住、工业、耕地、牧场、放牧地、森林、不毛荒地。

7. 相互影响

房地产由于是不可移动的不动产，其用途、建筑高度、外观等状况通常会对周围的房地产甚至社会公众利益产生较大或较长久的影响；反过来，周围的房地产利用状况也会对该房地产产生影响。因此，房地产具有相互影响的特性。

由于房地产具有相互影响的特性，使一宗房地产的价值不仅与其自身的状况直接相关，而且与周围房地产的状况密切相关，受周围房地产利用的影响。例如，住宅区内公共服务设施的兴建或在其周围建花园、开辟绿地，会提高该住宅区住房的价值；在居民区附近建工厂、公共厕所或者垃圾场，会降低该区域住宅的价值。

8. 易受限制

由于房地产具有不可移动、相互影响的特性,而且是各种生产、生活活动不可缺少的基础要素,关系民生及社会、经济稳定,因此世界上几乎所有国家和地区,即使在标榜"私有财产神圣不可侵犯"的私有制国家和地区,对房地产的利用、交易都有限制,甚至是严格管制。政府对房地产的限制一般是通过以下四种特权实现的:

(1)管制权。政府为了增进公众的安全、健康、道德和一般福利,可以直接对房地产利用作出限制。例如,通过城市规划规定用途、容积率、建筑高度、建筑密度、绿地率,限制在居住区内建设某些工业或商业设施等。

(2)征税权。政府为了增加财政收入,可以对房地产征税或提高房地产税收。

(3)征收权。政府为了公共利益的需要,如修公路、建学校等,可以强制取得单位和个人的房地产,但要对被征收单位和个人给予合理、公平的补偿。

(4)充公权。政府在房地产业主死亡或失踪而无继承人的情况下,可以无偿收回房地产。

房地产易受限制性还表现在:由于房地产不可移动、不可藏匿、难以变现,使其难以逃避未来制度、政策等变化的影响。这一点说明了房地产投资的风险性,也说明了政府制定长远房地产政策的重要性。

9. 难以变现

难以变现也称为变现能力弱、流动性差。变现能力是指在没有过多损失的条件下,将非现金财产转换为现金的速度。

房地产由于具有独一无二、价值较大、易受限制等特性,加之交易手续较复杂、交易税费较多等原因,使同一宗房地产的买卖不会频繁发生,一旦需要快速出售,通常需要较长的时间来寻找合适的买者和进行讨价还价。所以,当房地产权利人急需将房地产快速转变为现金时,只有以一定幅度的降价为代价才能实现。因此,房地产与存款、股票、债券、黄金等相比,变现能力弱。

10. 保值增值性

房地产由于土地面积不能增加、基础设施不断完善、人口增加等,其价值通常可以得到保持,甚至随着时间的推移,价值会自然增加,即自然增值。

引起房地产价值上升的原因主要有五个方面:①拥有者对房地产进行的投资改良,如装修改造,更新或添加设备,改进物业管理等;②外部经济,如政府进行道路、地铁等交通建设,修建广场、公园、公共绿地,调整城市发展方向,改变城市格局等;③需求增加导致稀缺性增加,如经济增长使居民收入增加和人口增长带动房地产需求增加;④房地产使用管制改变,如将农用地转为建设用地,将原工业用途改编为居住用途或商业用途,增加容积率等;⑤通货膨胀,即商品和服务的货币价格总水平的持续上涨现象,或者简单地说是物价的持续普遍上涨。其中,房地产拥有者自己对房地产进行投资改良所引起的房地产价值上涨,不是房地产的自然增值;通货膨胀所引起的房地产价格上涨,不是真正的房地产增值,而是房地产保值;外部经济、需求增加导致稀缺性增加、房地产使用管制改变所引起的房地产价格上升,是房地产的自然增值。

房地产的保值增值性是从房地产价格变化的总趋势来说的。现实中房地产价格是波浪式上升的,但不排除房地产价格随着社会经济发展的波动而波动。例如,房地产本身的功能变得落后或者环境景观恶化等导致的房地产贬值,群体的非理性预期和过度的投机炒作,会导致房地产价格泡沫破灭而出现房地产价格大跌。但这些都是暂时的现象,现实中房地产价格是上升的。

二、房地产的分类

房地产可以根据不同需要按照不同标准,从不同角度进行划分。对房地产估价来说,最有意义的分类主要有以下六种。

(一)按用途划分的种类

按照房地产的用途,把房地产分为以下十类:

(1)居住房地产:是指供家庭或个人居住使用的房地产,如普通住宅、高档公寓、别墅和集体宿舍等。

(2)商业房地产:是指供出售商品使用的房地产,如百货商场、购物中心、商业店铺、超级市场、批发市场等。

(3)办公房地产:是指供处理各种事务性工作使用的房地产,即办公楼,可分为商务办公楼(写字楼)、行政办公楼等。

(4)旅馆房地产:是指供旅客住宿使用的房地产,如酒店、宾馆、旅店、招待所、度假村等。

(5)餐饮房地产:是指供顾客用餐使用的房地产,如餐馆、饭馆、酒楼、美食城、快餐店等。

(6)体育与娱乐房地产:是指供人健身、消遣使用的房地产,如体育馆、体育场、保龄球馆、高尔夫球场、滑雪场、影剧院、游乐场、娱乐城、康乐中心等。

(7)工业房地产:是指供工业生产使用或直接为工业生产服务的房地产,如厂房、仓库等。

(8)农业房地产:是指供农业生产使用或直接为农业生产服务的房地产,如农地、果园、农场、果园、苗圃、鱼塘、养殖场、林场、牧场等。

(9)特殊用途房地产:如车站、机场、码头、加油站、医院、学校、教堂、寺庙、墓地等。

(10)综合房地产:是指具有上述两种以上(含两种)用途的房地产,如商住楼等。

(二)按开发程度划分的种类

按房地产的开发程度,把房地产分为以下五类:

(1)生地:是指不具有城市基础设施的土地,如荒地、农地。

(2)毛地:是指具有一定的城市基础设施,但尚未完成征收拆迁的土地。

(3)熟地:是指具有较完善的城市基础设施且场地平整,能直接在上面建造建筑物的土地。熟地按照城市基础设施完备程度,又可以分为"三通一平"、"五通一平"、"七通一平"的土地。"三通一平"一般是指路通、水通、电通和场地平整;"五通一平"一般是指具有了道路、给水、排水、供电、通信等基础设施条件及场地平整;"七通一平"一般是指具有了道路、给水、排水、供电、通信、燃气、动力等基础设施条件及场地平整。

(4)在建工程:是指建筑物已开始建造但尚未竣工的房地产。该房地产不一定正在建设中,也可能停工了多年,因此在建工程包括停缓建工程。另外,有些在建工程从另一角度通常称之为"房地产开发项目"。实际估价中,判定是否为在建工程,通常以是否完成工程竣工验收为标志。

(5)现房:是指已建造完成、可直接使用的建筑物及其占用范围内的土地。它可能是新房,也可能是旧房。

(三)按实物形态划分的种类

按照房地产实物形态,可以把房地产分为以下九类:

(1)土地。可分为无建筑物的土地(空地)和有建筑物的土地。

(2)建筑物。可分为已建造完成的建筑物和尚未建造完成的建筑物。已建造完成的建筑物又可分为新建筑物和旧建筑物。尚未建造完成的建筑物又可分为正在建造的建筑物和停缓建的建筑物(如烂尾楼等)。

(3)土地与建筑物的综合体。可分为土地与已建造完成的建筑物的综合体(最典型——现房)和土地与尚未建造完成的建筑物的综合体(在建工程或房地产开发项目)。

(4)房地产的局部。如不是整幢房屋,而是其中的某层、某套。

(5)未来状况下的房地产。最常见的是期房(目前尚未建造完成而以将来建造完成后的建筑物及其占用范围之内的土地为标的房地产)。

(6)已经灭失的房地产。如已被拆除的房屋,已被火灾、地震等灾害完全损毁的房屋。

(7)现在状况下的房地产与过去状况下的房地产的差异部分。如建筑物的装修装饰部分,房地产受损状况与未受损状况的差异部分。

(8)以房地产为主的整体资产或者包含其他资产的房地产。如正在运营使用的旅馆、餐馆、商场、汽车加油站、高尔夫球场、影剧院、游乐场、码头等。通常不能把它视为一些单项资产的简单集合来估价,而应将它作为一个持续经营的有机组织,根据其具有的收益能力来估价(破产、停业之后的残余价值评估除外)。

(9)整体资产中的房地产。如一个企业中的土地或房屋。

(四)按照权益状况划分的种类

按照房地产权益状况,可以把房地产分为以下二十类:

(1)"干净"的房屋所有权和出让的建设用地使用权的房地产。这是我国现行房地产制度下单位和个人的房地产权力最充分的一种房地产,典型的是"干净"的商品房。所谓"干净",是指房屋所有权、建设用地使用权为单独所有,没有出租,未设立地役权、抵押权或其他任何形式的他项权利,不存在拖欠建设工程价款,未被人民法院查封,房地产开发过程中的立项、规划、用地审批、施工许可、竣工验收等手续齐全、产权明确等。

(2)"干净"的房屋所有权和划拨的建设用地使用权的房地产。典型的是"干净"的以房改成本价购买的公有住房、经济适用住房。

(3)"干净"的房屋所有权和集体土地的房地产,包括"干净"的乡(镇)、村企业的房地产,"干净"的农村村民住宅及其附属设施所有权和宅基地使用权的房地产。

(4)共有的房地产,可分为按份共有和共同共有的房地产。法律规定,转让共有的房地产时,须经其他共有人书面同意。

(5)部分产权或有限产权的房地产。典型的是以房改标准价购买的公有住房。

(6)有租约限制的房地产。

(7)设立了地役权的房地产,即该房地产为他人提供了有限的使用权,如允许他人通行,《物权法》称之为"供役地"。

(8)设立了抵押权的房地产,即已抵押的房地产,通常称为抵押房地产。抵押人在通知抵押权人并告知受让人的情况下,可以将已抵押的房地产转让给他人。抵押人将已抵押的房地产转让给他人的,不影响抵押权,受让人处于抵押人的地位。

(9)有拖欠建设工程价款的房地产。

(10)已依法公告列入征收、征用范围的房地产。

(11)被依法查封、采取财产保全措施或以其他形式限制的房地产。

(12)手续不齐全的房地产。例如,没有建设用地规划许可证或建设工程规划许可证、施工许可证的房地产。

(13)房屋所有权、建设用地使用权不明确或归属有争议的房地产。

(14)临时用地或临时建筑的房地产。

(15)违法占地或者违法建筑的房地产。

(16)房地产的租赁权,即承租人权益,如承租的公有住宅。

(17)地役权。

(18)房地产的抵押权。

(19)房地产的空间利用权,又可以分为地下空间利用权和地上空间利用权。

(20)房地产中的无形资产。某些包含无形资产的房地产,如包含特许经营权的汽车加油站。根据估价目的,有时需要评估其包含无形资产在内的价值,有时需要评估不包含无形资产的价值,或者将其中的无形资产价值从房地产价值中分离出来。

(五)按照经营使用方式划分的种类

按照房地产经营使用方式,可以把房地产分为以下四类:①销售的房地产;②出租的房地产;③营业的房地产;④自用的房地产。

这种分类对于选用估价方法很有用。例如,可销售的房地产可以采用市场比较法估价;出租或营业的房地产可以采用收益法估价;适用于自用的房地产主要采用成本法估价。

(六)按照是否产生收益划分的种类

按照房地产是否产生收益,可以把房地产分为以下两类:

(1)收益性房地产:是指能直接产生租赁收益或其他经济收益的房地产,包括住宅(特别是公寓)、写字楼、商店、旅馆、餐馆、影剧院、游乐场、停车场、汽车加油站、标准厂房、仓库、农地等。

(2)非收益性房地产:是指不能直接产生经济收益的房地产,如行政办公楼、教堂、寺庙等。

实际估价中,判定一宗房地产是否是收益性房地产,不是看该房地产目前是否正在直接产生经济收益,而是看该种类型的房地产在本质上是否具有直接产生经济收益的能力。例如,某幢公寓目前尚未出租而空置,无经济收益,但仍然属于收益性房地产。因为市场上有相似的公寓大量出租而直接产生经济收益,该尚未出租的公寓的收益可以通过与其他相似公寓的收益,采用市场比较法求取,所以,它仍然属于收益性房地产。

三、房地产状况描述

对估价对象——房地产——进行描述,可以对其基本状况、实物状况、权益状况和区位状况四个部分分别进行描述。先采用特制表格形式简要说明房地产状况,然后分别对其中实物状况、权益状况和区位状况进行详细描述,通常还应附位置示意图、宗地图、房产平面图、内外观照片、周围环境和景观照片等来辅助说明房地产状况。

(一)房地产基本状况描述

对房地产基本状况的描述,应简要说明下列方面:

(1)名称:说明估价对象的名字。例如,估价对象为××小区××楼(座、幢)××门(单元)××号住宅;××商场;××酒店;××大厦;××项目用地。

(2)坐落:说明估价对象的具体地点。例如,估价对象位于××市××区××路(大街、大道)××号。

(3)范围:说明估价对象是仅包括房地产中的土地、房屋、构筑物、树木等财产,还是包括房地产以外的家具、机器设备、债权债务、特许经营权等其他财产。例如,估价对象仅为土地,不含地上房屋、树木等其他不动产;估价对象包括房屋及其占用范围内的土地、围墙、树木、室内配备的家具、电器以及债权债务、特许经营权等财产。

(4)规模:对于土地,要说明土地面积。例如,估价对象土地面积××平方米(公顷);对于建筑物,一般说明建筑面积或者套内建筑面积、使用面积、营业面积、可出租面积。例如,估价对象房屋的建筑面积××平方米。另外,旅馆还要说明客房数或床位数,餐馆还要说明同时可容纳用餐人数或座位数,停车场还要说明车位数,仓库一般是说明体积。

(5)用途:说明估价对象的规划用途、设计用途、登记用途和实际用途。

(6)权属:对于土地,主要说明是国有土地还是集体土地,土地使用权是建设用地使用权还是宅基地使用权、土地承包经营权;对于建设用地使用权,还要说明是出让的建设用地使用权还是划拨的建设用地使用权或者其他建设用地使用权。对于房屋所有权,主要说明房屋所有权人。

(二)房地产实物状况描述

房地产实物状况描述一般先分为土地实物状况描述和建筑物实物状况描述两大部分,然后分别对这两个部分进行描述。

1. 土地实物状况描述

(1)面积:面积单位通常采用平方米(m^2);对面积较大的土地,通常用公顷(hm^2)表示。对于房地产开发用地,通常要说明规划总用地面积以及其中建设用地面积和代征道路用地面积、代征绿化用地面积等,不能将建设用地面积与规划总用地面积混淆。

(2)形状:通常用文字并附图来说明。每块土地都是一个封闭的多边形,对其形状的描述如:形状规则、形状不规则,正方形、长方形,狭长等。可用来说明土地形状的图有宗地界址图、规划图、建筑总平面图等。

(3)地形、地势:说明是平地还是坡地,与相邻土地、道路的高低关系,自然排水状况,被洪水淹没的可能性等。

(4)地基(工程地质):说明地基承载力和稳定性,地下水位和水质,有无不良地质现象(如崩塌、滑坡、泥石流、断裂带、岩溶、软弱土、膨胀土、湿陷性黄土、冻土等)。

(5)土壤:说明土地是否受过污染,是否为垃圾填埋场、化工厂原址、盐碱地等。

(6)开发程度:说明达到地块红线的基础设施完备程度和地块内的场地平整程度,即通常所说的"三通一平"、"五通一平"、"七通一平"及其具体内容等。

(7)其他。例如临街商业用地还要说明其临街宽度、临街深度和宽深比。农用地还要说明气候条件(如光照、温度、降水量等)、土壤肥力、排水和灌溉条件等。

2. 建筑物实物状况的描述

(1)建筑规模:要根据建筑物的使用性质说明其面积、体积等。多数建筑物的规模用面积来说明,有建筑面积、套内建筑面积、使用面积、居住面积、营业面积、可出租面积等。旅馆通常要说明客房或床位数,餐馆要说明同时可容纳用餐人数或座位数,影剧院要说明座位数,医院要说明床位数,停车场要说明车位数等。此外,仓库一般要说明体积。

(2)层数和高度:说明建筑物的总层数(其中地上层数和地下层数)或总高度。建筑物通常根据总层数或总高度,分为低层建筑、多层建筑、中高层建筑、高层建筑和超高层建筑。住宅通常是按照总层数来划分的:1层—3层为低层住宅;4层—6层为多层住宅;7层—9层为中高层住宅;10层以上(含10层)为高层住宅。公共建筑及综合性建筑通常按照总高度来划分,总高度超过24 m的为高层(不包括总高度超过24 m的单层建筑);总高度超过100 m的,不论是住宅还是公共建筑、综合性建筑,均称为超高层建筑。

(3)外观:说明外立面风格等,并附外观图片来说明。

(4)建筑结构:是指建筑物中由承重构件(基础、墙体、柱、梁、楼板、屋架等)组成的体系。一般分为钢结构、钢筋混凝土结构、砖混结构、砖木结构、简易结构。建筑结构分类时,常常有不同的方法:如以组成建筑结构的主要建筑材料划分,可分为钢结构、混凝土结构、砌体结构、木结构、塑料结构和薄膜充气结构。如以组成建筑结构的主要结构形式划分,可分为墙体结构、框架结构、深梁结构、筒体结构、拱结构、网架结构、空间薄壁结构(包括折板结构)、悬索结构和舱体结构。

(5)设施设备:说明给水、排水、供暖、通风与空调、燃气、电梯、电气等设施设备的配置情况(有和无)及性能。

(6)装饰装修:说明是毛坯还是粗装修、精装修。对于有装饰装修的,还要说明外墙面、内墙面、顶棚、室内地面、门窗等部位的装饰装修标准和程度,所用材料或饰物的质量以及装饰装修工程施工质量等。

(7)建筑物的日照、采光、通风、保温、隔热、隔声、防水。

(8)层高和室内净高:层高是指上下两层楼面或楼面与地面之间的垂直距离。室内净高是指楼面或地面至上部楼底板面或吊顶底面之间的垂直距离。

(9)空间布局:主要说明建筑物的空间分区以及各个分区之间的交通流线是否合理,并附房产平面图、户型图等来说明。对于住宅,要说明户型;对于商业用房特别是临街铺面房,要说明面宽、进深和宽深比;对于厂房,要说明跨度等。

(10)竣工日期(或建成年月、建成年份、建成年代)和设计使用年限:最好说明竣工日期,不能说明的,要说明建成年月或建成年份、建成年代。设计使用年限是指设计规定的建筑物的结构或结构构件,在正常施工、正常使用和正常维护下不需要进行大修即可按其预定目的使用的时间。此外,还需说明建筑物的年龄(已经使用年限)和剩余寿命(剩余使用年限)。

(11)维护情况和完损状况:说明基础的稳固性、沉降情况(沉降是否均匀及其程度)、地面、墙面、门窗等的破损情况等。

(12)其他:说明可间接反映建筑物实物状况的有关情况,如建设单位(如房地产开发企业)、建筑师和设计单位、建筑施工企业、工程监理单位等的名称或者姓名、资质或资格、信誉、品牌等。对于在建工程或期房,还要说明其工程进度(如是基础某层、正负零,还是结构某层、结构封顶等)、预计竣工日期、交付日期等。

(三)房地产权益状况描述

一般分为土地权益状况描述和建筑物权益状况描述两大部分。

1.土地权益状况描述

(1)土地所有权状况:说明土地所有权性质,即是国有土地还是集体土地。对于集体土地,还要说明土地所有权由谁行使。例如,估价对象土地为农民集体所有,则由××集体经济组织(××村民委员会、××村民小组、××乡镇集体经济组织)代表集体行使所有权。

(2)土地使用权状况:第一,说明是建设用地使用权还是宅基地使用权、土地承包经营权及其权利人。对于建设用地使用权,说明是划拨国有建设用地使用权,还是出让国有建设用地使用权、租赁国有建设用地使用权、作价出资或者入股国有建设用地使用权、授权经营国有建设用地使用权。对于出让国有建设用地使用权,还要说明土地使用权期限及起止日期、剩余期限、续期的有关规定或约定、到期后对收回的建筑物是否予以补偿等。第二,说明土地使用权是单独所有还是共有。对于共有的,说明是按份共有还是共同共有及共有人情况。对于按份共有的,还要说明每个共有人享有的份额。

(3)土地使用管制情况:说明是建设用地还是农用地、未利用地。对于房地产开发用地,还要说明规划条件,包括:土地用途;容积率或建筑控制规模;建筑高度;建筑密度;绿地率;其他要求,如配套建设保障性住房、公共服务设施等要求。

(4)土地利用现状:说明土地上是否有房屋、林木等地上定着物。

(5)出租或占用情况:说明有无出租或占用情形。对于已出租的,还要说明承租人、租赁期限及起止时间、租金水平等。

(6)他项权利设立情况:说明是否设立了地役权、抵押权等他项权利。

(7)其他特殊情况。需要说明以下几种特殊情况:①土地所有权或土地使用权是否不明确或归属有争议;②土地取得手续是否齐全;③是否为临时用地或违法用地,为临时用地的,批准期限多长,是否已超过批准期限;④是否被依法查封、采取财产保全措施或以其他形式限制;⑤是否未达到法律法规规定的转让条件;⑥是否属于法律法规规定不得抵押或不得作为出资的财产;⑦是否有拖欠建筑工程价款;⑧是否已依法公告列入征收、征用范围。

2. 建筑物权益状况描述

(1)房屋所有权状况:一是说明房屋所有权人;二是说明房屋所有权是单独所有还是共有,建筑物区分所有权,是完全产权还是部分产权。对于共有的,说明是按份共有还是共同共有及共有人情况。对于按份共有的,还要说明每个共有人享有的份额。

(2)出租或占用情况:说明有无出租、占用情形。对于已出租的,还要说明承租人、租赁期限及起止时间、租金水平等。

(3)他项权利设立情况:说明是否设立了地役权、抵押权等他项权利。

(4)其他特殊情况。需要说明以下几种特殊情况:①房屋所有权是否不明确或归属有争议;②房屋建设手续是否齐全;③是否为临时建筑或违法建筑,为临时建筑的,批准的使用期限多长,是否已超过批准的使用期限;④是否被依法查封、采取财产保全措施或以其他形式限制;⑤是否未达到法律法规规定的转让条件;⑥是否属于法律法规规定不得抵押或不得作为出资的财产;⑦是否有拖欠建筑工程价款;⑧是否已依法公告列入征收、征用范围。

(5)其他。如物业管理情况,包括物业服务企业、物业服务费标准、管理规定等。完善的物业管理与服务是保持及提高房地产价值的一个重要因素。

(四)房地产区位状况描述

1. 位置描述

(1)坐落:说明估价对象具体地点,并附有准确、清楚、比例恰当的位置示意图。例如,估价对象位于××市××区××路(街道、大道)××号,具体位置见位置示意图。

(2)方位:说明估价对象在某个较大区域(如所在城市)中的方向和位置,以及在某个较小区域(如所在住宅小区、十字路口)中的方向和位置。例如,估价对象位于××市××部(如中部、南部等),××路口××角(侧)。

(3)与相关场所的距离:说明估价对象与其相关的主要场所的距离。例如,估价对象距离市中心××公里,距离火车站××公里等。

(4)临街状况:说明估价对象是否临街(路),临什么样的街(路),是如何临街(路)的。例如,估价对象一面临街,所面临街道是××大街。

(5)朝向:说明估价对象建筑物的正门或房间的窗户正对着的方向,坡地从高到低的方向。例如,估价对象建筑物坐北朝南。

(6)楼层:当估价对象为某幢房屋中的某层、某套时,说明其所在房屋的总层数及其所在楼层。例如,估价对象位于××住宅楼的地上××层。

2.交通条件描述

(1)道路状况:说明附近有几条道路,到达这些道路的距离,各条道路的路况(如道路等级、路面状况、交通流量)。

(2)出入可利用的交通工具:说明附近经过的公共汽车、地铁、轻轨、轮渡等公交线路的数量,到达交通站点(如公共汽车站、地铁站等)的距离,公交班次的疏密等。

(3)交通管制情况:说明受步行街、单行道、限制某些车辆通行、限制通行时间、限制行车速度等影响的情况。

(4)停车方便程度:说明有无停车场、车位数量、到停车场的距离等。

(5)交通收费情况:说明相关交通工具票价,有无过路费、过桥费、停车费及其收费标准等。

3.外部配套设施描述

(1)外部基础设施:说明道路、给水、排水(雨水、污水)、电力、通信(电话、互联网、有线电视)、燃气、供热等设施的完备程度。

(2)外部公共服务设施:说明一定距离内商业服务、金融邮电、教育(如幼儿园、中小学)、医疗卫生(如医院)、文化、体育、社区服务、市政公用和行政管理等设施的完备程度。

4.周围环境和景观描述

(1)自然环境:说明环境是否优美、整洁,有无空气、噪声、水、辐射、固体废物等污染及其程度,环境卫生状况。对于住宅,特别需要说明周边有无高压输电线路、无线电发射塔、垃圾站、公共厕所等。

(2)人文环境:说明估价对象所在地区的声誉、居民特征(如职业、收入水平、文化程度、宗教信仰)、治安状况(如犯罪率)、相邻房地产的利用状况(如用途等)。

(3)景观:说明有无水景(如河景、湖景、江景、海景)、山景等。

基础训练

1.如何理解房地产的含义?
2.房地产的实物、权益和区位的含义分别是什么?
3.房地产有哪些基本存在形态?
4.房地产有哪些特性?了解这些特性对做好房地产估价有何重要意义?
5.为什么说房地产市场是地区性市场?地区性市场意味着什么?

6. 房地产主要有哪些分类？每种分类中将房地产分为哪几类？
7. 如何全面、清晰地描述估价对象房地产状况？
8. 反映房地产基本状况、实物状况、权益状况和区位状况的内容分别有哪些？

技能训练

1. 搜集两宗房地产的特征信息，比较二者特性的不同之处，并说明这些不同特征是如何影响房地产的价值的。
2. 以你熟悉的某宗房地产为例，说明该宗房地产的实物、区位、权益情况。

课题二　房地产估价

本课题主要介绍以下内容：房地产估价的含义、本质和必要性，房地产估价的若干要素，现实中需要房地产估价的各种情形及房地产估价师的职业道德。

一、房地产估价的含义与特点

(一) 房地产估价的含义

1. 房地产估价的概念

专业房地产估价的核心内容，是接受他人委托，为了特定目的，对特定房地产在特定时间的特定价值进行分析、测算和判断。由于这种估价活动的专业性很强，需要专门的知识和经验，而且估价结果是否客观合理直接关系到有关单位和个人的切身利益，甚至关系到公共利益和人民财产安全，所以应由具有房地产估价资质的专业机构和具有房地产估价资格的专业人员，即房地产估价机构和房地产估价师专门从事这项活动，而且要求遵循公认的原则，按照严谨的程序，依据有关法规①、政策和标准，在合理的假设下，采用科学的方法估价。因此，房地产估价的完整定义是：房地产估价机构接受他人委托，委派房地产估价师，为了特定目的，遵循公认的原则，按照严谨的程序，依据有关法规、政策和标准，在合理的假设下，采用科学的方法，对特定房地产在特定时间的特定价值进行分析、测算和判断并提供相关专业意见的活动。

通常把上述定义中的特定目的称为估价目的；公认的原则称为估价原则；严谨的程序称为估价程序；依据的有关法规、政策和标准称为估价依据；合理的假设称为估价假设；科学的方法称为估价方法；特定房地产称为估价对象；特定时间称为估价时点；特定价值称为价值类型。定义中涉及的委托人、房地产估价机构和房地产估价师，通称为估价当事人；分析、测算和判断出的特定价值及提供的相关专业意见，简称估价结果。上述估价当事人、估价目的、估价时点、估价对象、价值类型、估价依据、估价假设、估价原则、估价程序、估价方法和估价结果，组成了房地产估价的要素。其中，估价目的、估价对象、估价时点和价值类型是在分析、测算和判断之前需要明确的几个最重要的要素，因此又被称为估价基本事项。

上述定义中的"分析"即价值分析，主要是指对影响估价对象价值的各种因素进行分析，包括对估价对象本身的分析，对人口、制度政策、经济、社会等因素的分析，对估价对象所在地同类房地产市场状况的分析；"测算"即价值测算，主要是指利用有关数学公式或数学模型和数

---

① 这里的法规是指广义的法规，包括法律、行政法规、地方性法规以及部门规章、地方政府规章等规范性文件。

据,对估价对象的价值进行计算;"判断"即价值判断,主要是指房地产估价师根据测算结果以及市场行情和自己的估价经验等,对估价对象价值作出判定。"分析"、"测算"和"判断"三项工作之间通常有一定的逻辑关系,其中"分析"是"测算"和"判断"的基础,"测算"又是"判断"的基础。

2. 房地产估价与房地产评估的区别与联系

一般情况下房地产估价与房地产评估可不作区分而交换使用,但科学、严谨地说,"估价"与"评估"两者的含义不完全相同。相对于价值分析、测算和判断活动而言,估价的含义更精准、明确,就是指对价值进行评估。评估的含义较宽泛,不只限于对价值进行评估,还可以指查验某人、某物、某项工作或活动,以判断其表现、能力、质量、效果、影响等。

需要指出的是,区分估价与评估并不意味着房地产估价机构和房地产估价师只能从事房地产价值评估业务。实际上与房地产价值评估相关的业务和房地产咨询业务,如房地产价值分配业务、房地产价值减损评估业务、房地产价值提升评估业务、相关经济损失评估业务和房地产咨询业务(包括房地产市场调研、房地产投资项目可行性研究、房地产开发项目策划、房地产投资项目调查评价、房地产资产管理等)等,不仅房地产估价机构和房地产估价师可以从事,而且有能力从事。有的时候,房地产估价机构和房地产估价师更应当着力拓展自己的业务领域。

3. 国外和港台地区对房地产估价的称谓和定义

国外和港台地区对房地产估价的称谓和定义不尽相同。美国大多称为 Real Estate Appraisal,将 Appraisal 定义为"得出一种价值意见的行为或过程"。英国和其他英联邦国家大多称为 Property Valuation。日本和韩国称为不动产鉴定评价,简称不动产鉴定。中国香港地区习惯上称为物业估值或者物业估价。中国台湾地区称为不动产估价。

(二)房地产估价的特点

1. 房地产估价是评估房地产的价值而不是价格

价值(value)与价格(price)之间的关系是:价值是物的真实所值,是内在的、客观的和相对稳定的,是价格的波动"中心";价格是价值的外在表现,围绕着价值而上下波动,是实际发生、已经完成并可以观察到的事实,通常因人而异,时高时低。因此,为了在表述上更加科学准确,减少估价的主观随意性,也为了与国际上通行的估价理念、理论相一致,便于对外交流沟通,有必要说明房地产估价是评估房地产的价值而不是价格。

虽然房地产评估的是价值,而且理论上是价值决定价格,但在实际中一般是通过外表的价格推测内在的价值。同时,价值和价格的内涵虽然在理论上有严格区分,但由于习惯等原因,实际中人们一般不对它们作严格区分,价值和价格通常可以交换使用。

2. 房地产估价是模拟市场定价而不是替代市场定价

估价与通常意义上的定价有本质区别。估价是提供关于价值的专业意见,为相关当事人作出有关判断和决策提供参考依据。定价通常是相关当事人自己的行为,诸如卖方要价、买方出价或者买卖双方的成交价,应由交易当事人自己决定。交易当事人出于某种目的或需要,可以使其要价、出价或成交价低于或高于价值。

现实中,由于房地产具有不可移动性、独一无二性和价值较大等特性,不存在大量相同的房地产交易,同一宗房地产的交易者数量一般很少,许多情况下甚至只有一两个买家,从而使房地产的成交价格容易受交易者的动机、偏好等个别情况的影响。但是对估价师或某个特定的市场参与者而言,房地产价值是由市场力量决定的,是客观的,即房地产价值是由众多市场参与者的价值判断所形成,而非个别市场参与者的价值判断所决定。因此,房地产估价不是估价师的主观随意定价,而是估价师模拟大多数市场参与者的定价思维和行为,在充分认识房地产市场形成房地产价格的机制和过程,深入调查房地产市场行情的基础上,通过科学地分析、测算和判断活动,把客观存在的房地产价值揭示出来。

3. 房地产估价是提供价值意见而不是作价格保证

估价是估价机构和估价师以专业机构和专家的身份发表对估价对象价值的专业意见,不应被视为估价机构和估价师对估价对象在市场上可实现价格的保证。

根据估价机构和估价师提供的专业意见的用途和作用,可以把估价分为性质不同的两种形式:一是鉴证性估价(或称证据性估价、公正性估价),二是咨询性估价(或称参考性估价)。为委托人向第三方证明或者说服第三方而提供的估价,即估价报告是给委托人以外的第三方特别是众多的不特定的第三方使用,如为证券发行、上市提供参考依据的估价,估价报告具有"公共产品"性质,通常属于鉴证性估价。用于委托人自己使用而提供的估价,即估价报告供委托人自己使用,如为委托人确定投标报价提供的估价,估价报告是"私人产品",通常属于咨询性估价。在这两种不同性质的估价中,估价机构和估价师都要承担一定的法律责任,但鉴证性估价承担的法律责任一般要大于咨询性估价承担的法律责任。在我国,目前已有一些法律、法规和规章规定了估价的法律责任。

因此,无论是何种性质的估价及其应承担的法律责任大小,估价机构和估价师都应认真对待,勤勉尽责地完成。其中,鉴证性估价应"独立、客观、公正",咨询性估价应"为委托人争取最大的合法权益"。在本书中,讲的主要是鉴证性估价。

4. 房地产估价误差应在合理的范围内

在实际工作中,不同的估价师对同一房地产在同一时间的同种价值进行评估,得出的评估价值往往有所不同,且通常与实际成交价也有差异,甚至很大差异。这就产生了对估价准确性如何认识的问题,主要包括以下几点:

(1)即使都是合格的估价师,也不可能得出完全相同的评估价值,只会得出近似的评估价值。因为估价总是在信息不完全和存在一些不确定因素情况下作出的,不同的估价师掌握的信息一般也不可能相同,因此,不同的估价师提出的估价结果是不同的。

(2)所有的评估价值都有一定的误差,即:评估价值=真实价值+误差。估价对象的真实价值只是理论上存在,实际中不可得知,因此评估价值有误差是不可避免的。

(3)不能用物理量测量的误差标准要求估价的误差标准,应允许估价有较大的误差,但估价的误差又要适度。英国和英联邦国家,在估价业务诉讼中法官使用的误差范围通常是$\pm 10\%$,有时放宽到$\pm 15\%$,对于难度很大的估价业务甚至放宽到$\pm 20\%$。虽然以误差范围判断估价准确性在英国估价行业一直存在争议,但要确定一个合理的误差范围时,英国的估价误差范围可以借鉴。

(4)判断一个评估价值的误差大小或准确性,理论上是将该评估价值与真实价值进行比较,实际中一般是将它与合格的估价师的重新估价结果进行比较。评估价值一般是假定在正常交易情况下进行交易的最可能价格,而实际成交时的交易情况不一定是正常的,从而实际成交价格不一定是正常成交价格,何况成交日期与评估价值对应日期还存在"时间错位"。因此,一般不能直接选用实际成交价格,而应选用合格的估价师(通常为公认的具有较高专业胜任能力的若干名估价专家或估价专家委员会)对同一估价对象在同一估价目的、同一估价时点下的重新估价结果。

(5)即使可以用上述方法判断一个评估价值的误差大小或准确性,但在实际估价鉴定中一般不轻易直接评判一个评估价值的对与错或者误差大小,而是通过检查估价师和估价机构在履行估价程序方面是否有疏漏,以及估价依据是否正确、估价方法是否适用、估价参数是否合理等,间接地对估价结果予以肯定或否定。

5. 房地产估价既是科学又是艺术

房地产市场是地区性市场,各地的房地产市场行情和价格影响因素可能不同,而且影响房地产价格的因素众多,其中许多因素对房地产价格的影响难以准确地把握和科学量化,因而房地产价值不是简单地套用某些数学公式或数学模型就能够计算的。数学公式或数学模型中的一些参数、系数等,往往也需要依靠估价师根据经验作出判断。此外,每种估价方法都是从某个角度或某一方面来衡量房地产价值的,它们在一定程度上都有局限性。因此,在实际估价中,要求估价师尽量采用多种估价方法进行估价,这样就可以尽量消除不同估价方法的局限性产生的估价结果误差。针对不同的估价对象,如何选用合适的估价方法,如何对不同估价方法测算出的结果进行取舍、调整和综合,从而得出最终估价结果,这个过程是估价师对估价理论和方法的掌握、对市场规律的把握以及实务操作能力的体现。最终的估价结果是否合理,也依赖于估价师的判断力。因此,房地产估价既是一门科学又是一门艺术。

正是由于上述原因,世界上许多国家和地区规定:要成为执业的房地产估价师,不仅应具有相当程度的估价知识,而且应具有一定年限以上的估价经验。另外,虽然房地产估价也是一门艺术,但估价师仍应努力把握房地产价格影响因素,科学量化它们对房地产价格的影响,从而不断增加估价的科学成分,减少估价的"艺术"成分,提高估价的客观性。

二、房地产估价的要素

1. 估价当事人

估价当事人指一个估价项目中与估价活动有直接关系的单位和个人,包括估价委托人、房地产估价机构和估价师。

(1)估价委托人。估价委托人简称委托人,俗称客户,是指为了某种需要,委托估价机构对自己或者他人的房地产进行估价的单位或者个人。委托人委托估价、取得估价报告的目的可能是供自己使用,也可能是提供给特定或不特定的第三方使用。不论估价报告是提供给谁使用,委托人都应向估价机构如实地提供其知悉的估价所需资料,如估价对象的权属证明、有关会计报表等,并对其提供资料的合法性、真实性、准确性和完整性负责,有义务协助估价师对估价对象进行实地查勘及搜集估价所需资料,不得非法干预房地产估价机构和估价师的估价行为和估价结果。

(2)房地产估价机构。房地产估价机构简称估价机构,是指具有一定数量以上注册房地产估价师等条件,依法设立并取得房地产估价资质,从事房地产估价活动的专业机构。目前,中国规定房地产估价机构应当由自然人出资,以有限责任公司或者合伙企业形式设立;法定代表人或者执行合伙事务的合伙人(简称执行合伙人)是注册后从事房地产估价工作3年以上的房地产估价师;资质等级由高到低分为一级资质、二级资质、三级资质、暂定期内的三级资质;不同资质等级房地产估价机构的业务范围按照估价目的划分,应当在资质等级许可的业务范围内从事房地产估价业务,但不受地域范围的限制;房地产估价报告应当由房地产估价机构出具。

（3）房地产估价师。房地产估价师简称估价师，是指取得房地产估价师执业资格的人员。其中，按照《注册房地产估价师管理办法》注册的人员，称为注册房地产估价师。

一名合格的房地产估价师，应具有房地产估价方面扎实的理论知识、丰富的实践经验和良好的职业道德。具有扎实的理论知识和丰富的实践经验，是对估价专业胜任能力的要求；具有良好的职业道德，是对估价行为规范的要求。仅有理论知识而缺乏实践经验，难以得出符合实际的估价结果；仅有实践经验而缺乏理论知识，会只知其然而不知其所以然，难以对价值作出科学深入地分析和解释，难以有效地分析解决现实中不断出现的新的估价问题。即使理论知识和实践经验都具备，但如果没有良好的职业道德，也难以作出客观公正的估价。

2. 估价目的

估价目的是指一个具体估价项目中委托人对估价报告或估价结果的预期用途。它取决于委托人对估价的实际需要，即委托人用未来完成的估价报告或估价结果来做什么用。例如，为借款人向银行提供抵押房地产价值证明或贷款银行判断抵押房地产价值提供参考依据，为房屋征收部门与被征收人确定被征收房屋价值的补偿提供参考依据，等等。

一个估价项目通常只有一个估价目的。根据对房地产估价的不同需要，可将估价目的分为：国有建设用地使用权出让、房地产抵押、房地产征收征用、房地产税收、房地产司法拍卖，房地产保险、房地产转让、房地产租赁、房地产分割、房地产损害赔偿，企业改制、资产重组、上市、产权转让、租赁、合资、合作、对外投资、合并、分立、清算，等等。实际估价中，应根据委托人的具体需要，尽量对上述估价目的进行细分或者作进一步说明。

不同的估价目的将影响估价结果，因为估价目的不同，估价对象、估价时点、价值类型以及估价原则、估价依据等都有可能不同。估价目的也限制了估价报告或估价结果的用途。针对某种估价目的得出的估价结果，不能盲目地套用于与其不相符的用途。

3. 估价对象

估价对象也称为被估价房地产，是指一个估价项目中需要评估其价值的房地产及相关其他财产。估价对象由委托人和估价目的双重决定。

房地产在理论上虽然只有土地、建筑物、土地与建筑物综合体（简称"房地"，具体可表述为"建筑物及其占用范围内的土地"，或者"土地及其上的建筑物"）三种基本存在形态，但现实中估价对象复杂多样。概括起来，估价对象有土地、房屋、构筑物、在建工程、以房地产为主的整体资产、整体资产中的房地产等。

4. 估价时点

估价时点也称为价值时点、价值日期①，是指一个估价项目中所评估价值相对应的时间。由于同一估价对象在不同的时间会有不同的价值，所以必须明确评估的是估价对象在哪个时间的价值，这个时间就是估价时点。估价时点不是随意确定的，它取决于估价目的，可以是过去、现在或将来某个时间，一般为某个日期，用公历年、月、日表示。

需要特别指出的是，确定估价时点应在先，得出评估价值在后。有关估价时点的确定等内容，见本项目课题四中的"估价时点原则"。

---

① 我国"资产评估"称为评估基准日，"土地估价"称为估价期日。

5. 价值类型

价值类型是指一个估价项目中所评估的具体某种价值。对于一个具体的估价项目,不能笼统地说是评估估价对象的价值,而必须明确是评估哪种价值,包括价值的名称、定义或内涵。一个估价项目的价值类型不是随意确定的,而应根据估价目的确定。

同一估价对象可以有不同类型的价值,但同一估价对象的具体某种价值是在其相应的估价目的特定条件下所形成的正常值,理论上它是唯一的。例如,同一宗房地产在买卖情况下,虽然实际的成交价格有高有低,但客观上有其正常的买卖价格;在征收情况下,虽然实际的补偿金额可能有多有少,但客观上有其合理的补偿金额;在抵押情况下,虽然不同的人对抵押价值的高低有不同见解,但客观上有其正常的抵押价值。而上述正常的买卖价格、合理的补偿金额、正常的抵押价值,彼此之间有可能不同。

按价值的前提或内涵等实质内容划分的价值类型,主要有市场价值、投资价值、谨慎价值、快速变现价值、在用价值和残余价值。其中,市场价值是最基本、最常用的价值类型。有关价值类型的详细内容,见本书项目二。

6. 估价依据

估价依据是指一个估价项目中估价所依据的法规、政策和标准,包括有关法律,行政法规,司法解释,地方性法规,部门规章和政策,以及房地产估价的国家标准、行业标准、指导意见和估价对象所在地的地方标准等。广义的估价依据还包括委托人如实提供的估价所需资料,估价机构和估价师搜集的估价所需资料。

实际估价中,选取估价依据应有针对性,主要根据估价目的和估价对象来选取。不同的估价目的和估价对象,估价依据有所不同。

7. 估价假设

估价假设是指一个估价项目中对有估价必要,但又不能肯定而又必须予以明确的前提条件所做的合理假定,以及对由估价目的决定的、估价设定的估价对象状况与估价对象实际现状不同之处等所做的说明。例如,在评估一宗房地产开发用地的价值时,在该土地的建筑容积率(简称容积率,是指建设用地范围内全部建筑面积与建设用地面积的比值)等规划条件尚未确定的情况下,对其作出的合理假定。

合理且有依据地说明估价假设,既体现了一名合格的估价师的专业胜任能力,又反映了估价师的职业道德。其作用一方面是规避估价风险,保护估价师和估价机构;另一方面是告知、提醒估价报告使用人注意,保护估价报告使用人。

8. 估价原则

估价原则是指人们在估价的反复实践和理论探索中,在认识价格形成和变动客观规律的基础上,总结和提炼出的一些简明扼要的、估价活动所依据的法则或标准。在评估市场价值时,应遵循的原则主要有:独立、客观、公正原则;合法原则;估价时点原则;替代原则;最高最佳使用原则。其中,独立、客观、公正是对估价的基本要求,它不仅是估价的基本原则,而且是估价的最高行为准则。但是,在评估投资价值、谨慎价值、快速变现价值、在用价值和残余价值时,上述原则并不是全部适用,如评估在用价值不适用最高最佳使用原则,而评估谨慎价值时还应遵循谨慎原则。

估价原则可以使不同估价师对估价具有一致性的基本前提,使同一估价对象在同一估价目的、同一估价时点下的评估价值趋于相同或近似。估价原则的详细内容见本项目课题四。

9. 估价程序

估价程序是指保证质量,按时完成一个估价项目所需要做的各项工作及其先后次序。房地产估价的基本程序是:获取估价业务→受理估价委托→制定估价作业方案→搜集估价所需资料→实地查勘估价对象→求取估价对象价值→撰写估价报告→审核估价报告→交付估价报告→估价资料归档。

通过估价程序可以看到一个估价项目进行的全过程,可以了解一个估价项目各项工作之间的相互关系。履行必要的估价程序,是规范估价行为、保证估价质量、提高估价效率、防范估价风险的重要方面。估价程序的详细内容见本书项目八。

10. 估价方法

房地产估价方法是指估价测算应采用的方法。房地产价值应采用科学的方法进行测算,不能仅凭经验进行主观推测。一宗房地产的价值通常可通过下列三个途径求取:

①基于近期市场上相似房地产的成交价格来衡量其价值。②基于该房地产的预期收益来衡量其价值。③基于房地产的重新开发来衡量其价值。这三个途径产生了三种基本估价方法,即市场比较法(也称为市场法、比较法等)、收益法(也称为收益资本化法、收益还原法)和成本法(也称为成本逼近法)。此外还有一些其他方法,包括假设开发法、路线价法、基准地价修正法等。

本书后面有关项目分别介绍市场比较法、收益法、成本法、假设开发法等估价方法及其运用。每种方法都有其适用的估价对象和估价需要具备的条件,它们有时可以同时运用于同一估价对象,以相互验证或者相互补充,但不应相互替代。估价师应当熟知、理解各种估价方法及其综合运用,正确运用估价方法进行估价。在评估一宗房地产价值时,一般要求同时采用两种或两种以上估价方法进行估价。

11. 估价结果

估价结果是指房地产估价师评估出的价值及提供的相关专业意见。

由于估价结果通常对委托人很重要,委托人可能对估价结果有所期望,甚至设法进行干预。由于估价工作的客观公正性质,估价师和估价机构不能无原则地在估价结果上让"客户满意";不能在未估价之前就征求委托人或估价利害关系人对估价结果的意见,一般也不能在完成估价之前与他们讨论估价结果,因为这样做就有可能影响估价工作独立、客观、公正地进行;更不得为承揽估价业务而迎合委托人的高估或低估要求。

三、房地产估价的现实需要

(一)房地产估价的必要性

一种资产只有同时具有"独一无二"和"价值较大"两个特性,才真正需要专业估价。房地产不仅具有独一无二性和价值较大两个特性,而且房地产市场是典型的"不完全市场",有许多阻碍房地产价格合理形成的因素,使得房地产难以自动形成适当的价格,从而需要估价师进行"替代"市场的估价。房地产估价有助于将房地产价格导向正常化,促进房地产公平交易,建立合理的房地产市场秩序。

因此,房地产的"独一无二"和"价值较大"特性是房地产专业估价存在的前提;房地产市场的"不完全市场"特性决定了房地产需要专业估价;房地产在经济活动中的广泛性、重要性,决定了房地产估价是估价行业的主体。

(二)现实中对房地产估价的需要

房地产估价是市场经济不可或缺的组成部分,随着社会经济发展特别是房地产市场的发展和人们财产保护意识的增强,产生更多、更新的房地产估价需要。而这一形势在为房地产估价行业提供更广阔的发展空间的同时,也对房地产估价提出了更高要求。现实中对房地产估价主要有如下需要:

1. 房地产抵押的需要

房地产抵押是指债务人或者第三人不转移房地产的占有,将房地产作为履行债务的担保,债务人不履行到期债务或者发生当事人没有按约定实现抵押权的情形,债权人有权依照法律的规定以房地产折价或者以拍卖、变卖房地产所得的价款优先受偿。上述债务人或者第三人为抵押人,债权人为抵押权人,用于担保债务履行的房地产为抵押房地产。

房地产由于具有不可移动性、寿命长久、保值增值、价值较大等特性,是一种良好的用于提供担保的财产。因此,在借贷等民事活动中,为了保障债权的实现,债权人一般会要求债务人或者第三人将其有权处分并且不属于法律法规规定不得抵押的房地产抵押给债权人,并要求贷款金额小于抵押房地产的价值。为了知道合理的抵押价值,债权人一般会委托或要求债务人委托债权人信任的房地产估价机构进行评估,为其确定抵押贷款额度提供参考依据。

2. 房地产征收征用的需要

房地产特别是土地,是各种生产、生活都不可缺少的要素,又不可移动,有时为了国防和外交以及由政府组织实施的基础设施建设、公共事业、保障性住房建设、旧城区改建等公共利益的需要,或者因抢险、救灾等紧急需要,国家不得不征收或者征用集体所有的土地和单位、个人的房屋及其他不动产。征收和征用的共同之处在于都是强制性的,都要经过法定程序,都要给予公平补偿。不同之处在于,征收主要是所有权的改变,是国家将集体所有或者私人所有的财产强制地征归国有,不存在返还的问题,通俗地说是"强卖";征用只是使用权的改变,是国家强制地使用集体所有或者私人所有的财产,被征用的财产使用后,应当返还被征用人,通俗地说是"强租"。

征收和征用虽然具有强制性,但不是无偿的,国家应当给予公平补偿。确定这些补偿金额,就需要房地产估价确定参考依据。在房地产征收征用评估中,不仅需要评估房地产价值和租金,有时还需要评估因为征收征用房地产造成的家具、家用电器、机器设备、物资等动产的搬迁费、临时安置费和停产停业损失。

3. 房地产税收的需要

房地产自古以来就是一个良好的税源,有关房地产的税种很多,在现代,大部分房地产税种的计税依据一般是房地产的成交价格、价值、租金或者以它们为基础的房地产价格差额、增值额等。为了防止偷税漏税、避免税负不公及说服纳税人,税务机关需要掌握真实的房地产价格、价值、租金,需要以公平合理的计税价值(或租金)为参考核定计税依据。纳税人认为税务机关核定的计税依据不合理的,也可以委托房地产估价机构评估计税价值,以说服税务机关重新核定计税依据。

中国目前与房地产有关的税种共10个,其中房产税、城镇土地使用税、耕地占用税、契税和土地增值税是5个专门针对房地产设置的税种,除此之外,营业税、城市维护建设税、企业所得税、个人所得税和印花税是5个具有普遍调节功能的税种。这些税种中,除了城镇土地使用税和耕地占用税因按占地面积,实行从量定额征收不需要房地产估价服务外,其他税种在一定程度上都需要房地产估价。

4. 房地产保险的需要

房地产特别是建筑物可能因发生火灾、爆炸、雷击、暴风雨、泥石流、地面突然塌陷、岩崩、突发性滑坡或空中运行物体坠落等自然灾害或意外事故而遭受损毁或灭失,从而需要保险。房地产保险对房地产估价的需要:①在投保时,需要评估保险标的的实际价值,为投保人和保险人约定保险标的的保险价值和保险金额提供参考依据。②在保险事故发生后,需要评估因保险事故发生造成的财产损失,为保险人确定赔偿保险金提供参考依据。③在保险期间保险标的的保险价值明显减少的,需要评估保险标的的保险价值,为采取有关补救措施提供参考依据。

5. 房地产转让和租赁的需要

房地产转让包括房屋所有权转让和土地使用权转让,是指房屋所有权人或土地使用权人通过买卖、互换、赠与或者其他合法方式,将其房屋所有权和土地使用权(简称房地产)转移给他人的行为。其他合法方式包括用土地使用权作价出资、作价入股、抵偿债务等。房地产租赁包括房屋租赁、土地租赁和土地使用权出租,是指房屋所有权人、土地所有权人和土地使用权人作为出租人,将其房地产出租给承租人使用,由承租人向出租人支付租金的行为。

由于房地产价值量大,其转让价格或者租金无论偏高还是偏低,都会使交易中的某一方遭受较大损失;同时,一般单位和个人都不是专业人士,并且没有两宗房地产是完全相同的,所以这些单位和个人对房地产及其市场行情通常不了解,这就需要进行房地产估价,为其确定转让价格或租金等提供参考依据,以免在房地产转让和租赁中遭受损失。

6. 国有建设用地使用权出让的需要

国有建设用地使用权(过去称为国有土地使用权)出让是指国家以土地所有者的身份,将国有建设用地使用权在一定年限内让与土地使用者,由土地使用者向国家交付土地出让金等土地有偿使用费(简称出让金等费用)的行为。目前,国有建设用地使用权出让有招标、拍卖、挂牌和协议等方式。在这些方式中,都需要对拟出让的土地进行估价,为市、县人民政府国土资源行政主管部门(简称出让人)确定各种出让底价提供参考依据,或者为欲取得土地者确定各种出价提供参考依据。

7. 房地产分割的需要

房地产通常是家庭最主要的财产,离婚、继承遗产、分家等通常涉及房地产分割。但房地产一般不宜采取实物分割的方法,原因主要有:①房地产在实物上或在使用上通常难以分割;②如果进行实物分割通常会严重损害房地产的效用,减损房地产的价值。因此,一般是采取折价或者拍卖、变卖的方式,然后对其取得的价款予以分割。在房地产需要分割的情况下,双方通常会委托房地产估价机构对其房地产进行估价。

8. 房地产损害赔偿的需要

现实中各种房地产损害,需要评估被损害房地产的价值减损和相关经济损失,为和解、调解、仲裁、诉讼等确定赔偿或补偿金额提供参考依据。

9. 房地产司法拍卖的需要

人民法院强制拍卖房地产,需要评估被拍卖房地产的市场价,为人民法院确定拍卖保留价提供依据。

项目一 房地产与房地产估价

10. 企业有关经济行为的需要

企业改制、资产重组、上市、产权转让、租赁、合资、合作、对外投资、合并、分立、清算等的经济行为,往往需要对企业整体资产或者其中的房地产进行估价,为有关决策等提供参考依据。此外,企业运营中的房地产,根据会计计量的需要或者有关监管的要求,对其公允价值或市场价值进行评估。

11. 房地产行政管理的需要

在市场经济体制下,房地产行政管理不仅需要清楚土地和房屋的数量、质量,还需要清楚土地和房屋的价值量及其增减变动情况。要了解这些情况,这就需要进行房地产估价。《城市房地产管理法》等有关法律法规提出了许多房地产行政管理的要求,搞好这些行政管理工作,需要房地产估价提供相关参考依据。例如,协议方式出让土地使用权如何确定出让最低价,需要估价;确定定期公布的基准地价、标定地价和各类房屋的重置价格,需要估价;受让人改变原土地使用权出让合同约定的土地用途,如何调整土地使用权出让金,需要估价;如何判断房地产权利人申报的成交价是否真实,需要估价;等等。

12. 其他方面的需要

对房地产估价的需要,除了以上列举的之外,还有许多。例如,办理出国移民提供财产证明需要的估价服务;房地产开发经营过程中需要的估价服务,即从房地产开发项目可行性研究到开发完成后的房地产租售等,都需要房地产估价为投资估算、收入预测、房地产定价等提供参考依据;建设用地使用权期间届满需要的估价服务;房地产投资信托基金需要的估价服务;在房地产征收、司法拍卖、损害赔偿等活动中,时常发生的当事人对补偿金额、拍卖保留价、赔偿金额或者未确定它们提供依据的估价结果或估价报告有异议,从而需要复核或鉴定估价;等等。

基础训练

1. 什么是专业房地产估价?
2. 为什么说房地产估价本质上是评估房地产的价值而不是价格?
3. 一名合格的专业房地产估价师应当具备哪些条件?
4. 房地产估价与一般意义上的房地产定价有何本质区别?
5. 为什么说房地产估价是科学也是艺术?
6. 什么是估价目的?目前主要有哪些估价目的?
7. 房地产估价方法主要有哪几种?
8. 现实中有哪些情形需要房地产估价?

技能训练

选择一宗房地产为估价对象,运用所学知识,界定该估价项目中的估价目的、估价时点与估价方法。

课题三 房地产估价师的职业道德

一、房地产估价师职业道德概述

房地产估价师的职业道德是指房地产估价师在从事房地产估价这种职业时，应当遵循的道德规范和行业行为规范。它要求房地产估价师以良好的思想、态度、作风和行为从事房地产估价工作，即在房地产估价活动中应做什么，不应做什么；应怎么做，不应怎么做。

房地产估价师即使具有扎实的估价理论知识、丰富的估价实践经验，但如果没有良好的职业道德，则估价结果难以公正合理。这不仅损害估价利害关系人的合法权益，而且会借着估价这种"公正"的外衣扰乱市场秩序。更有甚者，与有关当事人串通，出具虚假的估价报告坑害第三方。例如，与借款人串通高估抵押房地产的价值骗取较多的贷款；与房屋征收部门的工作人员串通虚构被征收房屋套取补偿费用，或者与被征收人串通高估被征收房屋价值骗取较多的补偿等。这些行为不仅违反了房地产估价师的职业道德，而且会被依法追究法律责任。因此，房地产估价师具有良好的职业道德是十分重要的。

二、房地产估价师职业道德内容

房地产估价师的职业道德包括职业品德、职业情感和职业行为习惯三个方面，实践上可概括为：诚实正直；回避利益冲突；具备专业胜任能力；勤勉尽责；保守秘密；公平竞争；承担社会责任。其中房地产估价师职业道德最主要的内容如下：

(1)应当诚实正直，依法独立、客观、公正地估价。

(2)应当回避利害关系人或者有利益关系的房地产估价业务。

(3)不应承接超出自己专业胜任能力的估价业务。对于某项估价业务，如果感到自己的专业知识和经验所限而难以评估出合理的价值时，就不应承接；对于其中超出自己专业胜任能力部分的工作，应当主动聘请具有专业胜任能力的专业人员或者有关专家提供专业帮助。

(4)应当勤勉尽责地做好每项估价工作，包括对委托人提供的估价所依据资料的审核检查，努力搜集估价所需资料，对估价对象进行认真的实地查勘。

(5)应当保守估价活动中知悉的国家机密、商业秘密，不得泄露个人隐私，妥善保管委托人提供的资料。

(6)应当维护估价师、估价机构和估价行业的声誉，不得以贬低其他估价师或者其他估价机构、低收费、商业贿赂的方式进行不正当竞争。

(7)不得以估价者的身份在非自己估价的报告上签字、盖章，不得将估价师注册证书借给他人使用或者允许他人使用自己的名义。

(8)应当具有自豪感、责任感，不断努力学习专业知识，积累估价经验，提高专业胜任能力。

基础训练

1. 房地产估价师为什么要有良好的职业道德？
2. 房地产估价师应具有哪些职业道德？

课题四　房地产估价原则

一、房地产估价原则的含义与作用

1. 房地产估价原则的含义

要评估出合理的房地产价值,房地产估价师就不能把自己随意认定的某个"价值"强加于估价对象,而应遵循房地产价格形成和变动的客观规律,通过对这些规律的认识与掌握,采用科学的估价方法,把客观存在的房地产价值"发现"或"探测"出来。

人们在房地产估价的反复实践和理论探索中,逐渐认识了房地产价格形成和变动的客观规律,从而总结、提炼出了一些简明扼要的进行房地产估价应依据的法则或标准。这些法则或标准就是房地产估价原则。因此,房地产估价原则是指人们在房地产估价的反复实践和理论探索中,在认识房地产价格形成和变动客观规律的基础上,总结和提炼出的一些简明扼要的进行房地产估价应依据的法则或标准。

房地产估价原则主要有:①独立、客观、公正原则;②合法原则;③估价时点原则;④替代原则;⑤最高最佳使用原则;⑥谨慎原则。

2. 房地产估价原则的作用

房地产估价原则可以使不同房地产估价师对房地产估价的基本前提具有一致性,对同一估价对象在同一估价目的、同一估价时点的评估价值趋于相同或相似;帮助估价师如何思考和衡量估价对象的价值,如何把估价对象的评估价值首先框定在一个合理的范围内,然后结合估价方法的测算,评估出一个更加精准的价值。因此,房地产估价师应熟知并正确理解房地产估价原则,以此作为估价时的指南,以便收到事半功倍的效果。

违背了房地产估价原则,就不可能评估出正确的房地产价值。因此,评判一个评估价值是否正确,很重要的一点是检查估价机构和估价师是否遵循了应遵循的估价原则。值得注意的是,不同估价目的或者所评估的价值类型不同,应遵循的估价原则可能有所不同。

二、房地产估价基本原则

1. 独立、客观、公正原则

独立、客观、公正原则要求估价机构和估价师站在中立的立场上,评估出对各方当事人均公平合理的价值。所谓"独立",就是要求估价机构和估价师与有关当事人无利害关系,在估价中不受包括委托人在内的任何单位和个人的影响,应凭借自己的专业知识、经验和职业道德进行估价。所谓"客观",就是要求估价机构和估价师在估价中不带着自己的情感、好恶和偏见,应按照事物的本来面目,实事求是地进行估价。所谓"公正",就是要求估价机构和估价师在估价中不偏袒相关当事人中的任何一方,坚持原则、公平正直地进行估价。

房地产估价之所以要遵循独立、客观、公正原则,是因为如果评估出的价值不合理,就会损害相关当事人中某一方的利益,也有损于估价师、估价机构及整个估价行业的声誉和公信力。房地产估价工作的性质,决定了独立、客观、公正原则是房地产估价的基本原则和最高行为准则。

在制度层面,为了保障估价机构和估价师独立、客观、公正地估价,应遵循以下几点:①要求估价机构应是不依附于他人、不受他人束缚的具有独立法人地位的机构。估价机构的独立性是客观、公正估价的前提。②要求估价机构和估价师与委托人及估价利害关系人没有利害关系,与估价对象没有利益关系。否则,在估价时就难以做到公平公正。即使自己有良好的职业道德自律,能保证估价公平公正,但其公信力仍然会受到人们怀疑。因此,如果估价机构或估价师与委托人或估价利害关系人有利害关系,或者与估价对象有利益关系的,应当回避。③要求任何单位和个人不得干预估价活动,包括不得干预估价过程和估价结果。

在操作层面,为了评估出公平合理的价值,估价师应做到:①假设各方当事人均是利己并且是理性的。②应"换位思考",即以各方当事人的角色或心态考虑评估价值。③以估价专家的身份反复、精细地权衡评估价值。④在上述基础上,得出一个对各方当事人来说均公平合理的评估价值。

2. 合法原则

合法原则要求估价结果是在依法判定的估价对象状况特别是权益状况下的价值。依法是指不仅要依据有关法律、行政法规、最高人民法院和最高人民检察院有关司法解释,还要依据估价对象所在地的有关地方性法规,国务院所属部门颁发的有关部门规章和政策,估价对象所在地人民政府颁发的有关地方政府规章和政策,以及估价对象的不动产登记簿(土地登记簿、房屋登记簿)、权属证书、有关批文和合同等。

房地产估价之所以要遵循合法原则,是因为房地产状况不同,特别是实物状况、区位状况相同的房地产,如果权益状况不同,评估价值就会不同。而估价对象状况不是委托人或估价师可以随意假定的,甚至不是根据估价对象的实际状况确定的,必须依法判定。依法判定的估价对象权益,可分解为依法判定的权利类型及归属,以及使用、处分等权利。因此,遵循合法原则在估价对象权益方面应做到下列几点:

(1)依法判定的权利类型及归属,是指所有权、建设用地使用权、地役权、抵押权、租赁权等房地产权利及其归属,一般应以不动产登记簿、权属证书以及相关合同(如租赁权应依据租赁合同)等为依据。目前,房地产权属证书有房屋权属证书、土地权属证书,或者统一的房地产权证书。其中,房屋权属证书有《房屋所有权证》、《房屋他项权证》等。土地权属证书有《国有土地使用证》、《集体土地所有证》、《集体土地使用证》和《土地他项权利证明书》。当县级以上地方人民政府由一个部门统一负责房产管理和土地管理工作的,可能制作、颁发统一的房地产权证书。

(2)依法判定的使用权利,应以土地用途管制、规划条件等使用管制为依据。例如,如果城市规划规定了某宗土地的用途、容积率、建筑高度、建筑密度、绿地率等,则对该土地进行估价就必须以其使用符合这些规定为前提。所谓"城市规划创造土地价值",在一定程度上反映了这一要求。

(3)依法判断的处分权,应以法律、法规和政策或者合同(如国有建设用地使用权出让合同)等允许的处分方式为依据。处分方式包括买卖、租赁、互换、抵押、出资、抵债、赠与等。法律、法规和政策规定或者合同约定不得以某种方式处分的房地产,不应作为以该种处分方式为估价目的的估价对象。

(4)依法判定的其他权益,包括评估出的价值应符合国家的价格政策等。例如,房改售房的价格应符合政府有关该价格测算的要求,新建经济适用住房的价格应符合国家规定的经济适用住房价格构成和对利润率的限定,集体土地征收和国有土地上房屋征收评估应符合有关征收集体土地和国有土地上房屋征收补偿的法律法规和政策。

此外,可将合法原则拓展到对采用的估价技术标准和估价主体资格的要求上,即房地产估价应采用国家和估价对象所在地的有关估价技术标准;估价机构应具有房地产估价资质,估价人员应是注册房地产估价师。

3. 估价时点原则

估价时点原则要求估价结果是由估价目的决定的某个特定时间的价值。

房地产估价之所以遵守估价时点原则,是因为影响房地产价格的因素是不断变化的,房地产市场是不断变化的,从而房地产价格和价值是不断变化的。同时,随着时间的推移,房地产本身也可能发生变化,如建筑物变旧过时、周围环境发生改变等。因此,同一房地产在不同的时间,通常会有不同的价值。价值与时间密不可分,每一个价值都对应着一个时间,不存在没有时间的价值。没有了对应的时间,价值就会失去意义,价值评估将无从下手。这就要求估价时必须先确定某个时间。但是,这个时间既不是委托人也不是估价师随意确定的,必须依据估价目的确定。这个由估价目的决定的评估价值对应的特定时间,称为估价时点,一般用公历年、月、日表示。

确立估价时点原则的意义在于:估价时点除了说明评估价值对应的时间,还应说明评估价对象价值的时间界限。例如,政府有关法规、政策和估价标准等的发布、修订、废止和实施时间等,均有可能影响估价对象的价值,因此估价究竟是采用发布、修订、废止和实施日期之前还是之后的时间,应根据估价时点确定。再如,运用市场比较法估价时,通常选取的可比实例成交日期与估价时点不同,就需要把可比实例在其成交日期的价格调整为在估价时点的价格,调整之后的可比实例的成交价格,才可以作为估价对象价值的参照值。

需要强调的是,遵循估价时点原则更本质的是确定估价时点应在先,得出评估价值应在后。实际中,多数估价项目是评估现在的价值,一般将估价作业期间特别是实地查勘估价对象期间的某个日期(原则上为完成估价对象实地查勘之日)确定为估价时点。但估价时点并非总是在此期间,也可因特殊需要,将过去或未来的某个时间确定为估价时点。在一个具体的估价项目中,估价时点究竟是现在还是过去或者未来,是由估价目的决定的,并且所对应的估价对象状况和房地产市场状况也会有所不同。因此,在估价中要特别注意估价目的、估价时点、估价对象状况和房地产市场状况四者的匹配关系,其中估价目的是龙头。

不论何种估价目的,评估估价对象价值所依据的市场状况始终是估价时点的状况,但估价对象状况不一定是估价时点的状况。不同估价目的的房地产估价,其估价时点与所对应的估价对象状况和房地产市场状况的匹配关系见表1-1。

表1-1 估价时点、估价对象状况和房地产市场状况的关系

估价时点	估价对象状况	房地产市场状况
过去(回顾性估价)	过去	过去
现在	过去	现在
	现在	
	未来	
未来(预测性估价)	未来	未来

(1)估价时点为现在,估价对象为现在状况下的估价。这是最常见、最大量的一种情形,如房地产抵押估价、房屋征收评估、司法拍卖估价和在建工程估价。

(2)估价时点为现在,估价对象为过去状况的估价。这种情形多出现在房地产损害赔偿和保险理赔案件中。例如,投保火灾险的建筑物被火烧毁后,评估其损失价值或损失程度时,通常是估计将毁损后的状况恢复到毁损前的状况(估价对象已不存在),在现行的国家财税制度和市场价格体系下所必要的费用。

(3)估价时点为现在,估价对象为未来状况的估价。如期房价值评估。

(4)估价时点为过去,估价对象为过去状况的估价。这种情形多出现在房地产纠纷案件中,特别是对估价结果有异议而引起的估价鉴定或复核估价、重新估价。例如,某宗房地产被人民法院拍卖后,被执行人认为人民法院确定拍卖保留价所依据的评估价过低,导致该房地产被低价拍卖,从而引起了该评估价是否过低的鉴定。鉴定该评估价是否过低,首先应回到原估价时点(除非原估价时点确定有误),相应地,估价对象的产权性质、使用性质、建筑物状况、周围环境等估价对象状况以及房地产市场状况,也都要以原估价时点的状况为准。否则,无法判断该评估价是否过低。类似的情况还可能出现在对过去评估的房地产抵押价值是否过高的鉴定中。

(5)估价时点为未来,估价对象状况为未来的估价。这种情形多出现在房地产市场预测、为房地产投资分析提供价值依据的情况下,特别是预测房地产在未来开发完成后的价值。在假设开发法中,预测估价对象开发完成后的价值就属于这种情形。

4. 替代原则

替代原则要求估价结果不得不合理偏离与估价对象相似的房地产在同等条件下的正常价格。

房地产估价之所以要遵循替代原则,是因为根据经济学原理,在同一个市场上,相同的商品有相同的价格。房地产价格的形成也符合这一规律,只是由于房地产的独一无二性,使得完全相同的房地产几乎没有,但在同一个房地产市场上,相似的房地产会有相近的价格。因为,在现实房地产交易中,任何理性的买者和卖者,都会将其拟买或拟卖的房地产与市场上相似的房地产进行比较,任何理性的买者不会接受比市场上相似的房地产的正常价格过高的价格,任何理性的卖者不会接受比市场上相似的房地产的正常价格过低的价格。这种相似的房地产之间价格相互牵制的结果,使它们的价格相互接近。

替代原则对于具体的房地产估价工作指明了两点:

(1)如果存在着一定数量与估价对象相似的房地产并已知其价格时,可以通过这些相似的房地产的价格推算出估价对象的价格。在通常情况下,由于房地产的独一无二性,估价师很难找到各方面状况均与估价对象相同的房地产,所以实际上是寻找那些与估价对象具有替代性的相似的房地产,然后将它们与估价对象进行比较,根据它们与估价对象之间的差异对其价格进行适当地修正和调整。

(2)不能孤立地思考估价对象的价值,应考虑相似房地产的价格牵掣,特别是同一个估价机构,在同一个城市、同一时期,为了同一种估价目的,对不同区位、不同档次的房地产的估价价值应有合理的"价差"。

需要指出的是,替代原则是针对估价结果而言,不论采用何种方法估价,最后都应把估价结果放到市场中去衡量,只有当估价结果没有不合理偏离相似房地产在同等条件下的正常价格时,估价结果才可以说是合理的。当把替代原则的思想用于某个参数的测算、选取时,替代原则就转化为替代原理。替代原理在市场比较法、收益法、成本法、假设开发法等估价方法中都会用到。例如,市场比较法可以说是以替代原理为基础的,收益法中的客观收益、成本法中的客观成本、假设开发法中的后续开发的必要支出及应得利润等,也都是遵循替代原理来求取的。

5. 最高最佳利用原则

最高最佳利用原则要求估价结果是在估价对象最高最佳利用下而得出的价值。所谓最高最佳利用,是指法律上允许、技术上可能、经济上可行,经过充分合理的论证,使估价对象的价值最大的一种利用。

除了评估在用价值外,房地产估价之所以要遵循最高最佳利用原则,是因为在现实的房地产利用中,每个拥有者都试图采取最高最佳利用方式充分发挥其房地产的潜力,以获取最大的经济利益。这一原则也是房地产利用竞争与优选的结果。因此,房地产估价不仅要遵循合法原则,还要遵循最高最佳利用原则。

最高最佳利用原则必须同时满足四个条件:①法律上允许;②技术上可能;③经济上可行;④价值最大化。实际估价中选取估价对象的最高最佳利用时,不能忽视"法律上允许"这个前提。最高最佳利用是在法律法规、政策和出让合同等允许范围内的最高最佳利用。因此,最高最佳利用原则和合法原则的关系是:遵循了合法原则,并不意味着会遵循最高最佳利用原则;而遵循了最高最佳利用原则,则必然符合了合法原则中对估价对象依法利用的要求。

最高最佳利用包括最佳的用途、最佳的规模、最佳的集约度和最佳的档次。寻找估价对象最高最佳利用的方法,是尽可能地设想出估价对象的各种潜在利用,然后从下列四个方面依序筛选:

(1)法律上是否许可。对于每种潜在的利用方式,首先检查它是否为法律法规、政策和出让合同等所允许。如果是不允许的,则应被淘汰。

(2)技术上是否可能。对于法律上允许的每种利用方式,要检查它在技术上是否能够实现,包括建筑材料性能、施工技术手段等能否满足要求。如果是技术上不能实现的,则应被淘汰。

(3)经济上是否可行。对于法律上允许且技术上可能的每种利用,还要进行经济可行性检验。经济可行性检验的一般做法是:针对每一种利用,首先预测它未来的收入和支出流量,然后将未来的收入和支出流量用现值表示,再将这两者进行比较。只有收入现值大于或等于支出现值的利用才具有经济可行性,否则应被淘汰。经济可行性的评价指标有财务净现值、财务内部收益率、投资回收期等。

(4)价值是否最大化。在所有具有经济可行性的利用中,能够使估价对象的价值达到最大的利用,才是最高最佳的利用。

最高最佳利用原则要求评估价值应是估价对象在各种可能的合法利用中,能够使估价对象的价值达到最大的利用的估价结果。例如某宗土地,城市规划规定其用途可以是商业,也可以是居住,如果为商业用途能够使该土地的价值达到最大,则评估该土地的价值应以商业用途为前提;反之,应以居住用途或者商业与居住混合用途为前提。但当估价对象已做了某种利用,则估价时应根据最高最佳利用原则对估价前提做下列之一的比较、判断和选择,并应在估价报告中予以说明。

(1) 维持现状前提。认为现有房地产维持现状、继续利用最为有利时,应以维持现状为前提进行估价。现有房地产应维持现状的条件是:(新房地产的价值－将现有房地产改变为新房地产的必要支出及应得利润)＜现有房地产价值。

(2) 更新改造前提。认为现有房地产更新改造再予以利用最为有利时,应以更新改造为前提进行估价。现有房地产应更新改造的条件是:(更新改造后房地产价值－更新改造的必要支出及应得利润)＞现状房地产价值。

(3) 改变用途前提。认为现有房地产改变用途再予以利用最为有利时,应以改变用途为前提进行估价。现有房地产改变用途的条件是:(新用途下的房地产价值－改变用途的必要支出及应得利润)＞现有用途下的房地产价值。

(4) 重新开发前提。认为现有房地产重新开发再予以利用最为有利时,应以重新开发为前提进行估价。现有房地产应重新开发的条件是:(重新开发完成后的房地产价值－重新开发的必要支出及应得利润)＞现有房地产价值。

(5) 上述情形的某种组合。最常见的是第三种改变用途与第二种更新改造的组合。

6. 谨慎原则

谨慎原则是在评估房地产抵押价值时应遵循的一项原则。谨慎原则要求在存在不确定因素的情况下作出估价相关判断时,应保持必要的谨慎,充分估计抵押房地产在抵押权实现时可能受到的限制、未来可能发生的风险和损失,不高估假定未设立法定优先受偿权下的价值,不低估房地产估价师知悉的法定优先受偿款。

由于需要处分抵押物的时间与抵押估价时点一般相隔较长,而且抵押担保的范围包括主债权及利息、违约金、损害赔偿金和实现抵押权的费用,届时抵押房地产的价值有可能下跌,其他相关的不确定因素也较多,为确保抵押贷款的清偿,拟接受抵押担保的债权人对变现风险高度关注,所以房地产抵押价值评估还应遵循谨慎原则。

理解谨慎原则的关键是搞清楚"在存在不确定因素的情况下"。在实际估价中,房地产估价师如果面临的是确定因素,则不存在谨慎问题,应依据确定因素进行估价。如果面临的是不确定因素,当对该因素的乐观、保守(或悲观)和折中判断;假如估价会导致对抵押价值的偏高、偏低和居中估计时,则应采取导致对抵押价值相对偏低的估计。例如,采用收益法评估收益性房地产的抵押价值,当估计未来的收益可能会高也可能会低时,遵循谨慎原则应采用保守的较低的收益估计值,相比之下,一般的房地产价值评估时,采用既不偏高也不偏低的居中收益估计值。

基础训练

1. 什么是房地产估价原则?主要有哪些房地产估价原则?

2. 什么是独立、客观、公正原则？为什么说它是房地产估价的基本原则和最高行为准则？
3. 房地产估价为什么要遵循合法原则？合法原则对房地产估价有哪些要求？
4. 估价时点与估价作业期有何不同？在估价报告中写明这两个时间的目的是什么？
5. 房地产估价为什么要遵循替代原则？实际估价中如何遵循替代原则？
6. 什么是最高最佳利用原则？房地产估价中如何衡量和寻找估价对象的最高最佳利用？
7. 谨慎原则对房地产估价有何要求？何种目的的估价应遵循谨慎原则？为什么？

技能训练

1. 假定有一违章建筑即将拆除，其业主委托你对其物业进行估价，根据合法原则，你如何确定其价值？
2. 运用估价时点与房地产对象状况、房地产市场状况之间的关系，说明房地产复核估价、保险理赔估价业务中三者表现为何种关系？

案例分析

案例资料（一）：甲公司1993年通过有偿出让的方式获得某宗地的使用权，土地用途为高档住宅，楼面地价为3500元/m²。甲公司拟分两期建设80栋别墅。当第一期40栋别墅于1996年12月竣工时，因债务纠纷被法院裁定拍卖20栋还债。拍卖行委托乙房地产估价所评估出拍卖底价为3800元/m²。拍卖行在当月以此为依据拍卖，卖出6栋，平均价格为3860元/m²，其余14栋无人承接，退还给甲公司。当1998年6月第二期工程竣工后，建成的别墅以5200元/m²售出，甲公司因此指责乙房地产估价所当时评估的拍卖底价过低，而且别墅的拍卖底价竟然只比楼面地价高300元/m²，远低于其投入的建设成本，很不合理。而乙房地产估价所坚持当时的估价结论合理。

任务：结合所学内容，分析乙房地产估价所坚持当时估价结论的理由有哪些？

案例资料（二）：原告张某、王某、李某、赵某均为某县物资局职工，自1997年起一直居住在物资局集资建设的两层住宅楼内。2001年6月10日，被告某县建筑公司经县建设局批准，在某县北城开发建成一栋5层商品住宅楼，楼高17米，与原告4人的二层住宅南北相邻。被告的商品住宅严重影响了原告住宅的采光和通风，给其生产生活造成很大不便，精神上造成很大伤害，经多次交涉无果，原告向法院提起诉讼，请求依法责令排除妨碍，停止侵害。

经原告申请，法院依法委托某县建设局鉴定。经测量，两层住宅楼的底层8间房共影响采光面积138.76平方米，遮挡长度为27.76米，二楼8间房平均被遮挡高度为0.221米，实际每间影响采光面积1.143平方米，8间合计9.144平方米，一、二层共计遮挡采光面积147.904平方米。

任务：通过本案例理解《物权法》关于房地产使用时相邻关系的限制。

案例资料（三）：某工厂为企业改制进行资产重组，委托某估价机构将其在划拨土地上建成的两幢房屋进行估价，据该工厂的《房屋所有权证》上记载，该两幢房屋的用途均为工业。根据估价师现场查勘的结果，该两幢房屋的实际用途一幢为厂房，另一幢原为厂房，后企业自行改造为办公楼。

任务：(1)应根据哪种用途对该两幢房屋进行估价？

(2)该工厂若为扩大经营而筹集资金将该两幢房屋抵押，则抵押价值如何确定？

案例资料（四）：甲（卖房者）将一套装修较陈旧的二手房售予乙（购房者），甲乙两人于2013年4月25日签订了该房屋买卖合同和房屋装修合同。房屋买卖合同规定甲必须于5月25日交房，乙同时付清购房款。交房后甲按房屋装修合同进行装修，装修工程共2个月。乙于4月25日支付90%的购房款和10%的装修费；5月25日付清剩余购房款和60%的装修费；7月25日付清剩余的30%装修费。在按规定向所在地房地产管理部门申报买卖成交价格时，被认定应重新评估。

任务：(1)确定案例中的估价时点。

(2)确定案例中的估价范围。

项目二
房地产价格基础

学习目标

知识目标
掌握房地产价格的特征与种类；
理解房地产供求与价格的关系；
熟悉房地产价格的影响因素。

能力目标
能够敏锐观察房地产市场的供求关系；
能对房地产在不同情况下的价格有一个准确地把握。

项目分析

项目概述

房地产估价就是评估房地产的价值。价格是价值的外在表现，理论上是价值决定价格，但实践中却是通过价格来了解价值。房地产价格的高低和变动，是众多对房地产价格有影响的因素共同作用的结果。这些对房地产价格有影响的因素称为房地产价格影响因素。因此，做好房地产估价要对房地产价值和房地产价格有全面、深入和正确的认识，应了解各种影响房地产价格的因素，掌握它们是如何以及在何种程度上影响房地产价格的。简言之，房地产的价格和价值、房地产价格的影响因素及其对房地产价格的影响是本课题主要解决的问题。

情境案例

某住宅小区内的一条主要道路两侧建有商住楼，其底层为商业用房，二层及以上各层均为住宅。现根据修订后的规划，要在该道路上建一条高架路。该高架路工程将于2012年6月开始，2012年10月结束。

试分析：该小区道路状况变化对该道路两侧底层商业用房的价格有什么影响？对该道路两侧的住房价格又有什么影响？

基本知识与技能

课题一　房地产价格和价值
课题二　房地产价格影响因素

基础与能力训练

课题一　房地产价格和价值

一、房地产价格

(一)房地产价格的含义

关于价格,人们有各种不同的解释和定义,最典型的有两种:①价格是为获得一种商品或服务所必须付出的东西,通常用货币来表示,但不一定用货币形式来偿付;②价格是商品价值的货币表现,价值是凝结在商品中的一般的无差别的人类劳动或抽象的人类劳动。第一种价格定义讲的是"现象",第二种讲的是"本质"。

对房地产估价来说,主要是从现象上把握房地产价格的"量",所以把房地产价格定义为:和平地取得他人的房地产必须付出的代价,包括货币、实物、无形资产和其他经济利益。在市场经济社会,房地产价格通常用货币表示,也可以用实物、劳务等非货币方式支付,例如以房地产作价入股换取设备、技术等。

(二)房地产价格的形成条件

同其他经济物品一样,房地产之所以有价格(价值),是因为它们有用、稀缺,并且人们对它们有需求。因此,房地产价格形成需要同时具备三个条件:有用性、稀缺性、有效需求。

1. 有用性

有用性是指某种物品能够满足人们的某种需要,经济学上称为使用价值。房地产如果没有用,人们就不会产生占有房地产的要求或欲望,更谈不上花钱去购买或租赁房地产,因此就不会有价格。

2. 稀缺性

稀缺性是指某种物品的数量没有多到每个人都可以随心所欲地得到。这种稀缺是指它是不能自由取用,不付出代价就不能得到,因此是相对缺乏,不是绝对缺乏。一种物品仅有用还不能使其有价格,如果该种物品的数量丰富,能随时随地自由取用,如空气,尽管对人们至关重要,但是也不会有价格。因此,某种物品要形成价格,还必须具有稀缺性。只有有用并稀缺的物品,才能形成价格。显然,房地产是一种稀缺的物品。

3. 有效需求

有效需求是指对物品的有支付能力的需要,即人们不但愿意购买而且要有能力购买。只有需要而无支付能力,或者虽然有支付能力但不需要,都不能使购买行为发生,从而不能实现价格。如一套80万元的住房,甲需要,但无支付能力;乙有支付能力,但是不需要;丙既需要,也有支付能力。在这种情况下,只有丙对这套住房形成有效需求。因此,需要不等于需求,有支付能力支持的需要才是需求。房地产价格要成为现实,必须对房地产形成有效需求。

由于房地产既是一种可以满足生产、生活需要的生产要素或消费品,又是一种可以带来租赁、增值等收益的投资品,现实中对房地产的需求,不仅有"为用而买"的实用性需求(消费型需求),还有"为租而买"的投资性需求以及"为卖而买"的投机性需求。

(三)房地产价格的特征

房地产价格是房地产市场中的重要分析指标,认识和理解房地产价格的本质特征,对于客观地认识房地产市场并准确进行房地产价格评估有着重要的意义。

1. 区位性

房地产由于不可移动,其价格受区位的影响很大。在其他状况相同的情况下,区位好的房地产价格高;区位差的房地产价格低。从不同城市来看,同质房屋的价格,一般大城市高于中小城市,沿海城市高于内地城市,经济发达城市高于经济不发达城市。从一个城市来看,房地产价格总体上是从市中心向郊区递减。一些特殊公共服务设施的存在,也会导致房地产价格的提高,如教学质量好的中小学附近的住房价格、交通站点或交通沿线附近的房地产价格,会明显高于其他位置的房地产价格。

2. 权益性

由于房地产是不动产,因此房地产在交易中可以转移的不是其实物,而是其所有权、使用权或其他权利。实物状况相同的房地产,权益状况可能有很大差异,甚至实物状况好的房地产,由于权益过小或权利受到过多限制,如土地剩余期限很短、产权不明确或权属有争议、违章建筑等,价格反而更低;相反,实物状态较差的房地产,由于权益较大,如产权清晰、完全,其价格可能较高。即使同一宗房地产,权益不同,价格也不相同。从这个意义上说,房地产价格实质上是房地产权益的价格,房地产估价应对房地产权益状况进行认真调查分析。

3. 二元性

房地产由于价值较大、寿命长久,所以同时存在着买卖和租赁两种交易方式或两个市场。如公寓、写字楼、商铺、标准厂房、仓库等房地产,以租赁为主;商品房、别墅等以买卖为主。因此,房地产同时有两种价格:一是其本身的价格,经济学上称为源泉价格,即买卖价格,也称为交换代价的价格,通常简称价格;二是使用它一定时间的价格,经济学上称为服务价格,即租赁价格,通常简称租金。因此,房地产的价格有广义的价格(包括买卖价格和租赁价格)和狭义的价格(仅指买卖价格)之分。

4. 个别形成性

房地产由于不动性和独一无二的特性,不能将房地产搬到同一地方进行比较,因此,要认识房地产只有亲自到实地进行查勘,而且由于房地产价值量大,相似的房地产一般只有少数几个买者和卖者,有的房地产甚至只有一个买者和一个卖者,所以房地产价格通常随交易的需要而个别形成,并容易受买卖双方个别情况(如议价能力、偏好、财力、感情冲动等)的影响。

5. 形成长期性

房地产由于独一无二的特性,相互之间难以直接比较,对影响其价格的质量、功能、产权、物业服务等方面的情况在短期内不易了解,加之其价值量很大,在非房地产过热导致"抢购"的情况下,人们对其交易通常是很谨慎的,所以房地产交易价格很难在短时间内达成。

二、房地产供求与价格

供求理论是市场运行和价格变动的核心理论。房地产市场的波动,房地产价格(或租金,下同)的高低及其变动,是由房地产的供给与需求这两种相反的力量共同作用的结果。其中,待租售的房地产(增量和存量房地产)形成了市场的供给方,房地产的购买方(或承租者,下同)形成了市场的需求方。其他各种因素对房地产价格的影响,要么通过影响房地产供给,要么通过影响房地产需求,要么通过同时影响房地产的供给和需求来实现。从这种意义上讲,想知道某项政策或事件将如何影响房地产市场走向和房地产价格涨落,应首先分析它将如何影响房地产的供给与需求。因此,认识房地产的供给、需求与房地产价格之间的关系,对房地产估价十分重要。

1. 房地产需求

房地产需求是指消费者在某一特定时间内,在某一价格水平下,对某种房地产所愿意而且能够购买(或承租,下同)的数量。形成需求有两个条件:①消费者愿意购买;②消费者有能力购买。仅有第一个条件,只能被看做需要或欲望。仅有第二个条件,不能使购买行为发生。

房地产市场需求是指在一定时间内、一定价格水平下和一定市场上所有的消费者对某种房地产所愿意并且能够购买的数量,即市场需求是所有的消费者需求的总和。

某种房地产的需求量是由许多因素决定的,经常起作用的因素主要有如下5种:

(1) 该种房地产的价格水平。一般来说,某种房地产的价格上升,对其需求就会减少;价格下降,对其需求就会增加。由于需求量与价格负相关的这种关系很普遍,所以被称为需求规律。

(2) 消费者的收入水平。由于消费者对商品的需求是有支付能力的需要,因此需求量的大小还取决于消费者的收入水平。对于正常商品来说,当消费者的收入增加时,就会增加对商品的需求;相反,就会减少对商品的需求。而对低档商品来说,其需求量可能随着收入增长而下降。

(3) 消费者的偏好。消费者对商品的需求产生于其需要或欲望,而消费者对不同商品的需要或欲望又有强弱、缓急之分,从而形成消费者的偏好。当消费者对某种房地产的偏好程度增强时,该种房地产的需求就会增加;相反,需求就会减少。例如,如果城市居民出现了向郊区迁移的趋势,则对市区的住房需求就会减少,而对郊区住宅的需求将会增加。

(4) 相关物品的价格水平。当一种房地产自身的价格保持不变,而与它相关的其他房地产的价格发生变化时,该种房地产的需求也会发生变化。与某种房地产相关的房地产,是指该种房地产的替代品和互补品。某种房地产的替代品,是指能满足相同或相似需要、可替代它的其他房地产,如经济适用住房与普通商品住宅之间、二手房与新建商品房之间等存在着一定的替代关系。替代品之间,一种房地产的价格上涨,对另一种房地产的需求就会增加。某种房地产的互补品,是指与它相互配合的其他房地产,如住宅和与其配套的商业、娱乐房地产等。互补品之间,对一种房地产的消费多了,对另一种房地产的消费也会多起来。

(5) 消费者对未来的预期。消费者的行为不仅受许多现实因素的影响,还受其对未来预期的影响。例如,消费者的现时房地产需求不仅取决于当前的房地产价格水平,还取决于其对未来房地产价格涨落的预期。当消费者预期某种房地产价格未来会上涨时,就会增加对该种房地产的现期需求;相反,就会减少该种房地产的现期需求。

房地产的需求曲线表示房地产的需求量与其价格之间的关系,即某种房地产的需求量如何随着该种房地产价格的变动而变动。在图 2−1(a) 中,纵坐标轴表示某种房地产的价格(P),横坐标轴表示该种房地产的需求量(Q),由于在价格较高时需求量减少,价格较低时需求量增加,所以得到的是一条向右下方倾斜的房地产需求曲线(D)。

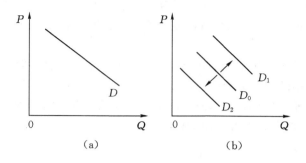

图 2-1 一般房地产的需求曲线

如果考虑影响房地产需求量的非该种房地产价格水平因素,那么需求量不再是沿着需求曲线变动,而是整个需求曲线发生位移。例如,消费者的收入水平、偏好、对未来的预期和相关物品价格水平的变化,会改变消费者在给定价格水平下对房地产的需求量。如果在每一价格水平下需求量都增加了,需求曲线就会向右位移;反之,需求曲线就会向左位移。如图 2-1(b),以 D_0 为基础,消费者的收入水平提高,由于在相同的价格水平下需求量增加,整个需求曲线将由 D_0 向右位移到 D_1;消费者的收入水平下降,由于在相同的价格水平下需求量减少,整个需求曲线将由 D_0 向左位移到 D_2。

2. 房地产供给

房地产供给是指房地产开发企业和拥有者(即房地产的出售人或出租人,下同)在某一特定时间内,在某一价格水平下,对某种房地产所愿意而且能够提供出售(或出租,下同)的数量。供给的形成有两个条件:①房地产开发企业和拥有者愿意供给;②房地产开发企业和拥有者有能力供给。

房地产市场供给是指在一定时间内、一定价格水平下和一定市场上所有房地产开发企业和拥有者对某种房地产所愿意并且能够出售的数量,即市场供给是所有房地产开发企业和拥有者供给的总和。

某种房地产的供给量是由许多因素决定的,经常起作用的因素及其影响如下:

(1) 该种房地产的价格水平。一般来说,某种房地产的价格越高,开发该种房地产就越有利可图,房地产开发企业愿意开发的数量就会越多;相反,开发企业愿意开发的数量就会越少。供给量与价格正相关的这种关系,称为供给规律。

(2) 该种房地产的开发成本。在某种房地产的价格保持不变的情况下,其开发成本上升会减少开发利润,从而会使该种房地产的供给减少;相反,会使该种房地产的供给增加。

(3) 该种房地产的开发技术水平。一般情况下,开发技术水平的提高可以降低开发成本,增加开发利润,房地产开发企业就会开发更多的房地产;相反,房地产开发企业就会减少对房地产的开发。

(4) 房地产开发企业和拥有者对未来的预期。如果房地产开发企业和拥有者对未来的房地产市场看好,如预期房地产价格未来会上涨,则房地产开发企业会增加开发量,从而会使未来的房地产供给增加,同时房地产开发企业和拥有者会"捂盘惜售",从而会减少该种房地产的当前供给;如果房地产开发企业和拥有者对未来的房地产市场不看好,其结果会相反。

需要指出的是,由于土地总量不可增加、建设用地使用权出让、市场政府垄断以及房地产开发周期较长、房地产不可移动特性导致房地产不能在不同地区之间调剂余缺等,使房地产供给与一般商品供给有很大不同,不能随着房地产需求和价格的变动及时作出调整,房地产供给缺乏弹性。

房地产的供给曲线表示房地产的供给量与其价格之间的关系,即某种房地产的供给量如何随着该种房地产价格的变化而变动。图 2-2(a)中,纵坐标轴表示该种房地产的价格(P),横坐标轴表示该种房地产的供给量(Q)。由于价格上升刺激供给增加,价格较低时供给量减少,因此供给曲线是一条向右上方倾斜的曲线(S)。

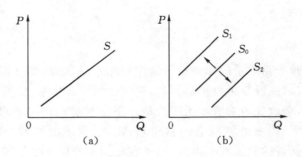

图 2-2 一般房地产的供给曲线

如果考虑影响房地产供给量的非该种房地产价格因素,则房地产供给量不再是沿着供给曲线变动,而是整个供给曲线发生位移,如图 2-2(b)所示。以 S_0 为基础,如果房地产开发成本上升,整个供给曲线将由 S_0 向左位移到 S_1;如果房地产开发成本下降,整个供给曲线将由 S_0 向右位移到 S_2。

3. 房地产均衡价格

在其他条件不变的情况下,需求曲线上的每一个点都是消费者愿意并且能够接受的房地产价格与数量的组合,供给曲线上的每一个点都是房地产开发企业或拥有者愿意并且能够提供的房地产数量与价格的组合。市场交易是自愿交易或者交易双方一致同意的交易,所以房地产市场交易的价格和数量,必然是供求双方都愿意并且能够接受的价格和数量。

图 2-3 是把图 2-1(a)中的需求曲线和 2-2(a)中的供给曲线结合在一起所形成的。图中 E 点是需求曲线与供给曲线的交点,它同时处于需求曲线和供给曲线上。因此,E 点是供求均衡点,该点所对应的价格和数量是消费者和房地产开发企业或拥有者都愿意接受的价格和数量的组合。其中,该点所对应的价格 P_e 称为均衡价格,所对应的数量 Q_e 称为均衡数量。

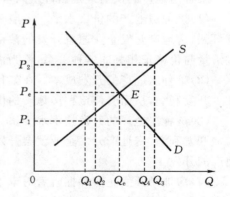

可见,房地产均衡价格是房地产的需求曲线与供给曲线相交时的价格,也就是房地产的市场需求量与市场供给量相等时的价格。当市场价格偏离均衡价格时,会出现需求量与供给量不相等的非均衡状态。

图 2-3 房地产均衡价格及其形成

一般来说,在市场力量作用下,这种供求不相等的非均衡状态会逐渐消失,偏离的市场价格会自动地恢复到均衡价格水平。如图2-3中,当价格上涨到P_2,供给量将由Q_e增加到Q_4,而需求量将由Q_e减少到Q_2,供给大于需求,出现过剩,过剩数量为$(Q_4 - Q_2)$。由于供大于求,卖者之间竞争的市场压力将迫使价格下降。只要价格高于P_e,这种降价的压力就会一直存在。同理,当价格下降到P_1时,需求量将由Q_e增加到Q_3,供给量将由Q_e减少到Q_1,需求大于供给,出现短缺,短缺数量为$(Q_3 - Q_1)$。由于供不应求,买者之间竞争的市场压力将迫使价格上涨。只要价格低于P_e,这种涨价的压力就会一直存在。

均衡价格理论是价格原理的核心内容,它表明:均衡是市场价格运行的必然趋势,如果市场价格由于某种因素或者某些因素的影响而脱离了均衡价格,则必然出现过剩或短缺,导致卖者之间或买者之间的竞争,形成价格下降或上涨的压力和趋势,并最终趋向于均衡价格。

总之,房地产价格与房地产需求正相关,与房地产供给负相关。当供给一定时,如果需求增加,则价格上涨;如果需求减少,则价格下降。当需求一定时,如果供给增加,则价格下降;如果供给减少,则价格上涨。如果需求与供给同时发生变化,均衡价格和均衡数量也会发生变化,具体由两者的变化方向和变化幅度来决定。

4. 房地产供求状况的分类

根据房地产的范围和类型,理论上可将房地产的供求状况分为4种类型:①全国房地产总的供求状况;②本地区房地产总的供求状况;③全国同类房地产的供求状况;④本地区同类房地产的供求状况。

与其他可移动的商品不同,房地产由于不可移动及用途变更困难,直接决定某一房地产价格水平高低的供求状况,是本地区同类房地产的供求状况。至于其他类型的房地产供求状况对该房地产的价格有无影响及其影响的程度,要视这些供求状况的波及性而定。

三、房地产价格和价值种类

房地产价格和价值的种类繁多,不同的房地产价格和价值,所起的作用往往不尽相同。要进行房地产估价,必须搞清楚房地产价格和价值的种类以及其确切含义,以便把握需要评估的房地产价值的内涵。

1. 成交价格、市场价格、理论价格与评估价值

(1) 成交价格。成交价格简称为成交价,是指一笔房地产交易中交易双方达成交易的价格。成交价格是一个已经完成的事实价格,是个别价格,通常随着交易者对交易对象和市场行情的了解程度,出售或购买的动机或急迫程度,交易双方之间的关系、议价能力和技巧,卖方的价格策略等不同而有所不同。

成交价格可能是正常的,也可能是不正常的,因此,成交价格可分为正常成交价格和非正常成交价格。正常成交价格是指交易双方在公开市场、信息畅通、平等自愿、诚实无欺、无利害关系下交易形成的价格。反之,则为非正常成交价格。

(2) 市场价格。市场价格简称市场价、市价,是指某种房地产在市场上的平均水平价格。它是剔除了各种偶然和不正常因素以后的价格,是该种房地产大量成交价格的抽象结果。

(3) 理论价格。理论价格是在真实需求与真实供给相等的条件下形成的价格。

价格与供求是互动的:一方面,价格由供给力量与需求力量相互作用决定;另一方面,供给量与需求量又受价格的影响,通过价格调节达到均衡。市场价格与理论价格相比,市场价格是短期均衡价格,理论价格是长期均衡价格。市场价格的正常波动是由真实需求与真实供给相互作用造成的。因此,在正常市场或正常经济发展下,市场价格基本上与理论价格相吻合,围

绕着理论价格而上下波动,不会偏离太远。但在市场参与者普遍不够理性(如投机性需求、非理性预期等)的情况下,市场价格可能会较大幅度、较长时期偏离理论价格。一般地说,成交价格围绕着市场价格而上下波动,市场价格又围绕着理论价格而上下波动。

(4)评估价值。评估价格简称评估值、评估价,是指估价师通过估价活动得出的估价对象的价值,实质上是估价师对估价对象价值的一个估计值。评估价值可根据采用估价方法的不同而有不同的称呼,如通常把市场比较法、收益法和成本法测算出的价值,分别称为比准价值、收益价值和积算价值。

一般来说,市场比较法测算出的价值趋向于成交价,收益法测算出的价值趋向于最高买价,成本法测算出的价值趋向于最低卖价。从另一方面来看,市场比较法测算出的价值趋向于市场价格,收益法测算出的价值趋向于理论价格。当房地产市场比较成熟且处于正常状况时,三种基本方法测算出的价值应基本一致。而在房地产市场存在泡沫的情况下,市场比较法测算出的价值会大大高于收益法、成本法测算出的价值。也就是说,如果市场比较法测算出的价值大大高于收益法、成本法测算出的价值,则说明房地产价值被市场所高估或房地产价格有泡沫。当成本法测算出的价值(不考虑外部折旧的情况下)大大高于市场比较法或收益法测算出的价值,则说明房地产供大于求或房地产市场不景气;反之,则说明房地产供不应求或房地产市场景气。

评估价值虽然不是实际成交价格,但在为交易服务的估价中,评估价值与成交价格有密切的关系。由于房地产交易通常需要专业房地产估价为交易当事人确定要价或出价提供参考依据,或者为交易双方提供议价基础,所以评估价值往往会成为成交价格。值得注意的是,由于估价师专业知识、经验和职业道德等不同,同一宗房地产,不同的估价师评估出的价值往往不同。称职的估价师评估出的价值应接近,彼此之间的差异会在合理的误差范围内。由此可见,要求评估的是合理的价值,而实际评估出的可能是带有估价师个人主观因素的价值,两者都可能与估价对象在市场上交易的成交价格不同。但从理论上讲,在为交易服务的估价中,一个良好的评估价值等于正常成交价格,也等于市场价格。

从一宗房地产的成交价格、市场价格、理论价格和评估价值的关系来看,它们之间可能是相同或相近的,也可能是不同的。当交易情况为正常时,成交价格接近市场价格;当市场处于正常状况时,市场价格接近理论价格;当估价科学准确时,评估价值接近于市场价格或理论价格。

2. 市场价值、投资价值、谨慎价值、快速变现价值、在用价值和残余价值

这是一组按照评估价值的前提或内涵等实质内容划分的几种价值,可以说是六种基本类型。其中,**市场价值**又是最基本、最常用的价值类型,其他价值类型是在不符合市场价值形成条件中的一个或多个条件下最可能的价格或金额,属于非市场价值。

(1)市场价值。过去称为公开市场价值,国内外有多种定义,目前一般采用《国际估价标准》的定义:市场价值是指一项财产在进行了适当的营销后,由懂行、审慎且无被迫的自愿的买方和自愿的卖方,以公平交易方式在估价时点进行交易的估计金额。因此,可以将市场价值简要定义为:估价对象由熟悉情况的交易双方以公平交易方式在估价时点自愿交易的最可能金额。

(2)投资价值。某一房地产的投资价值,是指根据某个特定的投资者的实际情况,对该房地产进行评估的价值。与投资价值相比较,该房地产的市场价值,是指该房地产对一个典型的投资者(市场上抽象的一般投资者,其代表了市场上大多数人的观点)的价值。市场价值来源于市场参与者的共同价值判断,是客观的、非个人的价值;投资价值是对特定的投资者而言的,是基于主观的、个人因素上的价值。在某一时点,市场价值是唯一的,而投资价值会因投资者的不同而有所不同。因为不同的投资者在品牌、开发成本、运用费用等方面的优势不同,纳税状况不同,风险偏好不同,对未来房地产市场的预期或信心不同等,都会对投资价值产生影响。

投资价值和市场价值的评估方法通常是相同的,但二者在评估中的有关参数取值是不同的。例如,两者都可以采用收益法评估——价值是预测的未来净收益的现值之和,但对未来净收益的预测和选取参数的立场不同。如不同投资者对未来净收益的预测,有的可能乐观,有的可能保守;而评估市场价值时,要求对未来净收益的预测是客观的(折中的)。再如评估市场价值时所采用的折现率,应是与该房地产的风险程度相对应的社会一般报酬率(即典型的投资者所要求的报酬率);而评估投资价值时所采用的折现率,应是某个特定的投资者所要求的最低报酬率(通常称为最低期望收益率)。投资者评估的房地产的投资价值大于或等于该房地产的价格,是其投资行为(如购买行为)能够实现的基本条件。

房地产估价通常是评估房地产的市场价值。但作为房地产估价师,投资价值评估也是其服务的一个重要领域。例如,政府以招标、拍卖、挂牌、协议等方式出让国有建设用地使用权,欲获取土地使用权者可能委托房地产估价机构评估其可承受的最高价,为其确定投标报价、最高出价等提供参考依据。这就是一种投资价值评估。

(3)谨慎价值。谨慎价值是指在存在不确定因素的情况下,遵循谨慎原则所评估的价值。谨慎价值通常低于市场价值。例如,为了防范房地产信贷风险,要求评估的房地产抵押价值本质上是谨慎价值。

(4)快速变现价值。快速变现价值是指在不符合市场价值形成条件中"适当的营销"下的价值。例如,卖者因某种原因急于脱手房地产而要求评估的价值,即为快速变现价值。快速变现价值通常低于市场价值。

(5)在用价值。在用价值是指在现状利用下的价值。现状利用包括目前的用途、规模、集约度和档次等,它可能是也可能不是最高最佳利用,可能是也可能不是合法利用。在合法利用下,在用价值一般低于市场价值。但如果现状利用为合法利用下的最高最佳利用,则在用价值等于市场价值。在不合法利用下,在用价值可能高于市场价值。例如,临街住宅楼的底层住宅擅自改为商铺,该住宅的现状商业用途的在用价值,通常高于法定居住用途的市场价值。

(6)残余价值。残余价值是指在非继续利用下的价值。它一般低于市场价值。例如,某个针对特定品牌进行了特色装饰装修的餐厅,当不再作为该品牌的餐厅继续经营而出售时,该特色装饰装修不仅不会增加该房地产的价值,反而会降低其价值,因为该特色装饰装修对该餐厅的后来取得者没有用处。但在征收情况下,虽然该餐厅不会继续经营下去,但因要给予公平补偿,所以应假设它继续经营来评估其价值,在这种情况下,评估的应是市场价值而不是残余价值。

残余价值与通常意义上的"残值"有所不同。残值是资产在其使用寿命结束时所剩下的价值。因此,残余价值大于或等于残值,仅在资产使用寿命结束时,残余价值才等于残值。

3.买卖价格、租赁价格、抵押价值、保险价值、计税价值和征收价值

这是按照房地产交易方式或有关经济行为类型划分的几种价格和价值。

(1)买卖价格。买卖价格也称为销售价格,简称买卖价,是房地产权利人采取买卖方式将其房地产转移给他人的价格。买卖价格是由房地产权利人(卖方)收取或他人(买方)支付的货币或实物、无形资产和其他经济利益。

(2)租赁价格。租赁价格通常称为租金、租价,在土地与建筑物相结合的场合习惯上称为房屋租赁价格,简称房租;在土地或以土地为主的场合一般称为地租。租赁价格是房屋所有权人或土地使用权人作为出租人将其房地产出租给承租人使用,由承租人向出租人支付或出租人向承租人收取的货币或实物、无形资产和其他经济利益。

我国过去在城镇住房制度改革中,把房租分为市场租金、商品租金、成本租金、准成本租金和福利租金。其中,市场租金也称为协议租金,是指由市场供求状况决定的租金。商品租金也称为全价租金,是指以房地产价值为基础确定的租金,由房屋折旧费、维修费、管理费、投资利息、房产税、保险费、地租和利润八项因素构成。成本租金是指按照出租房屋的经营成本确定的租金,由房屋折旧费、维修费、管理费、投资利息、房产税五项因素构成。准成本租金是指接近但还达不到成本租金水平的租金。福利租金是指象征性收取的很低水平的租金。

真正的房租构成包括以下十项因素:①地租;②房屋折旧费,包括建筑结构、设施设备和装饰装修的折旧费;③房屋维修费;④管理费;⑤投资利息;⑥保险费;⑦房地产税(房地产保有环节的税收,目前有房产税、城镇土地使用税);⑧租赁费用,如租赁代理费;⑨租赁税费,如营业税、城市维护建设税、教育费附加税、租赁手续费;⑩利润。实际估价中要注意房租中是否包含着上述真正的房租构成因素之外的费用。另外,房租可能按使用面积、建筑面积、套或幢计算。其中,住宅一般按套或使用面积计租,非住宅一般按建筑面积计租。房租的时间有日租金、月租金和年租金等形式。

(3)抵押价值。理论上,房地产抵押价值是在抵押期间的各个时点,特别是在债务人不履行到期债务或者发生当事人约定的实现抵押权的情形时,将抵押房地产拍卖、变卖最可能所得的价款,扣除法定优先受偿款后的余额。法定优先受偿款是假定实现抵押权时,法律法规规定优先于本次抵押贷款受偿的数额,包括已抵押担保的债权数额、拖欠的建设工程价款数额和其他法定优先受偿款(如划拨的建设用地使用权、增加容积率、改变土地用途等应补交的出让金等费用),但不包括诉讼费用、估价费用、拍卖费用、营业税及附加等拍卖、变卖的费用和税金。

但在实际房地产抵押估价中,因在估价时点尚不知道设立抵押权的日期、贷款期限、贷款偿还方式、债务人是否如期偿还,以及不如期偿还时将抵押房地产拍卖、变卖的日期等这些估价所必需的前提条件,所以房地产抵押价值评估只能演变为评估抵押房地产在估价时假定未设立法定优先受偿权下的价值扣除法定优先受偿款后的余额。通常具体为估价作业期间特别是实地查勘估价对象期间的某个日期(原则上为完成实地查勘之日),假定未设立法定优先受偿权下的价值减去估价师知悉的法定优先受偿款。此时的法定优先受偿款为假定在估价时点实现抵押权时,法律法规规定优先于本次抵押贷款受偿的款额。

为了弥补这种抵押贷款价值评估的缺陷,保障贷款足额收回,要求房地产抵押估价包括"估价对象变现能力分析",向估价报告使用人作"估价对象状况和房地产市场状况因时间变化对房地产抵押价值可能产生的影响"、"定期或者在房地产市场价格变化较快时对房地产抵押价值进行再评估"等提示。

(4)保险价值。保险价值是指将房地产投保时,为确定保险金额提供参考依据而评估的价值。评估保险价值时,估价对象的范围应视所投保的险种而定。例如,投保火灾险时的保险价值,仅是有可能遭受火灾损毁的建筑物的价值及其可能的连带损失,不包含不可毁损的土地的价值,通常指建筑物的重建成本(或重置成本)和重建期间的经济损失(如停业停产损失、租金损失等)。

(5)计税价值。有些场合称为计税租金,是指为税务机关核定计税依据提供参考依据而评估的房地产价值或租金。具体的计税价值如何,要视税种及相应法律法规的规定。

(6)征收价值。也称为征收补偿价值,是为国家确定被征收房地产的补偿提供依据而评估的价值。

4. 房地产所有权价格、土地使用权价格和其他房地产权益价格

按照房地产的权利种类划分的价格,具体有房屋所有权价格、土地所有权价格、建设用地使用权价格、宅基地使用权价格、土地承包经营权价格、地役权价格、抵押权价格和租赁权价格。为叙述方便,将建设用地使用权价格、宅基地使用权价格和土地承包经营权价格统称为土地使用权价格,将地役权价格、抵押权价格和租赁权价格统称为其他房地产权利价格。

(1)房地产所有权价格。房地产所有权价格是指房地产所有权、土地所有权或者房屋和土地所有权的价格。目前中国的土地只能为国家所有或集体所有,土地的国家所有权和集体所有权不允许出让和转让,仅存在以征收方式将集体土地变为国有土地形式。征收集体土地虽然要给予补偿,但目前还不是按照被征收土地的价值进行补偿。因此,中国目前只有房屋所有权价格,没有土地所有权价格,通常也不存在土地所有权价值评估。

(2)土地使用权价格。由于土地使用权有建设用地使用权、宅基地使用权、土地承包经营权,所以土地的使用权价格又有相应的使用权价格。中国目前有偿出让和转让土地的价格主要是建设用地使用权价格。通过出让方式从国家那里取得的建设用地使用权(国有土地使用权)价格,其法定名称为土地的使用权出让金。但在现实中有各种演变,多称为地价款。同时,对有使用期限的出让建设用地使用权和土地承包经营权来说,其价格还可以区分为不同使用期限的价格。

房屋所有权和土地使用权都可能存在设立了抵押权、地役权、租赁权或者有纠纷、被依法查封、限制交易等情形,因此还有各种情形下的房屋所有权价格和土地使用权价格。

(3)其他房地产权利价格。其他房地产权利价格泛指房屋所有权和土地使用权以外的各种房地产权利的价格,如地役权价格、抵押权价格和租赁权价格。

5. 无租约限制价值、出租人权益价值和承租人权益价值

无租约限制价值、出租人权益价值和承租人权益价值是对于已出租的房地产,在评估时要区分评估的几种价值。

(1)无租约限制价值。无租约限制价值是指全部可出租部分均按照市场租金水平确定租赁收入所求取的价值。它有时又称为完全产权价值。但从严格意义上说,完全产权价值不仅不考虑租赁因素影响的价值,而且不考虑抵押、查封等因素影响的价值,是"干净"的房屋所有权和"干净"的某种土地使用权的价值。

(2)出租人权益价值。出租人权益价值也称为有租约限制价值、带租约的房地产价值,是指已出租部分在其租赁期间按照租赁合同约定的租金确定租赁收入、租赁期间届满后和未出租部分按照市场租金水平确定租赁收入所求取的价值。

(3)承租人权益价值。承租人权益价值即租赁权价值,是指按照租赁合同约定的租金与市场租金的差额所求取的价值。

合同租金与市场租金的差异程度,对无租约限制价值没有影响,但影响着出租人权益价值和承租人权益价值。如果合同租金低于市场租金,则出租人权益价值小于无租约限制价值,此时承租人权益价值是正的。如果合同租金高于市场租金,则出租人权益价值大于无租约限制价值,此时承租人权益价值是负的。对于同一宗房地产,三者之间的关系一般为:

$$无租约限制价值 = 出租人权益价值 + 承租人权益价值$$

6. 基准地价、标定地价和房屋重置价格

基准地价、标定地价和房屋重置价格是《城市房地产管理法》规定应当定期确定并公布的几种价格,各自均为一种评估价格。

(1)基准地价。根据《城镇土地估价规程》(GB/T18508－2001),基准地价是指在城镇规划区范围内,对现状利用条件下不同级别或不同均质地域的土地,按照商业、居住、工业等用途,分别评估确定的某一估价期日上法定最高年限土地使用权区域平均价格。

(2)标定地价。标定地价是政府根据管理需要,评估的某一宗地在正常土地市场条件下于某一估价日期的土地使用权价格。它是该类土地在该区域的标准指导价格。

(3)房屋重置价格。房屋重置价格是指不同区域、不同用途、不同建筑结构、不同档次或等级的房屋,在某一基准日期建设的必要支出及应得利润。有了这种房屋重置价格,实际估价中估价对象——房屋或建筑物的价值,可以通过该种房屋重置价格的比较、调整来求取。

7. 土地价格、建筑物价格和房地价格

土地价格、建筑物价格和房地价格是按照房地产的基本存在形态划分的几种价格。

(1)土地价格。土地价格简称地价,如果是空地就是指该块空地的价格;如果是有建筑物的土地,则是指其中土地部分的价格,不包含该土地上建筑物的价格。

在对土地估价时,根据土地的实际开发程度或者在特殊情况下假设的开发程度不同(俗称"生熟"程度不同),会有不同的价格。土地的"生熟"程度主要有五种:①未完成土地征收补偿的集体土地,取得土地后还需要支付土地征收补偿费用。②已完成土地征收补偿但未完成"三通一平"以上开发的土地。③已完成土地征收补偿和"三通一平"以上开发的土地。④未完成房屋征收补偿的国有土地。⑤已完成房屋征收补偿的国有土地。

有时根据土地的"生熟"程度,将土地粗略分为生地、毛地、熟地三类,于是地价又有生地价、毛地价、熟地价之说。

(2)建筑物价格。建筑物价格是指建筑物部分的价格,不包含该建筑物占用范围内的土地的价格。人们平常所说的房价,如购买一套商品房的价格,通常含有该建筑物占用范围内的土地的价格,与这里所说的建筑物价格的内涵不同。

(3)房地价格。房地价格也称为房地混合价,是指土地与建筑物综合体的价格,或者建筑物及其占用范围内的土地的价格,或者土地及其上的建筑物的价格。该价格往往等同于人们平常所说的房价。

对同一宗房地产而言,有"房地价格＝土地价格＋建筑物价格"的关系。

8. 总价格、单位价格和楼面地价

总价格、单位价格和楼面地价是按照房地产价格表示单位不同划分的几种价格。

(1)总价格。总价格简称总价,是指某一宗或者某一区域范围内的房地产整体的价格。它可能是一块面积为 $1\,000\,m^2$ 的土地的价格,一套建筑面积为 $200\,m^2$ 的高档公寓的价格,或一座建筑面积为 $5\,000\,m^2$ 的商场的价格,也可能是一个城市的全部房地产的价格,或是一国全部房地产的价格。房地产的总价格一般不能完全反映房地产价格水平的高低。

(2)单位价格。单位价格简称单价,其中土地单价是指单位土地面积的土地价格,建筑物单价通常是指单位建筑物面积的建筑物价格,房地单价通常是指单位建筑物面积的房地价格。房地产的单位价格一般可以反映房地产价格水平的高低。

认清单位价格,必须认清价格单位。价格单位由货币和面积两方面构成:货币包括币种(如人民币、美元、港元等)和货币单位(如元、万元等);面积包括面积内涵(如建筑面积、使用面积以及成套房屋的套内建筑面积等)和面积单位(如平方米、亩、公顷、平方英尺等)。另外,在房地产不同用途等情况下的面积内涵往往也不同,如住宅有居住面积,商业用房有营业面积,出租的房屋有可出租面积,成片开发的土地还有可转让的土地面积,成片开发的商品房还有可出售的建筑面积等。

(3)楼面地价。楼面地价是一种特殊的土地单价,是将土地总价按土地上的建筑物面积(通常为建筑面积)均摊的土地价格。即:

$$楼面地价 = \frac{土地总价}{总建筑面积}$$

由此公式可以找到楼面地价、土地单价、容积率三者之间的关系:

$$楼面地价 = \frac{土地总价}{总建筑面积} \times \frac{土地总面积}{土地总面积} = \frac{土地单价}{容积率}$$

认识楼面地价的作用十分重要,因为楼面地价通常比土地单价更能反映土地价格水平的高低。例如,有甲、乙两块土地,甲土地的单价为 700 元/m²,乙土地的单价为 510 元/m²,如果甲、乙两块土地的其他条件相同,毫无疑问甲土地比乙土地价格高(每平方米土地面积高 190 元),此时理性的买者会购买乙土地而不会购买甲土地。但如果甲、乙两块土地的容积率不同,即使此外的其他条件均相同,也不能简单地根据一般的土地单价的高低来判断两块土地的价格高低,而应采用楼面地价来判断。例如,甲土地的容积率为 5,乙土地的容积率为 3,则甲土地的楼面地价为 140 元/m²,乙土地的楼面地价为 170 元/m²。根据楼面地价高低判断,乙土地反而比甲土地价格高(每平方米建筑面积高 30 元)。此时懂得楼面地价意义的买者,通常会购买甲土地而不会购买乙土地。这是因为,在同一地区,同类用途和建筑结构的房屋(含土地)在市场上的售价基本相同(但在人们越来越重视环境的情况下,高的容积率意味着高的建筑密度,从而使房价会受到一定影响),假如平均为每平方米建筑面积 3 000 元,建筑造价(不含地价)也基本接近(如果容积率差异较大会导致建筑高度或建筑结构的不同要求,则建筑造价会有一定差异),假如为每平方米建筑面积 2 300 元,那么,房地产开发企业在甲土地上每平方米建筑面积可获得利润 = 3 000 − 2 300 − 140 = 560(元),而在乙土地上每平方米建筑面积只获得利润 = 3 000 − 2 300 − 170 = 530(元)。

9. 现房价格和期房价格

现房价格和期房价格是按照交房时间的不同划分的两种房地产价格。

与其他商品类似,房地产也有现货交易和期货交易以及现货价格和期货价格。房地产的现货价格,是指以现状房地产为交易标的价格。该房地产的现状可能是一块准备建造但尚未建造建筑物的土地,可能是一项在建工程,也可能是建筑物已建造完成的房地产。当为建筑物已建成的房地产时,即为现房价格(含土地价格)。房地产的期货价格,是指以未来状况的房地产为交易标的的价格,其中最常见的是期房价格(含土地价格)。期房价格是指以目前尚未建造完成而在将来建造完成后的建筑物及其占用范围内的土地为交易标的的房地产价格。

在期房与现房品质(包括位置、用途、质量、性能、装修、环境和配套设施等)相同的情况下,通常期房价格低于现房价格。对于可出租的房地产来说,期房价格与现房价格的关系如下:

期房价格＝现房价格－预计从期房到现房期间现房出租的净收益的折现值－风险补偿

基础训练

1. 什么是房地产价格?
2. 房地产存在价格的前提条件有哪些?
3. 房地产价格的特征主要有哪些?
4. 什么是房地产需求?影响房地产需求的因素主要有哪些?
5. 什么是房地产供给?影响房地产供给的因素主要有哪些?
6. 房地产价格与供求的一般关系是什么?
7. 某宗房地产的评估价值为100万元,实际成交价格为110万元。这是否意味着该评估价值不是客观合理的?
8. 楼面地价有何特殊作用?

技能训练

举例说明房地产评估价值与成交价格、市场价格、理论价格之间的异同。

课题二 房地产价格影响因素

一、对房地产价格影响因素的认识与分类

房地产价格高低及其变动,是许多因素对房地产价格综合作用的结果。这些对房地产价格有影响的因素称为房地产价格影响因素。要做好房地产估价,必须掌握房地产价格的各种影响因素,掌握这些因素是了解如何及在何种程度上影响房地产价格的关键。

房地产价格的影响因素多且难以准确量化,这是房地产估价的主要难点。要把握房地产价格的影响因素,准确量化它们对房地产价格的影响,应把握以下三点:

(1)影响方向。各种影响房地产价格的因素对房地产价格的影响方向不尽相同。有的因素或者其变化导致房地产价格下降;有的因素或者其变化则导致房地产价格上涨;同一因素或者其变化对不同类型的房地产,影响价格变动的方向可能是不同的。

(2)影响程度。各种影响房地产价格的因素或者其变化对房地产价格的影响程度不尽相同。有的因素或者其变化对房地产价格的影响较大而成为主要因素;有的因素或者其变化对房地产价格的影响较小而作为次要因素。但随着时间、地区、房地产类型的不同,主次要因素的地位会发生变化。

(3)影响关系。各种影响房地产价格的因素与房地产价格之间的关系不尽相同。有的因素随着其变化对房地产价格的影响可看作是线性的——一直提高或一直降低房地产价格;有的因素或者其变化对房地产价格的影响是非线性的;有的因素或者其变化对房地产价格的影响不是单向的,在某种状况下会提高房地产的价格,而在另一状况下,随着其变化会降低房地产的价格;有的因素从某一角度看会提高房地产的价格,而从另一角度看却会降低房地产的价格,其对房地产价格的最终影响如何由这两方面的合力决定。

房地产价格影响因素众多而复杂,需要进行归纳和分类。常见的分类方法有两种。①按影响因素的范围分为三类:一般因素、区域因素、个别因素。一般因素是指对广大范围的各类房地产价格都有影响的因素,如经济发展状况、货币政策、物价、利率、汇率等。区域因素是指估价对象周围一定区域范围内对该区域内各宗房地产价格产生影响的因素,如所在地区的城市规划调整、环境状况、配套设施状况等。个别因素是指仅对特定房地产的价格产生影响的因素,如该房地产的区位、用途、规模、土地形状、建筑结构、建筑物新旧程度等。这种分类方法主要用于市场比较法估价中。②先将众多影响因素分为房地产自身因素和房地产外部因素两大类,然后再进行细分。其中房地产自身因素可分为实物因素、权益因素和区位因素,房地产外部因素可分为人口因素、制度政策因素、经济因素、社会因素、国际因素、心理因素和其他因素。这些因素还可根据情况进一步细分。本书按第二种分类方法介绍房地产价格影响因素。

二、房地产价格影响因素分析

(一)自身因素

房地产自身状况直接关系到其价格的高低,这是不同房地产之间价值高低差异的基本原因。所谓房地产自身因素,是指构成房地产实务、权益和区位状况的因素。因此,房地产自身因素又可分为房地产实物因素、房地产权益因素和房地产区位因素。

1. 房地产实物因素

(1)土地实物因素。主要涉及面积、形状、地形地势、地基、开发程度几个方面。

第一,土地面积。土地面积对土地单价的高低有一定的影响。不同的土地利用方式,对土地面积大小有不同要求,面积过大或过小,都会降低地价,从而使土地单价较低。

第二,土地形状。土地形状是否规则,对地价有一定的影响。长宽比例适当、形状规则的矩形土地,有利于土地的高效利用,地价也高;三角形、菱形、细长形等形状不规则土地,一般不能有效利用,相对于形状规则的土地,其价格也一般较低。

第三,地形地势。地面的高低起伏、平坦程度等会影响房地产的开发成本、利用价值或景观等,从而影响其价格。一般而言,坡度适度、较平坦的土地,价格较高;高低不平的土地,价格较低。在其他状况相同的情况下,地势高的房地产价格一般高于地势低的房地产价格。

第四,地基(工程地质)。地基(工程地质)状况是指地基承载力和稳定性、地下水位和水质、有无不良地质现象等。其中地基承载力是指土地可负荷物品的能力,特别是指在地基稳定的条件下,建筑物的沉降量不超过允许值的地基承载力。对城市建设用地来说,地基(工程地质)状况对地价的影响较大,其实质是对开发建设成本的影响。一般情况下,地质坚实、沉载力较大、有利于建筑使用,地价就高;反之,地价就低。

第五,土地开发程度。一宗土地的基础设施完备程度和场地平整程度,对其价格的影响显而易见:熟地的价格要高于生地的价格;"七通一平"土地的价格要高于"五通一平"土地的价格;"五通一平"土地的价格要高于"三通一平"土地的价格。

(2)建筑物实物因素。主要涉及建筑规模、外观、建筑结构、设施设备、装修装饰、层高或室内净高、空间布局、日照、采光、通风、保温、隔热、隔声、防水、维修情况和完损状况等。

第一,建筑规模。建筑物的面积、体积、开间等规模因素,关系到建筑物的形象、使用性质等,对房地产价格有所影响。规模过大或过小都会降低其单价。但要注意,不同用途、不同地区,对建筑物规模要求是不同的。如住宅,小面积的单价往往高于大面积的单价。

第二,外观。建筑物外观包括建筑式样、风格、色调、可视性等,对房地产价格有较大影响。若建筑物外观新颖、优美,可给人以舒适的感觉,则价格较高;反之,单调、呆板,难以引起人们的享受欲望,甚至令人压抑、厌恶或产生不好的联想,则价格较低。

第三,建筑结构。对建筑物最重要、最基本的要求是安全性。不同结构建筑物的稳固性和耐久性等不同,其价值也会不同,特别是在地震多发地区,建筑结构对房地产价格的影响更加显著。如钢筋混凝土结构、砖混结构、砖木结构的建筑物,价值一般是由高到低。同时,不同结构建筑物的造价一般不同,这通常也会反映到价值上来。

第四,设施设备。建筑物的设施设备是否齐全、完好,如是否有电梯、中央空调、集中供热、宽带及其性能等,对房地产价格有很大影响。要注意,不同用途和档次的建筑物,对设施设备的要求会有所不同。一般而言,设施设备齐全、完好的建筑物,价值就高;反之,价值就低。

第五,装修装饰。房屋按照装修装饰状况,分为精装修、粗装修和毛坯房三大类,其价格一般是从高到低。当然,装修装饰是否适合人们的需要,其品味、质量等如何非常重要。

第六,层高或室内净高。人们对建筑物的需要,本质上是对建筑物内部空间的需要,而不仅仅是对面积的需要。因此,层高或室内净高对房地产价值也有影响。层高或室内净高过低的建筑物给人以压抑感,其价值一般较低。但层高或室内净高也有一个合适的度,过高不仅会增加建造成本,而且会增加使用中的能耗,从而也会降低房地产价值。

第七,空间布局。空间布局关系到建筑物的使用,对房地产价值有较大影响。不同用途的建筑物,如住宅、商场、写字楼等,对空间布局的要求不尽相同。一般而言,平面布置合理、交通联系方便、有利于使用的建筑物,价值就高;反之,价值就低。尤其是住宅,平面布局中功能分区是否合理、使用是否方便是决定其价值高低的重要因素之一。

第八,日照、采光、通风、保温、隔热、隔声、防水。日照、采光、通风既有实物因素性质,又有区位因素性质(对应于朝向、楼层)。建筑物应满足日照、采光、通风、保温、隔热、隔声、防水等要求。对建筑物日照、采光的基本要求:白天室内明亮,室内有一定的空间能够获得一定时间的太阳光照射。日照和采光对住宅和办公楼尤其重要。对建筑物通风的基本要求:能够使室内与室外空气流通,保持室内空气新鲜。对建筑物保温、隔热的基本要求:冬季能保温,夏季能隔热、防热。对建筑物隔声的基本要求:为了防止噪声和保护私密性,能阻隔声音在室内与室外之间、上下楼层之间、左右隔壁之间、室内各房间之间传递。对建筑物防水的基本要求:屋顶或楼板不漏水,外墙不渗雨。

第九,维修情况和完损状况。建筑物的完损状况是一个综合性因素,包括建筑物年龄、维修养护情况、工程质量等。总体来讲,建筑物完好的,价值就高;反之,价值就低。

2. 房地产权益因素

房地产是构成环境的重要因素,其利用不是孤立的,存在"外部性",会影响周围和社会公众利益。因此房地产拥有者利用其房地产时要受到许多方面的限制,而一宗房地产利用所受限制的种类和程度对其价格有重要影响。进行房地产估价,应充分调查了解房地产利用所受的各种限制及其内容和程度。对房地产利用的限制可以归纳为房地产权利及其行使的限制、房地产使用管制和相邻关系的限制三个方面。

(1)房地产权利及其行使的限制。拥有房地产的权利是所有权还是使用权、地役权、抵押权、租赁权,以及这些权利是否完整、清晰等,都会使房地产价值有很大差异。此外,权力所对应的实质内容对价值也有很大影响。例如,地下矿藏、埋藏物等是否自动归属于土地拥有者,各个国家和地区规定不一。在中国内地,虽然境内外的公司、企业、其他组织和个人,除法律另有规定者外,均可以通过政府出让方式取得土地使用权,进行土地开发、利用、经营,但取得的土地使用权不包含地下资源、埋藏物和市政公用设施。世界上其他国家和地区,对土地使用权都有不同的规定。

(2)房地产使用管制。世界上几乎所有的国家和地区,对房地产利用特别是土地利用都有或多或少的限制。对房地产估价来说,有意义的管制主要是农用地转为建设用地,以及城市规划对土地用途、容积率、建筑高度、建筑密度、绿地率等的规定。特别是规定用途、容积率对地价有很大影响。

(3)相邻关系的限制。相邻关系是指房地产的相邻权利人依照法律法规规定或者按照当地习惯,相互之间应当提供必要的便利或者接受必要的限制而产生的权利和义务关系。特别是从义务方面来看,相邻关系是对房地产所有权、使用权的一种限制,因此相邻关系的存在对房地产价格有一定的影响。一方面,要求房地产权利人应当为相邻权利人提供必要的便利,包括为相邻权利人用水排水、通行、建造、修缮及有关管线的铺设等提供必要的便利。另一方面,要求房地产权利人在自己的房地产内从事生产经营活动及行使其他权力时不得损害相邻房地产和相邻权利人,包括不得妨碍相邻建筑物的日照、采光和通风;不得排放污染物等有害物质;不得因工程施工危及相邻房地产的安全。

3. 房地产区位因素

人们的各种生产、生活活动都需要房地产,并对房地产区位有一定的要求。房地产区位的优劣,直接关系到房地产所有者或使用者的经济收益、生活便利或社会影响。因此,房地产区位不同,其价格也不同,甚至产生很大的差异。尤其是城市土地,其价格高低几乎为区位优劣所左右。

房地产区位优劣的判别标准,往往因不同的用途而有所不同。一般情况下,凡是位于或接近经济活动的中心、交通要道的通口,行人较多、交通流量较大、环境较好、配套设施较完备等位置的房地产,价格一般较高;反之,价格较低。具体来说,居住房地产区位的优劣,主要看其交通条件、配套设施完备程度、周围环境和景观等;商业房地产区位的优劣,主要看其繁华程度、临街状况、交通条件等;办公房地产区位的优劣,主要看其商务氛围、交通条件等;工业房地产区位的优劣,通常要视产业的性质而定,一般而言,凡是有利于原料和产品的运输,便于动力取得和废料处理的区位,价格较高。

房地产区位因素是一个综合性因素,如果对其进行分解,可分为位置、交通条件、外部配套设施、周围环境和景观等因素。

(1)位置。位置包括房地产所处的方位、与相关场所的距离、临街状况、朝向等,当房地产为某幢房屋中的某层、某套时,所处的楼层也是其位置因素。

第一,方位。首先看房地产在某个较大区域(如城市)中的位置。一般位于上风、水流上游地区的房地产价格,高于位于下风、水流下游地区的房地产价格。其次看房地产在某个较小区域中的位置。如位于十字路口的房地产一般价格较高,但具体方位不同,价格也有差异。我国位于地球北半球地理位置、如不考虑周围的情况,其位置从优到劣及价格由高而低依次为西北角、东北角、西南角、东南角。

第二,与相关场所的距离。距离是衡量房地产区位优劣最常见、最简单的指标。一宗房地产与其相关的主要场所,如市中心、汽车客运站、火车站、机场、码头、政府机关、同行业、工作地、居住地、公园等的距离,对其价格有较大影响。一般来说,距离较近的房地产,价值要高些。

第三,临街状况。首先要搞清楚房地产是否临街、临什么样的街及如何临街,然后结合房地产用途和土地形状进行分析。一般来说,不临街住宅的位置要好于临街住宅,商业用途的房地产则相反。同时,商业用途房地产的临街状况不同(如一面临街和两面临街),价值也会有所不同,甚至有很大差异。

第四,朝向。对住宅而言,朝向是很重要的位置因素,因为其主要影响住宅的日照和采光。中国处在北半球,南向是阳光最充足的方位,一般认为"南为上,东次之,西又次之,北不良",因此,住宅最好的朝向是坐北朝南。

第五,楼层。住宅楼层的优劣通常按总层数和有无电梯来区分。一般来说,没有电梯的传统多层住宅的中间楼层较优,顶层和底层较劣。有电梯的中高层住宅、高层住宅、空气中悬浮层以上的楼层较优,三层以下较劣。对某层商业房地产来说,楼层也是十分重要的位置因素。一般地说,地上一层的价格或租金最高,其他层的价格或租金较低。

(2)交通条件。交通出行的便捷、耗时、成本等因素直接影响房地产价格。交通条件可分为道路状况、出入可利用的交通工具、交通管制情况、停车方便程度以及交通收费情况等。这里以新开辟的交通线路和交通管制为例分析其对房地产价格的影响。

新开辟的交通线路,如新建道路、新通公共汽车、新建地铁或轻轨,可以改善沿线地区特别是站点周围地区的交通条件,一般会使这些地区的房地产升值,而且对交通依赖程度高、距离道路或站点越近的房地产,其升值幅度会越大,升值作用主要发生在交通项目立项之后、完成之前。

某些房地产所处位置看似交通方便,但实际上可能因为受交通出入口、立交桥、高架路、交通管制等影响,实际上交通并不方便。其中,交通管制主要有限制车辆通行、实行单行道、禁止掉头或左转弯等。交通管制对房地产价格的影响如何,要看这种管制的内容和房地产的使用性质。实行某种交通管制,对某类房地产可能会降低其价值,但对另一类房地产来说可能会提高其价值。如在住宅区内的道路上禁止货车通行,可以减少噪声、汽车尾气污染和行人行走的不安全感,因此会提高该区住宅房地产价格。

(3)外部配套设施。对于房地产开发用地,外部基础设施完备状况非常重要。对于已建成的房屋特别是住宅,外部公共服务设施完备状况特别重要。一般来说,外部配套设施完备,特别是周边有教育质量高的中小学、医疗水平高的医院以及有购物中心、休闲娱乐场所的住宅,其价格就高;反之,其价格较低。

(4)周围环境和景观。主要指那些对房地产价格有影响的房地产周围的物理性状因素和人文状况因素,主要有大气环境、水文环境、声觉环境、视觉环境、卫生环境和人文环境。

第一,大气环境。空气质量的好坏关系人体健康,因此,房地产所处地区的空气中是否有无难闻的气味、有毒有害物质和粉尘等,对房地产价格会有很大影响。公共厕所、垃圾站、化工厂、钢铁厂、屠宰场、酱厂等都可能造成空气污染,凡接近这些地方的房地产,价格通常较低。

第二,水文环境。地下水、沟渠、河流、江湖、海洋等污染程度如何,对其附近的房地产价格也有很大影响。如靠打水井解决饮水的地区,地下水的质量或其污染程度,对该地区房地产价格有较强的影响。

第三,声觉环境。交通运输工具(如汽车、火车、飞机、轮船)、社会人群活动(如农贸市场、中小学校、游乐场、展览馆等人们的喧闹声、吆喝声、高音喇叭声)、工厂等,都可能产生噪声,会影响人们休息、工作和学习。对住宅、办公、宾馆、学校、科研等类房地产来说,噪声大的地方,房地产价格较低;噪声小、安静的地方,房地产价格通常较高。

第四,视觉环境。房地产周围安放的东西是否整齐,如电线杆、广告牌、标示牌等的竖立状态和设计是否美观,建筑物之间是否协调,公园、绿地等形成的景观是否赏心悦目,都对房地产价格有影响。

第五,卫生环境。清洁卫生状况,包括垃圾堆放等情况,对房地产价格也有影响。

第六,人文环境。包括房地产所在地区的声誉、居民特征、治安状况、相邻房地产的利用状况等。声誉好、居民素质高、生命财产安全的地区,房地产的价格较高。

但就景观来说,景观好的房地产,如可看到水(海、湖、江河、水库等)、山、公园、森林、绿地、知名建筑等的住宅,其价值通常较高;反之,景观差的房地产,如可看到公共厕所、垃圾站、烟囱、陵园等的住宅,其价值通常较低。

此外,房地产所在地区的绿地率、容积率、建筑密度、建筑间距等也反映了其环境和景观状况,它们的高低或大小对房地产价格也有影响。

(二)房地产外部因素

1. 人口因素

房地产特别是住宅作为商品,需求和消费的主体是人,人口是决定房地产需求量或市场规模大小的一个基础因素,人口的数量、构成、素质等状况对房地产价格有很大影响。

人口数量的增长必然导致对房地产需求的上升,从而推动房地产价格的上涨。一方面,人口增长和人口密度的增大将提高对住宅、商业设施和服务设施等的需求,促进房地产价格的提高;另一方面,人口密度过高也会造成生活环境的恶化,有可能降低房地产价格。随着人口素质的提高,消费观念的进步,人们对房地产的质量和面积、结构、配套设施、环境等提出了更高的要求,导致房地产价格上升。在我国各大城市,建造的高档社区、高档住宅比比皆是就是最好的证明。对于住宅来说,需求和消费以家庭为单位,随着经济的发展和人们收入水平的提高,传统家庭向现代家庭转变,人们更多地追求生活的质量和享受,因此过去三代或四代同堂的传统性大家庭逐步向两人或三人世界转变,从而造成对住宅单元的需求不断增加,导致住宅价格不断升高。

2. 制度政策因素

制度政策因素,主要有房地产制度政策、税收制度政策、金融制度政策、相关特殊政策以及相关规划和计划等。

(1)房地产制度政策。房地产制度政策对房地产价格的影响也许是最大的,特别是房地产的所有制、使用制、交易管理制度及价格政策。目前,中国房地产所有制是房屋可以私有,其中住宅大部分为私人所有,并且可以买卖;但土地所有权属于国家或农民集体,不能买卖,仅能通过征收方式由农民集体所有变为国家所有这种单向流动。所以,土地仍然没有所有权价格,所谓的土地价格是指某种土地使用权价格,而且土地使用权一般是有使用期限的。因此,土地及房地产价格的高低又与土地使用期限的长短有关。一般情况下,土地使用期限越长,土地及房地产价格越高;反之,就越低。国有建设用地由政府独家垄断供应,政府的供地政策(包括供应量、供应结构和供应方式等)变化会引起土地及房地产价格变动。

房地产价格政策对房地产价格的影响也很大。房地产价格政策是指政府对房地产价格高低与涨落的态度及其采取的相应管制或干预方式、措施等。房地产价格政策可分为两类：一类是高价格政策，一般指政府对房地产价格在一定程度上放任不管，或者有意通过某些措施抬高房地产价格；另一类是低价格政策，一般指政府采取种种措施抑制房地产价格的上涨。因此，高价格政策促进房地产价格上涨，低价格政策造成房地产价格下降。政府对房地产价格的管制或干预方式，特别是抑制房地产价格的措施是多种多样的：①在房地产价格上涨过快时，通过增加土地供给或者加大房屋建设，以增加房地产供给，从而平抑房地产价格；②规定按照合理的房地产开发成本和利润率来定价；③制定最高限价，规定出售房地产时不得突破此价格；④建立一套房地产交易管理制度，遏制房地产投机炒作。此外，还可以采取税收、金融等政策来稳定或抑制房地产价格。

(2) 金融制度政策。房地产由于价值较大，其开发、投资、消费都需要大量资金支持，从而与金融关系密切。因此，金融制度政策的变化对房地产价格有很大的影响，特别是货币政策和房地产信贷政策。货币政策有从紧、适度从紧、稳健、适度宽松、宽松五个档次，其中"稳健"是中间值。采用由紧到松的货币政策，会导致房地产价格上涨；相反，会导致房地产价格下降。

从房地产信贷政策来看，如增加土地储备贷款，会增加未来的土地供应，远期会增加商品房供应，从而会使未来的土地价格和商品房价格下降；反之会使价格上涨。严格控制房地产开发贷款，会减少未来的商品房供给，从而会使未来的商品房价格上涨；反之会使其价格下降。提高购房最低首付款比例、上调购房贷款利率，会降低购房支付能力，提高购房门槛，从而会减少商品房需求，进而会使商品房价格下降；反之，会使价格上涨。

(3) 税收制度政策。直接或间接地对房地产课税，提高或降低房地产的税率或税额标准，都会对房地产价格产生影响。不同时期不同的税制、税种、税率及其征收环节对房地产价格的影响是不同的。因此，必须区分房地产税收的征收环节。

房地产开发环节的税收相当于商品生产环节的税收，如耕地占用税等。一般地说，增加开发环节的税收，会增加房地产的开发成本，从而会推动房地产价格上涨；相反，会使房地产价格下降。而这一变化短期内是否发生，会因房地产是处于卖方市场还是买方市场而发生变化。

房地产交易环节的税收相当于商品流通环节的税收，如转让环节（向卖方征收的税收）的土地增值税、营业税、城市维护建设税、教育费附加（可视同税金）、企业所得税、个人所得税、印花税，取得环节（向买方征收的税收）的契税等。一般地说，增加卖方的税收，比如开征土地增值税，会使房地产价格上涨；反之，减少卖方的税收，比如减免营业税，会使房地产价格下降。增加买方的税收，比如提高契税税率，会抑制房地产需求，从而会使房地产价格下降；反之，减免契税，会刺激房地产需求，促使房地产价格上涨。而这一变化短期内是否发生，同样会因房地产市场是处于卖方市场还是买方市场而发生变化。

房地产保有（或持有）环节的税收相当于商品使用环节的税收，如房产税、城镇土地使用税等。增加房地产保有环节的税收，比如开征房产税，实际上是增加了持有房地产的成本，会使自用需求者倾向于购买较小面积的房地产，并会抑制房地产投资和投机，从而减少房地产需求，减少存量房地产囤积而增加房地产供给，进而使房地产价格下降。反之，减免房地产保有环节的税收，会使房地产价格则会上涨。

(4) 相关规划和计划。如国民经济和社会发展规划、城乡规划、土地利用总体规划等土地相关规划与计划和住房建设规划等住房相关规划与计划的编制、调整和修订，对房地产价格会有较大的影响。

国民经济和社会发展规划对房地产价格有很大的影响。其主要在规模、结构等方面，在宏观上对房地产供求及其价格产生影响。如《中华人民共和国国民经济和社会发展第十一个五年规划纲要》指出："调整住房供应结构，重点发展普通商品住房和经济适用住房，严格控制大户型高档商品房。"从供求分析上看，它的实施会抑制普通商品住房价格上涨，而大户型高档商品住房价格则会上涨。

城乡规划包括城镇体系规划、城市规划、镇规划、乡规划和村庄规划。城市规划、镇规划分为总体规划和详细规划。详细规划又分为控制性详细规划和修建性详细规划。城市各级规划决定了一个城市的性质、发展目标、空间布局和土地利用强度，提出了详细程度不同的容积率、建筑高度、家住密度、绿地率等控制指标，而修建性详细规划对建设的地块提出了具体的安排和设计。因此，城市规划对房地产建设的影响很大，例如，如果城市规划将某个地区列为重点发展区域，则这个地区的房地产价格一般会上涨。

对房地产价格有影响的土地相关规划和计划主要有土地利用总体规划、土地利用年度计划、土地供应计划。这些计划中确定的建设用地总量、农用地转用量以及国有建设用地供应数量、用途结构、空间布局等，决定了房地产开发用地的供应状况，从而对房地产开发用地以及商品房的价格有很大的影响。当房地产开发用地的供应量减少时，房地产开发用地及商品房的价格会上涨；反之，会下降。

对房地产价格有影响的住房相关规划与计划主要有住房建设规划和年度计划、住房保障发展规划和年度计划。住房建设规划是引导和调控城市近期住房建设的专项规划，其确定的住房建设目标、建设总量、结构比例（如新建住房套型结构比例要求）、建设时序和空间布局等，特别是普通商品住房、经济适用住房、廉租住房的建设规模或在住房建设总量中的比重，对商品房价格有较大的影响。住房建设总量增加特别是限价商品住房、经济适用住房、廉租住房的建设规模增加或在住房建设总量中的比重提高，商品住房的价格一般会下降；反之，会上涨。

（5）相关特殊政策。中共中央、国务院相继作出鼓励东部地区率先发展、实施西部大开发、振兴东北地区老工业基地、促进中部地区崛起等重大决策，以及设立沿海开放城市、建立经济特区、设立开发区（包括经济技术开发区、保税区、边境经济合作区、出口加工区、高新技术产业开发区、旅游度假区，分为经国务院批准设立的国家级开发区，经省、自治区、直辖市人民政府批准设立的省级开发区），相应实施特殊的政策、特殊的体制机制、特殊的对外开放措施、国家给予必要的支持等，意味着这些地区会吸引投资、经济较快发展、对房地产的需求相应会增加，从而会提高这些地区的房地产价格。例如，深圳变为经济特区，海南岛成为海南省并享受特区政策，中央决定开发开放上海浦东等，都曾使这些地区的房地产价格有较大地上涨。

3. 经济因素

影响房地产价格的经济因素有：经济发展、居民收入、物价、利率等。

（1）经济发展。经济发展、繁荣或衰退等经济发展状况，影响着就业、收入和市场信心等，对房地产价格有很大影响。反映经济发展的一个重要指标是国内生产总值（GDP）。GDP在总体上反映了一个国家或一个地区一定时期经济活动的总规模、综合实力和人民生活水平的高低程度。GDP增长说明社会总需求也在增加，预示着投资、生产活动活跃，会带动对厂房、写字楼、商店、住宅和各种娱乐设施等需求的增加，从而引起房地产价格上涨，尤其是引起地价上涨。如20世纪80年代亚太地区的日本、新加坡、韩国和中国台湾、香港等国家和地区，经济持续高速增长，地价也大幅度上涨。

(2)居民收入。居民收入水平及其增长,对房地产尤其是住宅价格有很大的影响。通常居民收入的真正增加(非在通货膨胀下的增加),意味着人们的生活水平将随之提高,其居住与活动所需要的空间会扩大,从而会增加对房地产的需求,导致房地产价格上涨。至于对房地产价格的影响程度,要看现有的收入水平及边际消费倾向的大小。如果居民收入的增加是由于中、低收入者(特别是中等收入者)收入增加,则其边际消费倾向较大,在改善了衣食之后,收入的剩余部分将用于改善居住条件,增加对住宅房地产的需求,从而导致居住房地产价格上涨;如果居民收入的增加是由于高收入者收入增加,由于他们生活需要已经满足,边际消费倾向较小,其增加的收入大部分甚至是全部都用于储蓄或其他投资,对房地产影响不大。但是,如果他们利用剩余的收入从事房地产投资或投机,则会导致房地产价格上涨。

(3)物价。房地产价格是物价的一种,但与一般物价的特性不同,房地产价格与一般物价的互动关系非常复杂。通常情况下,物价的普遍波动表明货币购买力的变动,即币值发生变动。此时物价变动,房地产价格也随之变动,如果其他条件不变,那么物价变动的百分比就相当于房地产价格变动的百分比,且两者变动方向也应一致,表示房地产价格与一般物价之间的实质关系未变。

无论一般物价总水平是否变动,其中某些物价的变动也可能引起房地产价格的变动,如建筑材料价格、建筑构配件价格、建筑设备价格、建筑人工费等"房地产投入要素"的价格上涨,会增加房地产开发成本,从而可能引起"成本推动型"的房地产价格上涨。

国内外统计资料表明,房地产价格的上涨率要高于一般物价的上涨率。但是,在房地产价格中,土地价格、新建商品房价格、存量房价格、房屋租赁价格,或者不同用途房地产的价格,其变动幅度并不一定完全同步,有时甚至是不同方向的。

(4)利率。利率的升降对房地产价格有一定的影响。从房地产供给角度看,利率上升或下降会增加或降低房地产开发的融资成本(财务费用、投资利息),从而使房地产开发成本上升或下降,进而引起房地产价格的上涨或下降;从房地产需求角度看,由于购买房地产(尤其是购买住宅)普遍要借助于贷款,所以利率上升或下降会加重或减轻购房者的贷款偿还负担,因此会减少或增加房地产需求,进而引起房地产价格下降或上涨;从房地产价值的角度看,由于房地产价值与折现率负相关,而折现率与利率正相关,所以,利率上升或下降会使房地产价格下降或上涨;从综合效应来看,利率升降对房地产需求的影响大于对房地产供给的影响。可见,房地产价格与利率负相关:利率上升,房地产价格会下降;利率下降,房地产价格会上涨。

4. 社会因素

影响房地产价格的社会因素,主要有政治安定状况、社会治安状况、城市化和房地产投机等。

(1)政治安定状况。政治安定状况是指不同政治观点的党派、团体的冲突情况,现有政权的稳固程度等。一般来说,政治不安定则意味着社会可能动荡,会影响人们投资、置业的信心,从而造成房地产价格低落。

(2)社会治安状况。社会治安状况是指偷窃、抢劫、强奸、绑架、杀人等方面的刑事犯罪情况。如果房地产所在地区经常发生此类犯罪案件,则意味着人们的生命财产缺乏保障,从而造成该地区房地产价格低落。

(3)城市化。城市化也称为城镇化、都市化,是指人类生产和生活方式由乡村型向城市型转化的历史过程,表现为乡村人口向城市人口转化以及城市不断发展和完善的过程。城市化的具体内涵包括四个方面：①依附于农村土地的农业劳动力越来越多地向城镇非农产业转移；②分散的农村人口逐步向各种类型的城镇地域空间集聚；③城镇建设促进城镇物质环境的改善和城镇景观地域的拓展或更新；④城市文明与城市生活方式的传播与扩散。一般地说，城市化意味着人口不断向城镇地区集中，造成对城镇房地产的需求不断增加，从而会带动城镇房地产价格上涨。

(4)房地产投机。房地产投机指不是为了使用或出租，而是为了再出售(或再购买)而暂时购买(或出售)房地产，利用房地产价格的涨落变化，以期从价差中获利的行为。房地产投机是建立在对未来房地产价格预期基础上的。虽然房地产投机有许多危害，但仅仅认为它引起了房地产价格的上涨，这是不全面的。一般地说，房地产投机对房地产价格的影响可能出现三种情况：①引起房地产价格上涨；②引起房地产价格下跌；③起着稳定房地产价格的作用。

当房地产价格不断上涨时，那些预计房地产价格还会上涨的投机者纷纷购买，哄抬价格，造成一种虚假繁荣，无疑会使房地产价格进一步上涨。当情况相反时，那些预计房地产价格还会下跌的投机者纷纷抛售房地产，则会促使房地产价格进一步下跌。另外，当投机者判断失误，或者被过分的热烈(乐观)或恐慌(悲观)的气氛或心理所驱使，也可能造成房地产价格的剧烈波动。但在某些情况下，房地产投机也可能起着稳定房地产价格的作用，即当房地产价格低落到一定程度时，怀有日后房地产价格会上涨心理的投机者购置房地产，以待日后房地产价格上涨时抛出。这样就会出现：当房地产需求较小的时候，投机者购置房地产，造成房地产需求增加；而在房地产上涨到一定程度时，投机者抛售房地产，增加房地产供给，从而平抑房地产价格。

5.国际因素

国际经济、军事、政治等环境如何，对房地产价格也会产生一定的影响。影响房地产价格的国际因素主要有世界经济状况、国际竞争状况、政治对立状况和军事冲突情况等。

(1)世界经济状况。世界经济状况，尤其是周边国家和地区的经济状况，对房地产价格有很大的影响。如果世界经济发展良好，一般有利于房地产价格上涨。

(2)国际竞争状况。国际竞争状况主要指国与国之间为吸引外来投资而展开的激烈竞争。当这种竞争激烈时，为吸引投资者通常会采取低地价政策，从而会使房地产价格低落；但如果在其他方面采取优惠政策，吸引了大量外来投资者进入，则对房地产的需求会增加，从而导致房地产价格上涨。

(3)政治对立状况。如果国与国之间发生政治对立，则很可能出现经济封锁、冻结贷款、终止往来等情况，这些情况一般会导致房地产价格下跌。

(4)军事冲突情况。一旦发生战争，战争地区的房地产价格会陡然下跌，而那些受到战争威胁或影响的地区，其房地产价格也会有所下降。

6.心理因素

心理因素对房地产价格的影响有时也是不可忽视的。它主要表现在：购买或出售时的心态；个人欣赏趣味(偏好)；时尚风气、跟风或从众心理；接近名家住宅的心理；讲究风水或吉祥号码等。

7.其他因素

其他因素如行政隶属变更等。行政隶属变更会影响房地产的价格。例如，将较落后地区管辖的某个地方划归给相对较发达地区管辖，通常会使这个地方的房地产价格上升；相反，会使这个地方的房地产价格下落。将某个非建制镇升格为建制镇,建制镇升格为县(市),县级市升格为地级市,省辖市升格为直辖市,通常也会使这些地区的房地产价格上升。

基础训练

1. 为什么房地产会有价格?
2. 房地产价格的特征主要有哪些方面?
3. 简述房地产的供求状况对房地产价格的影响。
4. 房地产价格和价值主要有哪些类型?
5. 简述房地产价格的影响因素。

技能训练

现假设你准备在某市购房,有一朋友给你介绍位于××路上"××花园"小区内的一套128.65m^2的住房,该房建于2008年,报价为102.92万元。

(1)你认为影响房地产价格的因素主要有哪些?
(2)如果你有意向购买,你还必须进一步了解该套住房的哪些资料?
(3)你如何判断该报价是否合理?

案例分析

甲、乙合作投资开发一房地产项目,双方各出资1 000万元,经营收益各按50%分成。到项目建成时投资正好用完,销售费用也已预提。项目的总建筑面积10 000m^2,售价3 000元/m^2,销售费用为售价的7%。销售过程中,乙拿出一套建筑面积为100m^2的房屋送给朋友,向甲提出先挂账,双方结算时再作处理。该项目在短期内销售完成,实际销售费用与预提的销售费用相符,实际回收价款2 762.1万元。甲提出本应双方各分得1 380.05万元,现因乙拿走一套价值30万元的房屋,故乙实得1 350.05万元;乙认为该套房屋的实际成本为25万元,故只应从自己应得的收入中扣除12.5万元,自己应得1 367.55万元。

任务:根据本课所学内容分析,若不考虑所得税因素,谁的分配方案合理?应该如何分配?为什么?

模块二

房地产估价方法

房地产估价既是科学又是艺术，但房地产估价不能仅仅依靠估价师的估价经验随意估算，必须要在科学理论指导下，依据行之有效的估价方法进行测算。因此，要分析、测算和判断客观合理、符合房地产本身特征和市场行情的房地产价值，就离不开科学的房地产估价方法。

常用的房地产估价方法有市场比较法、收益法、成本法和假设开发法。此外，在现实经济活动中，经常需要对各种类型的土地单独进行价值评估，涉及的估价方法除了上述方法之外，还有路线价法、基准地价修正法、高层地价分摊方法等。本模块就是对上述房地产估价方法进行讨论与运用。

本模块包括五个项目内容，分别是：项目三，市场比较法；项目四，收益法；项目五，成本法；项目六，假设开发法；项目七，地价评估与地价分摊。

项目三 市场比较法

学习目标

知识目标

熟悉市场比较法的基本原理和适用对象与条件；

掌握市场比较法的操作步骤；

掌握各项因素比较修正与调整的要求及其系数的确定、估价测算公式、比准价格的最终确定等方法。

能力目标

能够迅速、准确地选择市场比较法所需要的可比实例；

能够通过估价基本公式进行估价测算应用；

会对估价案例进行分析、评估，具备运用市场比较法进行估价测算的基本能力。

项目分析

项目概述

市场比较法是房地产估价方法中应用最广泛的方法。本项目主要讨论市场比较法的概念与理论依据，市场比较法的适用范围、条件和估价步骤，交易实例的收集以及可比实例的选择，各项因素的比较分析和修正、调整系数的确定和测算，最终比准价值的求取。

项目采取必要理论阐述与例题、案例相结合的讨论方式，重点在于提高学生运用市场比较法进行估价的应用能力。

情境案例

2011年5月，甲公司向乙商业银行申请抵押贷款，抵押物是位于某市某一小区内的一套混合结构的住宅，其建设用地使用权通过出让取得，土地使用期限为70年，期限从1999年8月13日起。估价对象建筑物建成于为2002年，外墙刷涂料，共四个单元，所在单元平面布局为三户，估价对象位于第一层，南北朝向，附带独立小院（约5平方米），房屋建筑面积为65平方米，二室一厅一厨一卫，一般装修，水、电、卫设施齐全。现委托丙房地产估价有限公司进行评估，丙房地产估价有限公司承接该估价项目后，分派两名估价师具体负责该评估项目。经过详细调查，估价师选取了与估价对象同一小区近三个月交易的两宗住宅和临近小区两个月前交易的一套类似住宅作为可比实例，对其成交价格分别经过有关因素的修正和调整计算后，采用算术平均数法确定估价对象住宅的市场价值。

基本知识与技能

课题一　认识市场比较法
课题二　交易实例收集与可比实例筛选
课题三　可比实例价格的修正与调整
课题四　求取比准价值
课题五　市场比较法应用示例

基础与能力训练

课题一　认识市场比较法

一、市场比较法的概念与理论依据

1. 市场比较法的概念

市场比较法，又称市场法、比较法，是选取一定数量发生过交易且符合一定条件的与估价对象相似的房地产，然后将它们与估价对象进行比较，对它们的成交价格进行适当的处理来求取估价对象价值的方法。与估价对象相似的房地产，也称为估价对象的类似房地产，简称类似房地产，是指与估价对象的区位、用途、权利性质、档次、规模、建筑结构等相同或相似的房地产。发生过交易且符合一定条件的与估价对象相似的房地产，简称可比实例，是指交易实例中交易类型与估价目的吻合、成交日期与估价时点接近、成交价格为正常价格或可修正为正常价格的与估价对象相似的房地产。

市场比较法的本质是以房地产的市场价格为导向来求取房地产的价值。通常把市场比较法估价测算出的价值称为比准价值。

市场是检验房地产价值合理与否的重要场所。由于市场比较法是利用实际发生、经过市场"检验"的类似房地产的成交价格来求取估价对象的价值，所以它是一种最直接、较直观且有说服力的估价方法，其测算结果易于被人们理解、认可或接受。

2. 市场比较法的理论依据

市场比较法的理论依据是房地产价格形成的替代原理，即在同一个房地产市场上相似的房地产有相近的价格。该原理已在本书项目一的"替代原则"课题中作了论述，在此不再重复。

由于房地产价格形成有替代原理，所以估价对象的未知价格（价值）可以通过类似房地产的已知交易价格来求取。当然，在具体一宗房地产的交易中，交易双方可能有利害关系，可能对交易对象不够了解或者对市场行情不够熟悉等，导致成交价格偏离正常价格。但是，只要收集了较多类似房地产的交易实例，对它们的成交价格进行适当的处理，那么得到的评估价格就可以作为估价对象价值的最佳测算值。

二、市场比较法适用的对象与条件

1. 市场比较法适用的估价对象

市场比较法主要在房地产交易市场比较活跃的地方应用普遍。该方法适用的估价对象是数量较多、经常发生交易且具有一定可比性的房地产。例如：①住宅，包括普通住宅、别墅、公寓等；特别是数量较多、可比性较好的存量成套住宅最适用市场比较法估价，相对来说也是最容易、最简单的一种房地产估价。②写字楼。③商铺。④标准厂房。⑤房地产开发用地。

以下一些房地产不适合采用市场比较法估价：①数量很少的房地产，如特殊厂房、机场、码头、博物馆、教堂、寺庙、古建筑等；②很少发生交易的房地产，如学校、医院、行政办公楼等；③可比性差的房地产，如在建工程等。

市场比较法中比较分析的原理和方法，也可用于收益法、成本法和假设开发法中有关参数的求取。

2. 市场比较法估价需要具备的条件

市场比较法需要具备的前提条件是较发达的房地产市场及在估价时点近期有较多类似的房地产交易。

房地产市场不够活跃或者类似房地产交易较少的地区，难以采用市场比较法估价。在目前房地产交易和登记等信息不够透明的情况下，获取房地产交易的真实价格及估价所必需的交易房地产状况等信息，是运用市场比较法估价的难点。

另外，运用市场比较法估价需要消除以下三个方面的不同造成的可比实例成交价格与估价对象价值的差异：①特殊交易情况与正常交易情况不同。把可比实例的特殊交易情况，如营业税、契税、交易手续费等非正常负担造成的可能是不正常的成交价格，需修正为正常价格。②成交日期与估价时点不同（实质是两个时点的市场状况不同）。需要把可比实例在其成交日期的价格，调整为在估价时点的价格。③可比实例状况与估价对象状况不同。需要把可比实例在自身状况下的价格，调整为估价对象状况下的价格。上述对可比实例成交价格进行的修正与调整，分别简称为交易情况修正、市场状况调整和房地产状况调整。在进行这些修正和调整时，应尽量分解各种房地产价格影响因素，并采用定量分析来量化这些因素对可比实例成交价格的影响程度。

三、市场比较法估价的步骤

运用市场比较法估价一般分为以下四大步骤：①收集交易实例。拥有大量的房地产交易实例资料是运用市场比较法估价的先决条件，首先必须收集大量发生过交易的房地产及其成交价格、成交日期、交付方式等信息。②选取可比实例。应根据估价对象状况和估价目的，从收集的大量交易实例中选取一定数量符合一定条件的交易实例作为可比实例。③对可比实例成交价格进行处理。根据处理的内涵不同，分为价格换算、价格修正和价格调整。价格换算主要是对可比实例成交价格的表现形式进行处理，使各个可比实例的成交价格之间口径一致、相互可比，这种处理称为建立比较基准。价格修正是把可比实例不正常的成交价格处理成正常价格，这种处理称为交易情况修正。价格调整是对价格"参考系"的调整，即从可比实例"参考系"下的价格调整为估价对象"参考系"下的价格。"参考系"有市场状况和房地产状况两种，这两种处理分别称为市场状况调整和房地产状况调整。因此，该步骤又可分为建立比较基准、交易情况修正、市场状况调整和房地产状况调整四个小步骤。④求取比准价值。把多个可比实例成交价格经过处理得到多个比准价值，最后综合为一个比准价值。

如果将上述第三大步骤中的四个小步骤作为一级步骤，则市场比较法估价分为七个步骤，其内容和程序如图 3-1 所示。

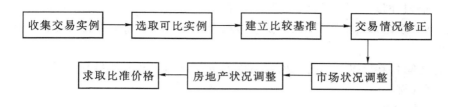

图 3-1 市场比较法步骤

基础训练

1. 什么是市场比较法？其理论依据是什么？
2. 哪些房地产适合采用市场比较法估价？
3. 市场比较法估价需要具备哪些条件？
4. 市场比较法估价应按怎样的操作步骤进行？

技能训练

观察学校周围或所在城市房地产的类型和使用情况，看看哪些房地产适合采用市场比较法进行估价和具备估价的条件？

课题二 交易实例收集与可比实例筛选

运用市场比较法估价需要拥有大量的交易实例。只有拥有了估价对象所在地大量的房地产交易实例，才能把握估价对象所在地正常的房地产市场行情，保障评估出的估价对象价值不会超出合理的范围；才能选择出符合一定数量和质量要求的可比实例，保障根据这些可比实例的成交价格评估出的估价对象价值更加准确。所以，估价机构和估价人员应努力收集较多的交易实例。

对估价人员来说，收集交易实例是一个不断积累的过程，应该将平时的收集和积累与估价时根据估价对象、估价时点等情况有针对性地收集结合起来。同时应注意，交易实例的收集和可比实例的筛选是一件技术性很强的工作。

一、交易实例的收集

1. 收集交易实例的途径

(1) 走访房地产交易当事人，了解交易房地产及其价格等信息。

(2) 访问房地产交易当事人的邻居、房地产经纪机构和房地产经纪人、相关律师等，了解其促成交易或知悉交易的房地产及其成交价格等信息。

(3) 查阅政府有关部门的房地产交易价格等资料。如房地产权利人转让房地产时向有关部门申报的成交价格；政府出让建设用地使用权的价格；政府或其授权的部门确定、公布的基准地价、标定地价和房屋重置价格等资料。

(4) 向专业房地产信息提供机构购买房地产价格等资料。

(5)查阅报刊、网站上有关房地产出售、出租的广告；参加房地产交易展示会；与房地产的业主、开发企业、经纪人员等进行洽谈，获取房地产要价、标价、报价等资料，以便了解房地产市场价格行情。

(6)同行之间相互提供。估价机构或估价人员可以约定相互交换所搜集的交易实例及经手的估价案例资料。

2. 收集交易实例的内容和要求

收集真实、内容完整的交易实例，是提高估价精度的一个基本保证。

收集交易实例应尽量收集较多的内容。一般包括：①交易实例房地产基本状况。如名称、坐落、规模、用途、权属以及土地形状、土地使用期限、建筑物竣工日期（或简称年份、建成年代）、建筑结构、周围环境与景观等。②交易双方基本情况。如买卖双方的名称及之间的关系等。③成交价格。包括总价、单价及计价方式（是按建筑面积计价还是按套内建筑面积、实用面积、套计价）等，同时应说明货币种类和货币单位等情况。④成交日期。⑤付款方式。如是一次付款、分期付款（包括付款期限、每期付款额或付款比例）还是贷款方式付款（包括首付款比例、贷款期限）等。⑥交易情况。如交易目的（双方为什么买卖交易）、交易方式（协议、招标、拍卖还是挂牌等）、交易税费负担方式（双方是按规定各自缴纳自己应缴纳的税费或是全部由某方负担等），以及有无利害关系人之间的交易和急买急卖等特殊交易情况。

为避免在收集交易实例时遗漏重要的内容并保证所收集内容的统一性和规范性，最好事先将房地产分为居住、商业、办公、旅馆、餐饮、娱乐、工业、农业等不同类型，针对不同类型房地产，将需要收集的内容制作成表格，该表格可命名为"房地产交易实例调查表"，如表3-1所示（仅供参考）。按事先制作的表格填写收集到的交易资料，既方便又可避免遗漏重要内容。

表3-1 房地产交易实例调查表

房地产基本状况	名 称		
	坐 落		
	范 围		
	规 模		
	用 途		
	权 属		
交易基本情况	卖 方		
	买 方		
	成交日期		
	成交价格	总价	单价
	付款方式		
交易情况说明			

续表 3-1

房地产状况说明	区位状况说明	
	实物状况说明	
	权益状况说明	
位置图	外观图片	其他图片
调查人员：		调查日期：　　年　　月　　日

实际估价中,估价机构还可以安排有关人员专门从事交易实例收集工作。同时,对收集到的每个交易实例及其每项内容,都应进行检查,尽量做到准确无误,保证所收集交易实例的真实性、准确性。

3.建立交易实例库

房地产估价机构应建立房地产交易(包括买卖、租赁)实例库。建立交易实例库的最简单做法,是将收集交易实例时填写好的"交易实例调查表"及有关资料(如照片等),以交易实例卡片或档案袋的形式(一个交易实例一张卡片或一个档案袋),分门别类地保存起来。有条件的,应开发或购买有关计算机软件,将所收集到的交易实例信息输入计算机中进行管理。

建立交易实例库不仅是运用市场比较法估价的需要,而且是从事房地产估价及相关咨询、顾问业务的一项基础性工作,也是形成房地产估价机构核心竞争力的重要手段之一;建立交易实例库还有利于交易实例资料的保存和需要时查找、调用,有效地提高估价工作效率。

二、可比实例的筛选

虽然估价人员收集和积累的交易实例或房地产交易实例库中存放的交易实例较多,但针对某一具体的估价对象及估价目的和估价时点来说,有些交易实例并不适用。因此,需要从中筛选出符合一定条件的交易实例作为可比实例。

1.筛选可比实例的数量要求

为了降低估价误差,增加估价的可信度,从理论上讲选取的可比实例越多越好。但如果筛选确定的可比实例过多,一是可能由于交易实例数量有限而难以满足,二是会加大后续处理的工作量,增加估价的成本。因此,筛选可比实例主要在精而不在多,一般筛选确定 3~10 个可比实例即可满足要求。

2.筛选可比实例的质量要求

可比实例筛选确定是否合适,直接关系到市场比较法测算结果的准确性,应特别慎重。筛选确定的可比实例应符合下列要求。

(1)可比实例应是估价对象的类似房地产。如前所述,估价对象的类似房地产是指与估价对象的区位、用途、权利性质、档次、规模、建筑结构等相同或相似的房地产。因此,选取的可比实例也应满足下列要求:

第一,与估价对象的区位相近。可比实例与估价对象应在同一地区或同一供求范围内的相似地区。所谓同一供求范围,也称为同一供求圈、同一市场,是指与估价对象有一定的替代关系,价格会相互影响的房地产区域范围。如果估价对象是在某个城市内某住宅小区的一套住宅,则选取的可比实例最好也位于同一个住宅小区;如果在同一住宅小区内没有合适的交易实例可供选取,则应选取该城市内在区位、规模、档次等方面与估价对象所在小区相当的住宅小区内的交易实例。

第二,与估价对象的用途相同。与估价对象的用途相同主要指大类用途相同,如果能做到小类用途也相同更好。大类用途一般分为居住、商业、办公、旅馆、工业、农业等。小类用途是在大类用途的基础上再细分,例如住宅,可以细分为普通住宅、高档公寓、豪华别墅等。详细内容可参见本书课题一中"房地产的种类"。

第三,与估价对象的权利性质相同。当二者不相同时,一般不能作为可比实例。例如,国有土地与集体土地的权利性质不同,出让的建设用地使用权与划拨的建设用地使用权的权利性质不同,商品住宅与经济适用住房、房改所购住房的权利性质不同等,这些权利性质不同的实例不能作为估价对象的可比实例。

第四,与估价对象的档次相当。这里的档次相当主要指可比实例与估价对象在设施设备(如电梯、空调、智能化等)、装饰装修、周围环境等方面的齐全、优劣程度应相当。

第五,与估价对象的规模相当。例如,估价对象为一商品住宅,则选取的可比实例的房屋面积应与该住宅的面积差不多大小。选取的可比实例规模一般应在估价对象规模的0.5~2的范围内,即:

$$0.5 \leqslant \frac{可比实例规模}{估价对象规模} \leqslant 2.0$$

第六,与估价对象的建筑结构相同。与估价对象的建筑结构相同主要指大类建筑结构相同,一般分为钢结构、钢筋混凝土结构、砖混结构、砖木结构、简易结构。如果能做到小类建筑结构相同则更好,如砖木结构可进一步分为砖木一等、二等,等等。

(2)可比实例的交易类型应与估价目的吻合。房地产交易主要有买卖、租赁等类型,其中又可分为协议、招标、拍卖、挂牌等方式。如果是为买卖或租赁目的估价,应分别选取买卖实例、租赁实例作为可比实例。实际估价中,包括为抵押、折价、变卖、房屋征收补偿等目的估价,多数是要求选取买卖实例为可比实例,而且一般选取协议方式的买卖实例。但当选取建设用地使用权出让实例为可比实例时,目前一般不宜选取协议方式的出让实例。

(3)可比实例的成交日期应与估价时点接近。这里的"接近"是相对而言的。如果房地产市场比较平稳,则较早之前发生的交易实例可能仍然有参考价值,也可选作可比实例;但如果房地产市场变化快,则此期限应缩短,可能只有近期发生的交易实例才能作为可比实例。根据《房地产估价规范》5.2.3条规定,成交日期与估价时点相近,不宜超过一年。超过一年的交易实例,即使勉强进行市场状况的调整,也可能会出现较大偏差。

(4)可比实例的成交价格应尽量为正常价格。可比实例的成交价格应是正常成交价格或能修正为正常成交价格。

知识链接

筛选可比实例应注意的其他问题

上述选取可比实例时,估价对象为房地的,应选取类似房地的交易实例;估价对象为土地的,应选取类似土地的交易实例;估价对象为建筑物的,一般应选取类似建筑物的交易实例(中国目前没有单独建筑物的交易实例)。因此,选取可比实例有所谓的"分配法",其主要内容是:如果估价对象为单独的土地或单独的建筑物,而缺少或没有相应的交易实例,但有包含相同或相似的土地或建筑物的房地产交易实例时,则可将此房地及其成交价格予以分解,提取出与估价对象相应部分的土地或建筑物的价格,再以此作为可比实例。如需要评估某宗居住用地的价值,在附近有一幢房屋买卖,成交总价为200万元,其中建筑物价格为140万元,则其土地价格为60万元,再以此60万元的地价为基础,经过修正、调整等处理后,便可得出估价对象为居住用地的价值。

【例3-1】有一幢砖混结构的住宅,建筑层数为七层,地区级别为七级,现空置。要求用市场比较法评估其出售价格,请从表3-2所给交易实例资料中选取合适的实例作为可比实例。

表3-2 交易实例表

房屋性质	是否空置	交易时间、目的	地区级别	市场价格
A.钢混结构七层综合大楼	空置	近期/出售	7级	1 700元/m²
B.砖混结构七层住宅	空置	3年前/出售	10级	960元/m²
C.砖混结构七层住宅	空置	近期/出租	6级	690元/m²
D.砖混结构七层住宅	空置	1年前/抵押	7级	抵押价值1 100元/m²
E.砖混结构七层住宅	空置	近期/出售	7级	1 500元/m²

【解】分析交易实例,确定可比实例:

实例A:为钢混结构综合大楼,房屋结构和使用性质与估价对象不同,不适合做可比实例。

实例B:其出售时间是在3年前,时间间隔长,且其地区级为10级,与估价对象的地区级相差太大,不适合做比较实例。

实例C:其交易目的是出租,在价格类型上与估价对象不同,不适合做比较实例。

实例D:评估目的是为了抵押,抵押价值不能作为买卖价格来做评估的比较依据,不适合做比较实例。

实例E:房地产使用性质、结构类型、地区等级、成交日期和价格类型等均与估价对象条件基本相同,是较为理想的可比实例。

结论:通过分析比较,最后选取实例E作为估价对象的可比实例。

三、建立比较基准

筛选出了可比实例之后,应以估价对象的价格表达方式为标准,先对这些可比实例的成交价格进行换算处理,使它们之间的口径一致、互相可比,为后续的可比实例成交价格修正和调整建立一个共同的基础。建立比较基准包括:统一房地产范围、统一付款方式、统一价格单位。

1. 统一房地产范围

有些估价对象,有时难以直接筛选出与其范围完全相同的房地产交易实例作为可比实例,

只能选取"主干"部分相同而范围有所不同的房地产交易实例为可比实例。所谓范围不同是指"有"与"无"的差别而非"好"与"坏"等差别。因此统一房地产范围是进行"有无对比"并消除由此导致的价格差异。

实际估价中,房地产范围不同的三种情况及处理方法如下:

(1)带有债权债务的房地产。如估价对象是"干净"的房地产,而选取的交易实例是设立了抵押权,有拖欠工程款等情况的房地产交易实例;或者相反。这种情况下一般是统一到不带债权债务的房地产范围,并利用下列公式对价格进行换算处理:

$$不带债权债务的房地产价格＝带有债权债务的房地产价格－债权＋债务 \quad (3-1)$$

如果是估价对象带有债权债务的,应在市场比较法最后求出了不带债权债务的房地产价值后,再加上债权减去债务,就得到了估价对象的价值。

(2)含有非房地产成分的房地产。如估价对象是"纯粹"的房地产,选取的交易实例附赠家具、家用电器、汽车等房地产交易实例;或者相反。这种情况下一般是统一到"纯粹"的房地产范围,并利用下列公式对价格进行换算处理:

$$房地产价格＝含有非房地产成分的房地产价格－非房地产成分的价格 \quad (3-2)$$

如果估价对象是含有非房地产成分的,应在市场比较法最后求出了不含非房地产成分的房地产价值后,再加上非房地产成分的价值,就得到了估价对象的价值。

(3)实物范围不同的房地产。例如,估价对象为土地,选取的交易实例是含有类似土地的房地产交易实例;估价对象是一套封闭阳台的住房,选取的交易实例是未封阳台的住房等;或者相反。这种情况下一般是统一到估价对象的房地产范围,相应地对可比实例的成交价格进行加价或减价处理。

2. 统一付款方式

房地产交易一般涉及金额大,许多成交价格采用分期付款方式支付,而且付款期限长短、付款次数、每笔付款金额在付款期限内分布的不同,实际价格也会有所不同。为便于比较,实际估价中,价格一般以在成交日期一次性付清所需的金额为基准。因此,需要通过折现计算,将分期付款的可比实例成交价格折算为在成交日期一次付清的金额。

【例 3-2】某宗房地产交易总价为 30 万元,其中首期付款 30%,余款于 6 个月后一次性支付。假设月利率为 0.5%,试计算该宗房地产在成交日期一次性付清的价格。

【解】$30 \times 30\% + \dfrac{30 \times (1-30\%)}{(1+0.5\%)^6} = 29.38$(万元)

计算时要注意利率与计息周期相一致。上例中如果已知的不是月利率,而是年利率 r,则算式中的 $(1+0.5\%)^6$ 应变为 $(1+r)^{0.5}$;如果是半年利率 r,则算式中的 $(1+0.5\%)^6$ 就变为 $(1+r)$。

3. 统一价格单位

统一价格单位包括统一价格表示单位、统一币种和货币单位、统一面积内涵和单位。

(1)统一价格表示单位。统一价格表示单位可以是总价,也可以是单价,一般采用单价。在统一采用单价方面,通常是单位面积的价格。例如,房地及建筑物通常为单位建筑面积、单位套内建筑面积或者单位使用面积的价格;土地除了单位土地面积的价格外,还可是单位建筑面积的价格,即楼面地价。在这些情况下单位面积是一个比较单位。当然,根据估价对象的具体情况,还可能有其他的比较单位。例如,停车场通常以一个车位为比较单位,旅馆通常以一间客房或一个床位为比较单位,等等。

需要说明的是,有些可比实例应先对其总价进行某些修正、调整后,再转化为单价进行其他方面的修正、调整。这样处理对可比实例成交价格的调整更容易、更准确。例如,估价对象是一套门窗有损坏的商品住宅,某个可比实例商品住宅的门窗是完好的,成交总价为30万元。经调查,将估价对象的门窗整修或更新的必要费用为0.5万元。则应先将该门窗是完好的可比实例的成交总价30万元,调整为门窗是损坏的总价29.5万元(30-0.5=29.5),然后再将此总价转化为单价进行其他方面的修正、调整。

(2)统一币种和货币单位。在统一币种方面,将某一币种(如美元)的价格换算为另一币种(如人民币)的价格,应采用该价格所对应日期的汇率,一般是采用成交日期的汇率。但如果先按原币种的价格进行市场状况调整,则对进行了市场状况调整后的价格应采用估价时点时的汇率进行换算。汇率的取值,一般采用国家外汇管理部门公布的外汇牌价的卖出、买入中间价。

在统一货币单位方面,按照使用习惯,人民币、美元、港元等通常都采用其基本单位"元"。

【例3-3】有A、B两宗可比实例,A实例为一宗60 000 m² 的地块,交易价格为650万美元,成交当时美元与人民币的汇率是1美元等于6.50元人民币;B实例为一宗55 000 m² 地块,成交价为2500万元人民币,请比较两块土地单价。

【解】A实例的交易价格=650×6.50=4 225万元人民币

A土地单价=(42 250 000/60 000)元/m²=704.17元/m²

B土地单价=(25 000 000/55 000)元/m²=454.55元/m²

很明显A实例的土地单价大于B实例中地块的单价。

(3)统一面积内涵和单位。现实房地产交易中,有按建筑面积计价,有按套内建筑面积或使用面积计价的,也有按套计价的。建筑面积、套内建筑面积、使用面积下的单价之间的换算关系是:

$$建筑面积下的单价 = 套内建筑面积下的单价 \times \frac{套内建筑面积}{建筑面积} \quad (3-3)$$

$$套内建筑面积下的单价 = 使用面积下的单价 \times \frac{使用面积}{套内建筑面积} \quad (3-4)$$

$$使用面积下的单价 = 建筑面积下的单价 \times \frac{建筑面积}{使用面积} \quad (3-5)$$

在面积单位方面,中国内地通常采用平方米(土地面积单位有时采用公顷、亩),中国香港地区和美国、英国等习惯采用平方英尺,中国台湾地区和日本、韩国一般采用坪。由于:

1公顷=10 000平方米=15亩

1亩=666.67平方米

1平方英尺=0.0929304平方米

1坪=3.30579平方米

所以,将公顷、亩、平方英尺、坪下的价格换算为平方米的价格为:

平方米下的价格=亩下的价格÷666.67

平方米下的价格=公顷下的价格÷10 000

平方米下的价格=平方英尺下的价格÷0.0929304

平方米下的价格=坪下的价格÷3.30579

【例3-4】有甲、乙两个交易实例,甲交易实例的建筑面积200m², 成交总价80万元人民币,分3期付款,首付款16万元人民币,第二期于半年后付32万元人民币,余款32万元人民币于1年后支付。乙交易实例的使用面积2 500平方英尺,成交总价18万美元,于成交时一次付清。如果选取上述两个交易实例为可比实例,试对它们的成交价格进行建立比较基准处理。

【解】对这两个交易实例的成交价格进行建立比较基准处理,包括统一付款方式和统一价格单位。

(1)统一付款方式。如果以在成交日期一次付清为基准,假设当时人民币的年利率为8%,则:

$$甲总价 = 16 + \frac{32}{(1+8\%)^{0.5}} + \frac{32}{1+8\%} = 76.42(万元人民币)$$

乙总价=18(万美元)

(2)统一价格单位。

首先,统一价格表示单位。统一采用单价:

$$甲单价 = \frac{764\,200}{200} = 3\,821.00(元人民币/平方米建筑面积)$$

$$乙单价 = \frac{180\,000}{2500} = 72.00(美元/平方英尺使用面积)$$

其次,统一币种和货币单位。如果以人民币元为基准,则需要将乙交易实例的美元换算为人民币。已知乙交易实例成交当时的人民币与美元的市场汇率为1美元等于6.53元人民币,则:

甲单价=3 821.00(元人民币/平方米建筑面积)

乙单价=72.00×6.5395=470.84(元人民币/平方英尺使用面积)

第三,统一面积内涵。如果以建筑面积为基准,已知乙交易实例的建筑面积与使用面积的关系为1平方英尺建筑面积等于0.75平方英尺使用面积,则:

甲单价=3 821.00(元人民币/平方米建筑面积)

乙单价=470.84×0.75=353.13(元人民币/平方英尺建筑面积)

最后,统一面积单位。如果以平方米为基准,由于1平方英尺=0.0929304平方米,则:

甲单价=3 821.00(元人民币/平方米建筑面积)

乙单价=353.13÷0.0929304=3 799.94(元人民币/平方米建筑面积)

基础训练

1. 为何要搜集大量的交易实例?目前搜集交易实例的途径主要有哪些?
2. 搜集交易实例时应当搜集哪些内容并如何做到真实?
3. 估价对象房地产、类似房地产、交易实例房地产、可比实例房地产的含义及其之间的异同点和关系是什么?
4. 选取的可比实例应当符合哪些要求?
5. 什么是选取可比实例的分配法?
6. 为什么要建立比较基准?建立比较基准包括哪些方面?

技能训练

根据选取可比实例的质量和数量要求,在课题一"技能训练"适合市场比较法估价的房地产中,在教师指导下确定估价对象,搜集房地产交易实例并筛选至少三个可比实例,并建立比较基准。

课题三 可比实例价格的修正与调整

市场比较法中对可比实例房地产价格的修正、调整的内容和顺序为:交易情况修正→市场状况调整(也称交易日期调整)→房地产状况调整。

一、交易情况修正

可比实例的成交价格是实际发生的,它可能是正常的,也可能是不正常的。由于要求评估的估价对象价值是正常合理的价值,因此,如果可比实例的成交价格是不正常的,则应把它修正为正常的。这种对可比实例成交价格进行的修正,称为交易情况修正。经过交易情况修正之后,就将可比实例实际而可能是不正常的成交价格变成了正常价格。

1. 造成成交价格偏离正常的因素

由于房地产的不动性、独一无二性和价值较大等特性,以及房地产市场是一个不完全市场,因此房地产交易一般由个别交易形成,成交价格容易受交易中一些特殊因素的影响而偏离正常价格。交易中的特殊因素较复杂,主要有以下几个方面:

(1)利害关系人之间的交易。如父子之间、亲友之间、母子公司之间、公司与其员工之间的房地产交易价格,多数情况下成交价格低于正常价格。

(2)对交易对象或市场行情缺乏了解的交易。如果买方不了解交易对象或不熟悉市场行情,盲目购买,则成交价格往往偏高。相反,如果卖方不了解交易对象或不熟悉市场行情,盲目出售,则成交价格往往偏低。

(3)对所交易对象有特殊偏好的交易。例如,买方或卖方对所买卖的房地产有特别的爱好、感情,特别是对买方或卖方有特殊意义或价值的交易对象,会使买方执意要购买或卖方惜售,这种情况下成交价格往往偏高。

(4)被迫出售或被迫购买的交易。包括强迫出售或强迫购买、急于出售或急于购买的交易。强迫出售的成交价格通常低于正常价格,强迫购买的成交价格通常高于正常价格。急于出售的成交价格通常偏低,急于购买的成交价格往往偏高。

(5)交易税费非正常负担的交易。房地产交易中需要交纳一些税费,有的税费应由卖方缴纳,如营业税、城市维护建设费、教育费附加、所得税、土地增值税等;有的税费应由买方缴纳,如契税、补交出让金等;有的税费则由买卖双方缴纳或者各负担一部分,如印花税、交易手续费等。正常成交价格是指买卖双方各自缴纳自己应缴纳的交易税费下的价格。需要评估的估价对象的价值,也是基于税费正常缴纳情况的房地产价值。但在实际房地产交易中,往往出现本应由卖方缴纳的税费,买卖双方协议由买方缴纳;本应由买方缴纳的税费,买卖双方协议由卖方缴纳。如营业税、土地增值税本应由卖方负担,却协议由买方缴纳;契税、补交出让金本应由买方缴纳,却协议由卖方缴纳;交易手续费本应由买卖双方各负担一部分,却协议由其中某一方全部负担等。以上这些情况都会使成交价格偏离正常价格。

(6)相邻房地产的合并交易。房地产价格受土地形状是否规则、土地面积或建筑规模是否适当等影响。形状不规则和面积、规模过小,其房地产价值通常较低。但这类房地产如果与相邻房地产合并后,则利用价值会提高,从而会产生附加价值或"合并价值"。因此,当相邻房地产的拥有者欲购买该相邻房地产时,往往愿意出较高的价格,出售人通常也会索要高价,从而使相邻房地产合并交易的成交价格往往高于单独存在或与不相邻者交易的正常价格。

(7)特殊交易方式的交易。形成房地产正常成交价格的交易方式,应是买卖双方根据市场供求关系,经过充分讨价还价的协议方式。拍卖、投标等方式容易受现场气氛、情绪和竞争等因素影响,使成交价格失常。但中国目前建设用地使用权出让是例外。尽管拍卖、招标、挂牌等方式形成的价格也会受非理性因素的影响,但相对于协议方式较能反映市场行情,协议方式形成的价格通常偏低。

由上述特殊交易情况的交易实例一般不宜选为可比实例,但当可供筛选的交易实例较少而不得不选用时,则应对其进行交易情况修正。

2. 交易情况修正的方法

交易情况的修正基础有基于总价进行修正和基于单价进行修正两种情况。修正方法主要有数额法和比率法两种。

采用差额法进行交易情况修正的一般公式为:

$$可比实例成交价格 \pm 交易情况修正金额 = 可比实例正常价格 \qquad (3-6)$$

采用比率法进行交易情况修正的一般公式为:

$$可比实例成交价格 \times 交易情况修正系数 = 可比实例正常价格 \qquad (3-7)$$

在比率法中,交易情况修正系数应以正常价格为基准来确定。假设可比实例成交价格比其正常市场价格高低的百分率为 $\pm S\%$(当可比实例成交价格比其正常市场价格高时,为 $+S\%$;低时,为 $-S\%$),则有:

$$可比实例正常价格 \times (1 \pm S\%) = 可比实例成交价格 \qquad (3-8)$$

因此有:

$$可比实例成交价格 \times \frac{1}{1 \pm S\%} = 可比实例正常价格 \qquad (3-9)$$

上式中,交易情况交易系数是 $\frac{1}{1 \pm S\%}$,不是 $\pm S\%$,也不是 $1 \pm S\%$。

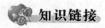**知识链接**

以正常价格为基准进行交易情况修正的原因

之所以以正常价格为基准进行交易情况修正,是因为采用市场比较法估价要求选取多个可比实例,以正常价格为基准,就只有一个比较基准;如果以每个可比实例成交价格为基准,就会有多个比较基准。另外,"可比实例成交价格比其正常价格高5%"与"可比实例正常价格比其实际成交价格低5%"的含义不同。

以正常价格为基准,说可比实例成交价格比其正常价格高5%,即:

$$可比实例成交价格 = 可比实例正常价格 \times (1 + 5\%)$$

假设可比实例正常价格为100万元,则:

$$可比实例成交价格 = 100 \times (1 + 5\%) = 105(万元)$$

反之,如果以可比实例成交价格为基准,说可比实例正常价格比其实际成交价格低 5%,即:

$$可比实例正常价格 = 可比实例成交价格 \times (1 - 5\%)$$

假设可比实例成交价格为 105 万元,则有:

$$可比实例正常价格 = 105 \times (1 - 5\%) = 99.75(万元)$$

显然,99.75 万元 $\neq$ 100 万元。因此,交易情况修正中应统一采用可比实例成交价格比其正常价格是高还是低多少的说法,以正常价格为基准进行交易情况修正。

【例 3-5】某可比实例,成交价格为 5 000 元/平方米,在估价调查中得知是熟人之间的交易,经分析其成交价格比正常市场价格低 5%,试进行交易情况修正。

【解】可比实例正常价格 = 5 000 $\times$ (1+5%) = 5 250(元/平方米)

从上例可知,进行交易情况修正不仅需要了解交易中哪些特殊因素影响了成交价格,还要测定这些特殊因素使成交价格偏离正常价格的程度。由于缺乏客观、统一的尺度,主要是估价人员凭借其扎实的估价理论知识、丰富的估价实践经验以及对当地房地产市场行情和交易习惯等进行深入调查后作出判断。其中,对交易税费非正常负担的修正,只要调查清楚了实际情况,然后按照有关公式进行计算即可。

对于交易税费非正常负担的修正,具体是将成交价格修正为依照税法及中央和地方政府的有关规定(没有规定的按照当地习惯),买卖双方各自缴纳自己应缴纳的交易税费下的价格。修正公式为:

$$正常成交价格 - 应由卖方缴纳的税费 = 卖方实得金额 \quad (3-10)$$

$$正常成交价格 + 应由买方缴纳的税费 = 买方实付金额 \quad (3-11)$$

$$买方实付金额 - 卖方实得金额 = 应由买卖双方缴纳的税费 \quad (3-12)$$

如果买方、卖方应缴纳的税费是正常价格的一定比率,即:

$$应由卖方缴纳的税费 = 正常成交价格 \times 应由卖方缴纳的税费比率 \quad (3-13)$$

$$应由买方缴纳的税费 = 正常成交价格 \times 应由买方缴纳的税费比率 \quad (3-14)$$

根据上述等式,则有:

$$正常成交价格 = \frac{卖方实得金额}{1 - 应由卖方缴纳的税费比率} \quad (3-15)$$

$$正常成交价格 = \frac{买方实付金额}{1 + 应由买方缴纳的税费比率} \quad (3-16)$$

【例 3-6】某宗房地产的正常成交价格 2 500 元/m²,买卖中应由卖方、买方缴纳的税费分别为正常成交价格的 7% 和 5%。试计算卖方的实得金额和买方的实付金额。

【解】卖方的实得金额和买方的实付金额计算如下:

卖方实得金额 = 正常成交价格 - 应由卖方缴纳的税费 = 2 500 - 2 500 $\times$ 7% = 2 325(元/m²)

买方实付金额 = 正常成交价格 + 应由买方缴纳的税费 = 2 500 + 2 500 $\times$ 5% = 2 625(元/m²)

【例 3-7】某宗房地产交易,合同约定成交价格为 2 325 元/m²,买卖中涉及应交纳的税费均由买方负担。已知该地区房地产买卖中应由卖方、买方交纳的税费分别为正常成交价格的 7% 和 5%。试求该房地产的正常成交价格。

【解】已知卖方的实得金额 2 325 元/m²,则该房地产的正常成交价格为:

$$\text{正常成交价格} = \frac{\text{卖方实得金额}}{1-\text{应由卖方缴纳的税费比率}} = \frac{2\,325}{1-7\%} = 2\,500(元/m^2)$$

【例 3-8】 某宗房地产交易，买卖合同中约定成交价格，买方付给卖方 2 625 元/m²，买卖中涉及的税费均由卖方负担。已知该地区房地产买卖中应由卖方、买方缴纳的税费分别为正常成交价格的7%和5%。试求该房地产的正常成交价格。

【解】 已知买方的实付金额为 2 625 元/m²，则该房地产的正常成交价格为：

$$\text{正常成交价格} = \frac{\text{买方实付金额}}{1+\text{应由买方缴纳的税费比率}} = \frac{2\,625}{1+5\%} = 2\,500(元/m^2)$$

二、市场状况调整

1. 市场状况调整的含义

可比实例的成交价格是成交日期时的价格，是在成交日期的房地产市场状况下形成的。由于可比实例的成交日期通常是过去，所以其成交价格通常是在过去的房地产市场状况下形成的。而需要评估的估价对象价值应是估价时点的价值，应是在估价时点的房地产市场状况下形成的。如果估价时点是现在（多数估价项目为这种情况），则应是现在的房地产市场状况下形成的。由于可比实例成交日期与估价时点不同，房地产市场状况也可能不同，如宏观经济形势发生了变化、政府出台了新的政策措施、利率上升或下降、消费观念有所改变等，导致该类房地产的市场供求关系发生了变化，从而造成即使是同一房地产在这两个时间的价格也会有所不同。因此，应将可比实例在成交日期的价格调整到在估价时点价格。这种对可比实例成交价格进行的调整，称为市场状况调整（也称为交易日期调整）。经过市场状况调整之后，就可将可比实例在成交日期的价格变成在估价时点的价格。

2. 市场状况调整的方法

在可比实例的成交日期至估价时点期间，当房地产价格为平稳发展时，可不进行市场状况调整（实际上是调整系数为100%的调整）；当房地产价格为上涨或下跌时，则必须进行市场状况调整，以使房地产价格符合估价时点的房地产市场状况。

市场状况调整的方法主要是比率法，其公式一般为：

可比实例在成交日期的价格 × 市场状况调整系数 = 可比实例在估价时点的价格

(3-17)

其中，市场状况调整系数一般应以成交日期的价格为基准来确定。假设从成交日期到估价时点，可比实例价格上涨或下跌的百分率为 $\pm T\%$（从成交日期到估价时点，当可比实例的价格上涨时，为 $+T\%$；下跌时，为 $-T\%$），则：

可比实例在成交日期的价格 × $(1\pm T\%)$ = 可比实例在估价时点的价格　　(3-18)

上式中，市场状况调整系数是 $(1\pm T\%)$，而不是 $\pm T\%$。

市场状况调整的关键是把握估价对象或可比实例这类房地产的市场价格自某个时期以来的涨落变化情况，具体是调查过去不同时间的数宗类似房地产的价格，找出该类房地产市场价格随时间变化而变化的规律，再据此对可比实例成交价格进行市场状况调整。具体方法可采用价格指数或价格变动率进行市场状况调整。

(1) 价格指数法。价格指数有定基价格指数和环比价格指数。在价格指数编制中，需要选择某个时期作为基期。以某个固定时间作为基期的，为定基价格指数；以上一时期作为基期的，为环比价格指数。定基价格指数和环比价格指数的编制原理见表3-3。

项目三 市场比较法

表 3-3 价格指数的编制原理

时间	价格	定基价格指数	环比价格指数
1	P_1	$P_1/P_1=100$	P_1/P_0
2	P_2	P_2/P_1	P_2/P_1
…	…	…	…
$n-1$	P_{n-1}	P_{n-1}/P_1	P_{n-1}/P_{n-2}
n	P_n	P_n/P_1	P_n/P_{n-1}

采用定基价格指数进行市场状况调整的公式为:

$$\begin{matrix}\text{可比实例在}\\ \text{成交日期的价格}\end{matrix} \times \frac{\text{估价时点的定基价格指数}}{\text{成交日期的定基价格指数}} = \begin{matrix}\text{可比实例在}\\ \text{估价时点的价格}\end{matrix} \quad (3-19)$$

【例 3-9】某宗房地产 2012 年 6 月 1 日的价格为 3 800 元/m²,现需将其调整到 2012 年 10 月 1 日。已知该类房地产 2012 年 4 月 1 日至 10 月 1 日的市场价格指数分别为 110.6、110.0、109.7、109.5、108.9、108.5、108.3(以 2010 年 1 月 1 日为 100)。试计算该宗房地产 2012 年 10 月 1 日的价格。

【解】该宗房地产 2012 年 10 月 1 日的市场价格计算如下:

$$3\ 800 \times \frac{108.3}{109.7} = 3\ 751.5(元/m²)$$

采用环比价格指数进行市场状况调整的公式为:

可比实例在成交日期的价格×成交日期的下一期的环比价格指数×再下一期的环比价格指数×…×估价时点的环比价格指数 = 可比实例在估价时点的价格 (3-20)

【例 3-10】某宗房地产 2012 年 6 月 1 日的市场价格为 6 000 元/平方米,需要将其调整到 2012 年 10 月 1 日。已知该类房地产 2011 年 5 月 1 日至 10 月 1 日的价格指数分别为 98.7、97.5、98.0、99.2、101.5、101.8(均以上个月为 100)。试计算该房地产 2012 年 10 月 1 日的市场价格。

【解】该宗房地产 2012 年 10 月 1 日的市场价格计算如下:

$$6\ 000 \times \frac{98.0}{100} \times \frac{99.2}{100} \times \frac{101.5}{100} \times \frac{101.8}{100} = 6\ 027.02(元/m²)$$

(2)价格变动率法。房地产价格变动率有逐期递增或递减的价格变动率和期内平均上升或下降的价格变动率。

采用逐期递增或递减的均匀价格变动率进行市场状况调整的公式为:

可比实例在成交日期的价格×(1±价格变动率)^期数 = 可比实例在估价时点的价格 (3-21)

采用期内平均上升或下降的价格变动率进行市场状况调整的公式为:

可比实例在成交日期的价格×(1±价格变动率×期数) = 可比实例在估价时点的价格 (3-22)

【例 3-11】评估某宗房地产 2012 年 7 月 1 日的市场价格,选取的可比实例中有一个成交日期为 2011 年 10 月 1 日、成交价格为 5 800 元/m² 的实例。另获知该类房地产的价格 2011 年 6 月 1 日至 2012 年 3 月 1 日平均每月比上月下跌 0.5%,2012 年 3 月 1 日至 7 月 1 日平均每月比上月上涨1.5%。请对该可比实例的价格进行市场状况调整。

【解】对该可比实例的价格进行市场状况调整,是将该价格由2011年10月1日调整到2012年7月1日。将该期间分为两段:第一段为2011年10月1日至2012年3月1日5个月,第二段为2012年3月1日至7月1日4个月,则2012年7月1日的房地产市场价格为:

$$5\,800 \times (1-0.5\%)^5 \times (1+1.5\%)^4 = 6\,003.54(元/m^2)$$

【例3-12】某宗可比实例房地产2012年1月30日的价格为2 000美元/m²,该类房地产以人民币为基准的价格变动平均每月比上月上涨0.2%。假设人民币与美元的市场汇率2012年1月30日为1美元=6.3056元人民币,2012年9月30日为1美元=6.3410元人民币。试将该可比实例的价格调整到2012年9月30日。

【解】可比实例在2012年9月30日的价格为:

$$2\,000 \times 6.3056 \times (1+0.2\%)^8 = 12\,814.40(元人民币/m^2)$$

【例3-13】某宗可比实例房地产2012年1月30日的价格为2 000美元/m²,该类房地产以美元为基准的价格变动平均每月比上月上涨0.3%。假设人民币与美元的市场汇率2012年1月30日为1美元=6.3056元人民币,2012年9月30日为1美元=6.3410元人民币。试将该可比实例的价格调整到2012年9月30日。

【解】可比实例在2012年9月30日的价格为:

$$2\,000 \times (1+0.3\%)^8 \times 6.3410 = 12\,989.58(元人民币/m^2)$$

【例3-14】需要评估某房地产于2012年3月1日的价格。所选取的某一可比实例成交于2011年4月30日,成交价格为人民币15 000元/平方米。经市场调查可知,该类房地产以人民币为基准的价格2011年间平均每月上涨0.5%,2012年以来平均每月下跌0.3%。试对该可比实例进行市场状况调整。

【解】可比实例在2012年3月1日的价格为:

$$15\,000 \times (1+0.5\% \times 8) \times (1-0.3\% \times 3) = 15\,459.6(元/m^2)$$

用于市场状况调整的价格指数或价格变动率,因为能全面反映房地产价格变化的房地产价格指数或价格变动率,因此需要搞清楚其内涵、数据基础和编制方法。房地产价格指数或价格变动率可细分为四种:①全国房地产价格指数或价格变动率;②某地区房地产价格指数或价格变动率;③全国某类房地产价格指数或价格变动率;④某地区某类房地产价格指数或价格变动率。由于不同地区、不同用途或不同类型的房地产,其价格变动的方向和程度通常是不同的,所以针对具体的可比实例,对其价格进行市场状况调整,应选用可比实例所在地同类房地产的价格指数或价格变动率。

三、房地产状况调整

1. 房地产状况调整的含义

运用市场比较法估价,需要将可比实例状况与估价对象状况进行比较,若两者不同,应对可比实例的成交价格进行房地产状况调整,因为房地产自身状况的好坏关系到其价值的高低。进行房地产状况调整,是把可比实例在自身状况下的价格,调整为在估价对象状况下的价格。

2. 房地产状况调整的内容

房地产状况调整分为实物状况调整、权益状况调整和区位状况调整。在三种调整中,还应进一步分解为若干个因素的调整。由于构成房地产状况的因素多而复杂,因而房地产状况调整是市场比较法的一个难点和关键。为了减少房地产状况调整的内容,简化调整过程,实际估价中应尽量选取与估价对象状况相同之处较多的房地产做为可比实例。

(1)实物状况调整的内容。实物状况是对房地产价格有影响的房地产实物因素的状况。进行实物状况调整,是将可比实例在其实物状况下的价格,调整为在估价对象实物状况下的价格。

实物状况比较、调整的内容很多,对土地来说,主要有:面积大小、形状、地形、地势、地基、土壤、开发程度等影响房地产价格的因素;对建筑物来说,主要有:建筑规模、外观、建筑结构、设施设备、装饰装修、日照、采光、通风、保温、隔热、隔声、防水、层高和室内净高、空间布局、竣工日期、维护情况、完损状况等影响房地产价格的因素。

(2)权益状况调整的内容。权益状况是对房地产价格有影响的房地产权益因素的状况。进行权益状况调整,是将可比实例房地产在其权益状况下的价格,调整为在估价对象房地产权益状况下的价格。

由于在选取可比实例时,要求可比实例的权利性质应与估价对象的权利性质相同,在这种前提下,权益状况比较、调整的内容主要有:土地使用期限、规划条件(如容积率)、出租情况、地役权设立情况等影响房地产价格的因素。在实际估价中,遇到最多的是土地使用期限调整,其调整的具体方法见本书项目三"收益法"。

(3)区位状况调整的内容。区位状况是对房地产价格有影响的房地产区位因素的状况。进行区位状况调整,是将可比实例房地产在其区位状况下的价格,调整为在估价对象房地产区位状况下的价格。

区位状况比较、调整的内容有:位置(包括所处的方位、与相关场所的距离、临街状况、朝向、楼层)、交通条件(包括进、出的方便程度)、外部配套设施(包括基础设施和公共服务设施)、周围环境和景观(包括自然环境、人文环境和景观)等影响房地产价格的因素。

3. 房地产状况调整的思路与步骤

房地产状况调整的思路:以估价对象状况为基准,将可比实例状况与估价对象状况进行直接比较;或者设立一种标准房地产,以该标准房地产状况为基准,将可比实例状况与估价对象状况进行间接比较。无论是直接比较还是间接比较,如果可比实例状况比估价对象状况好,则对可比实例成交价格进行减价调整;如果可比实例状况比估价对象状况差,则对可比实例成交价格进行加价调整。

房地产状况调整的一般步骤:

(1)确定对估价对象这类房地产价格有影响的各种房地产自身状况因素,包括实物因素、权益因素和区位因素。要注意的是,不同使用性质的房地产,影响其价格的房地产自身因素不尽相同。例如,商业房地产着重繁华程度、人流量和交通条件等;居住房地产讲求宁静、安全、舒适、周围环境和景观、配套设施等;工业房地产强调对外交通运输和基础设施条件等。

(2)将可比实例与估价对象在这些因素方面的状况逐一进行比较,找出它们之间的差异程度。以普通住宅为例,可进行以下方面的比较:附近有几条公交线路,到公交车站有多远,周围环境和景观如何,户型、朝向、楼层、室内装饰装修、新旧程度,有无电梯、一梯几户,是否附赠车位,是否带上中小学指标,物业管理费和供暖费是多少,是商品房还是房改房、经济适用房、回迁房等。

(3)找出可比实例状况与估价对象状况差异程度造成的价格差异程度,将房地产状况差异程度转换为价格差异程度。如朝向价差、楼层价差、房龄价差等。

(4)根据价格差异程度对可比实例的成交价格进行调整。需要注意的是,同一使用性质的房地产,各种影响因素对价格的影响程度不同;不同使用性质的房地产,即使某些价格影响因素相同,但这些因素对价格的影响方向和程度也不一定相同。因此,对于同一使用性质的房地产,各种影响因素的权重应有所不同;对于不同使用性质的房地产,同一影响因素的权重也应有所不同。

4. 房地产状况调整的方法

房地产状况调整的基础有总价和单价,调整的方法主要有数额法和比率法。

采用数额法进行房地产状况调整的一般公式为:

$$\text{可比实例在自身状况下的价格} \pm \text{房地产状况调整金额} = \text{可比实例在估价对象状况下的价格} \quad (3-23)$$

采用比率法进行房地产状况调整的一般公式为:

$$\text{可比实例在自身状况下的价格} \times \text{房地产状况调整系数} = \text{可比实例在估价对象状况下的价格} \quad (3-24)$$

在比率法中,房地产状况调整系数应以估价对象状况为基准来确定。假设可比实例在自身状况下的价格比在估价对象状况下的价格高或低的百分率为$\pm R\%$(当可比实例在自身状况下的价格比在估价对象状况下的价格高时,为$+R\%$;低时,为$-R\%$),则:

$$\text{可比实例在自身状况下的价格} \times \frac{1}{1 \pm R\%} = \text{可比实例在估价对象状况下的价格} \quad (3-25)$$

上式中,房地产状况调整系数是$\frac{1}{1\pm R\%}$,而不是$\pm R\%$,也不是$1\pm R\%$。

在比率法中,当同时进行多种因素调整时,又有相加法和相乘法。

具体进行房地产状况调整的方法,还有直接比较法和间接比较法。

(1)直接比较法。直接比较法是以估价对象状况为基准,将可比实例状况与估价对象状况直接进行比较,然后根据两者的差异情况对可比实例进行调整。直接比较法(参见表3-4)具体的过程是:①确定对房地产价格有影响的各种房地产状况因素。②根据每种因素对房地产价格的影响程度确定其权重。③以估价对象状况为基准(通常将其在每种因素方面的分数定为100分),将可比实例状况与估价对象状况逐个因素进行比较、评分。可比实例状况比估价对象状况差的,则所得分数就低于100;反之,所得分数就高于100。④将累计所得的分数转化为调整价格的比率。⑤利用该比率对可比实例价格进行调整。

表3-4 房地产状况直接比较表

房地产状况	权重	估价对象	可比实例1	可比实例2	可比实例…
因素1	f_1	100			
因素2	f_2	100			
…	…	…			
因素n	f_n	100			
综合	1	100			

采用直接比较法进行房地产状况调整的表达式为:

$$\text{可比实例在自身状况下的价格} \times \frac{100}{(\quad)} = \text{可比实例在估价对象状况下的价格} \quad (3-26)$$

上式括号内应填写的数字,为可比实例状况相对于估价对象状况的得分。

(2)间接比较法。间接比较法(参见表 3-5)与直接比较法相似,所不同的是不以估价对象状况为基准,而是设定一种标准房地产,以该标准房地产状况为基准(通常将其在每种因素方面的分数定为 100 分),将估价对象状况和可比实例状况均与它逐个因素进行比较、评分。如果估价对象状况、可比实例状况比标准房地产状况差,则所得分数就低于 100;反之,所得分数就高于 100。

表 3-5 房地产状况间接比较表

房地产状况	权重	标准状况	可比实例 1	可比实例 2	可比实例…
因素 1	f_1	100			
因素 2	f_2	100			
…	…	…			
因素 n	f_n	100			
综合	1	100			

采用间接比较进行房地产状况调整的表达式为:

$$\text{可比实例在自身状况下的价格} \times \underbrace{\frac{100}{(\quad)}}_{\text{标准化修正}} \times \underbrace{\frac{(\quad)}{100}}_{\text{房地产状况调整}} = \text{可比实例在估价对象状况下的价格} \quad (3-27)$$

上式位于分母括号内应填写的数字,为可比实例状况相对于标准房地产状况的得分;位于分子括号内应填写的数字,为估价对象状况相对于标准房地产状况的得分。

在房地产状况调整中,可以根据每种因素的具体情况而分别予以调整。例如,土地使用期限调整、容积率调整、建筑物年龄调整、楼层调整、朝向调整,等等。

【例 3-15】以楼层调整为例,假设估价对象是一套旧住宅,该住宅位于一幢 20 世纪八九十年代建造、砖瓦结构、无电梯的 6 层住宅楼的 4 层。为评估该住宅的价值,选取了甲、乙、丙三个可比实例。其中,甲可比实例位于一幢同类 6 层住宅楼的 5 层,成交价格为 2 900 元/m²;乙可比实例位于一幢同类 5 层住宅楼的 4 层,成交价格为 3 100 元/m²;丙可比实例位于一幢同类 5 层住宅楼的 5 层,成交价格为 2 700 元/m²。并假设通过对估价对象所在地区同类 5 层、6 层住宅楼中的住宅交易价格进行大量调查及统计分析,得到以一层为基准的不同楼层住宅市场价格差异系数(如表 3-6 所示),并得到 6 层住宅楼的同一层住宅市场价格为 5 层住宅楼的同一层住宅市场价格的 98%。则对甲、乙、丙三个可比实例的成交价格进行楼层调整如下:

$$V_{甲} = 2\,900 \times \frac{105\%}{100\%} = 3\,045(\text{元}/\text{m}^2)$$

$$V_{乙} = 3\,100 \times \frac{105\%}{105\%} \times \frac{98\%}{100\%} = 3\,038(\text{元}/\text{m}^2)$$

$$V_{丙} = 2\,700 \times \frac{105\%}{90\%} \times \frac{98\%}{100\%} = 3\,087(\text{元}/\text{m}^2)$$

表 3-6 5层、6层普通住宅楼不同楼层的市场价格差异系数表

楼 层	5层住宅楼	6层住宅楼
1层	100%（0%）	100%（0%）
2层	105%（5%）	105%（5%）
3层	110%（10%）	110%（10%）
4层	105%（5%）	105%（5%）
5层	90%（−10%）	100%（0%）
6层		85%（−15%）

基础训练

1. 什么是交易情况修正？现实中造成成交价格偏离正常市场价格的因素有哪些？
2. 交易情况修正系数为什么要以正常市场价格为基准来确定？如何进行交易情况修正？
3. 什么是市场状况调整？如何进行市场状况调整？
4. 什么是房地产状况调整？它包括哪些方面？
5. 区位状况、实物状况和权益状况的比较和调整分别包括哪些内容？
6. 房地产状况直接比较调整与间接比较调整有何异同？
7. 在房地产状况的比较调整中，可比实例房地产状况和估价对象房地产状况应当是可比实例房地产和估价对象房地产何时的状况？

技能训练

分别分析课题二"技能训练"中已筛选出的三个可比实例，判断其成交价格是否正常，并对其中特殊情况进行交易情况修正；自可比实例成交日期以来，当地房地产价格行情变化，并根据变化对三个可比实例的成交价格进行市场状况调整，使其变为估价时点（教师确定）的价格；可比实例与估价对象（师生确定）之间在实物、权益和区位方面的优劣度差异，测算出房地产状况造成的价格调整系数。

课题四 求取比准价值

一、求取单个可比实例的比准价值

市场比较法估价，在建立比较基准的基础上，需要对可比实例进行交易情况、市场状况、房地产状况三大方面的修正和调整。经过交易情况修正，就把可比实例的实际而可能是不正常的价格变成了正常价格；经过市场状况调整，就把可比实例在成交日期的价格变成了估价时点的价格；经过房地产状况调整，就把可比实例在自身状况下的价格变成在估价对象状况下的价格。经过上述三大方面的修正和调整后，就把可比实例的成交价格变成了估价对象的价值。如果把这三大方面的修正和调整综合起来，可得到以下估价公式：

(1)数额法下的公式:

$$比准价值 = \begin{matrix}可比实例\\成交价格\end{matrix} \pm \begin{matrix}交易情况\\修正金额\end{matrix} \pm \begin{matrix}市场状况\\调整金额\end{matrix} \pm \begin{matrix}房地产状况\\调整金额\end{matrix} \quad (3-28)$$

(2)比率法下的加法公式:

$$比准价值 = \begin{matrix}可比实例\\成交价格\end{matrix} \times \left(1 + \begin{matrix}交易情况\\修正系数\end{matrix} + \begin{matrix}市场状况\\调整系数\end{matrix} + \begin{matrix}房地产状况\\调整系数\end{matrix}\right) \quad (3-29)$$

(3)比率法下的乘法公式:

$$比准价值 = \begin{matrix}可比实例\\成交价格\end{matrix} \times \begin{matrix}交易情况\\修正系数\end{matrix} \times \begin{matrix}市场状况\\调整系数\end{matrix} \times \begin{matrix}房地产状况\\调整系数\end{matrix} \quad (3-30)$$

值得注意的是,上述比率法下乘法公式和加法公式,都只是文字上的形象表示。从表面上看,似乎各种修正和调整系数无论在乘法公式中还是在加法公式中都是相同的,而实际上它们是不同的。仍然假设交易情况修正中可比实例成交价格比其正常价格高或低的百分率为±S%,市场状况调整中从成交日期到估价时点可比实例价格上涨或下跌的百分率为±T%,房地产状况调整中可比实例在自身状况下的价格比在估价对象状况下的价格高或低的百分率为±R%,则:

(1)比率法下的加法公式为:

$$比准价值 \times (1 \pm S\% \pm R\%) = 可比实例成交价格 \times (1 \pm T\%) \quad (3-31)$$

或者

$$比准价值 = 可比实例成交价格 \times \frac{1 \pm T\%}{1 \pm S\% \pm R\%} \quad (3-32)$$

(2)比率法下的乘法公式为:

$$比准价值 \times (1 \pm S\%) \times (1 \pm R\%) = 可比实例成交价格 \times (1 \pm T\%) \quad (3-33)$$

或者

$$比准价值 = 可比实例成交价格 \times \frac{1}{1 \pm S\%} \times (1 \pm T\%) \times \frac{1}{1 \pm R\%} \quad (3-34)$$

实际估价中,由于交易情况修正、市场状况调整、房地产状况调整以及对其中的一些具体因素对价格的影响进行修正、调整时,可视具体情况采用比率法、数额法以及总价法、单价法、加法、乘法等方法及其混合使用,因而具体的公式往往比上述公式复杂。

以比率法下的乘法公式为例,进一步说明市场比较法的综合修正和调整计算。由于房地产状况调整有直接比较法和间接比较法,所以房地产价格的综合修正和调整公式,有直接比较修正和调整公式与间接比较修正和调整公式。

(1)直接比较修正和调整公式为:

$$比准价值 = \begin{matrix}可比实例\\成交价格\end{matrix} \times \frac{\begin{matrix}交易情况\\修\ 正\end{matrix}}{(\quad)} \times \frac{\begin{matrix}市场状况\\调\ 整\end{matrix}}{100} \times \frac{100}{(\quad)} \quad (3-35)$$

$$= \begin{matrix}可比实例\\成交价格\end{matrix} \times \frac{正常价格}{实际成交价格} \times \frac{估价时点价格}{成交日期价格} \times \frac{对象状况价格}{实例状况价格}$$

上式中,交易情况修正的分子为100,表示以正常价格为基准;市场状况调整的分母为100,表示以成交日期的价格为基准;房地产状况调整的分子为100,表示以估价对象状况为基准;而分子、分母中括号内表示需确定的每个因素的相对得分值。

(2)间接比较修正和调整公式为：

$$\text{比准价值} = \text{可比实例成交价格} \times \frac{100}{(\text{交易情况修正})} \times \frac{(\text{市场状况调整})}{100} \times \frac{100}{(\text{标准化修正})} \times \frac{(\text{房地产状况调整})}{100}$$

$$= \text{可比实例成交价格} \times \frac{\text{正常价格}}{\text{实际成交价格}} \times \frac{\text{估价时点价格}}{\text{成交日期价格}} \times \frac{\text{标准状况价格}}{\text{实例状况价格}} \times \frac{\text{对象状况价格}}{\text{标准状况价格}}$$

(3-36)

上式中，标准化修正的分子为100，表示以标准房地产的状况为基准，分母是可比实例状况相对于标准房地产状况的得分；房地产状况修正的分母为100，表示以标准房地产状况为基准，分子是估价对象状况相对于标准房地产状况的得分；其他的与(3-35)式中的内容相同。

二、求取最终比准价值

每个可比实例的成交价格经过上述各种修正和调整之后，都会相应地得到一个比准价值。例如，4个可比实例的成交价格经过各种修正和调整之后，会得到4个比准价值。但这些比准价值往往是不同的，从而需要把它们综合成一个比准价值，以此作为市场比较法的测算结果。其中，采用的综合方法主要有平均数、中位数和众数。

(1)平均数。平均数又有简单算术平均和加权算术平均数。简单算术平均数是把修正和调整出的各个比准价值直接相加，再除以这些比准价值的个数，所得的数即为综合出的一个比准价值。设 $V_1, V_2, V_3, \cdots, V_n$ 为修正和调整出的 n 个比准价值，其简单算术平均数的计算式为：

$$V = \frac{V_1 + V_2 + \cdots + V_n}{n} = \frac{1}{n}\sum_{i=1}^{n} V_i \tag{3-37}$$

加权算术平均数，是在把修正和调整出的各个比准价值综合成一个比准价值时，考虑到每个比准价值的重要程度不同，先赋予每个比准价值不同的权数或权重，然后综合出一个比准价值。通常对与估价对象最相似的可比实例所修正和调整出的比准价值，赋予最大的权数或权重；反之，赋予最小的权数或权重。设 $V_1, V_2, V_3, \cdots, V_n$ 为修正和调整出的 n 个比准价值，$f_1, f_2, f_3, \cdots, f_n$ 依次为 $V_1, V_2, V_3, \cdots, V_n$ 的权数，则其加权算术平均数的计算式为：

$$V = \frac{V_1 f_1 + V_2 f_2 + \cdots + V_n f_n}{f_1 + f_2 + \cdots + f_n} = \frac{\sum_{i=1}^{n} V_i f_i}{\sum_{i=1}^{n} f_i} \tag{3-38}$$

【例3-16】 3个可比实例A、B、C的成交价格，经比较修正和调整后的比准价值分别为 3 580元/m²、3 578元/m²和3 610元/m²，经比较三个价格具有同等重要性。试采用"简单算术平均数"综合出一个比准价值。

【解】 采用"简单算术平均数"综合出的比准价值为：

$$V = \frac{(3\ 580 + 3\ 578 + 3\ 610)}{3} = 3\ 589.33(元/m^2)$$

【例3-17】 上例中，若认为可比实例C与估价对象状况最为接近，A次之，B最差，分别赋予权数为0.5、0.3、0.2。试采用"加权算术平均数"综合出一个比准价值。

【解】 采用"加权算术平均数"综合出的比准价值为：

$$V = 3\,580 \times 0.3 + 3\,578 \times 0.2 + 3\,610 \times 0.5 = 3\,594.60 (元/m^2)$$

(2)中位数。中位数是把经修正和调整出的各个比准价值按由低到高顺序排列,当这些比准价值为奇数时,则位于正中间位置的那个比准价值为综合出的一个比准价值;当这些比准价值为偶数时,位于正中间位置的那两个比准价值的简单算术平均数为综合出的一个比准价值。如上例中的三个可比实例的比准价值按由低到高顺序排列分别为 B、A、C,即 3 578、3 580、3 610,位于中点位置上的为 A,则可确定综合出的一个比准价值为 3 580 元/m²。

(3)众数。众数是一组数值中出现频数最多的那个数值,即出现次数最频繁的那个比准价值为综合出的一个比准价值。

实际估价中,最常用的是平均数方法。在数值个数较少时,平均数易受其中极端数值的影响。如果一组数值中含有极端的数值,采用平均数就有可能得到非典型的,甚至是误导的结果。这种情况下采用中位数方法比较合适;也可以去掉一个最大的和最小的数值,将余下的数值进行简单算术平均,从而得到一个综合的比准价值。

【例 3-18】为评估某写字楼 2012 年 6 月 1 日的市场价格,在该写字楼附近地区选取了 A、B、C 三宗类似写字楼的交易实例作为可比实例,成交价格及成交日期见表 3-7,具体情况见"估价对象和可比实例基本情况表"(略),并对估价对象和可比实例在交易情况、市场状况及房地产状况等方面的差异进行了分项目的详细比较,具体比较结果见"估价对象和可比实例比较结果表"(略)。根据比较结果得出了可比实例价格修正和调整表,见表 3-7。在表 3-7 的交易情况中,正(负)值表示可比实例成交价格高(低)于其正常价格的幅度;房地产状况中,正(负)值表示可比实例状况优(劣)于估价对象状况导致的价格差异幅度。人民币汇率中间价,2012 年 4 月 1 日 1 美元兑人民币 6.3112 元,2012 年 6 月 1 日为 1 美元兑人民币 6.3308 元;该类写字楼以人民币为基准的市场价格 2012 年 2 月 1 日至 2012 年 4 月 1 日平均每月比上月上涨 0.2%,2012 年 4 月 1 日至 2012 年 6 月 1 日平均每月比上月下降 0.5%。试用上述资料测算该写字楼 2012 年 6 月 1 日的市场价值。

表 3-7 可比实例价格修正和调整表

	可比实例 A	可比实例 B	可比实例 C
成交价格	8 000 元人民币/m²	1 400 美元/m²	8 800 元人民币/m²
成交日期	2012 年 2 月 1 日	2012 年 4 月 1 日	2012 年 5 月 1 日
交易情况	+2%	+3%	-3%
房地产状况	-8%	-5%	+6%

【解】该写字楼 2012 年 6 月 1 日的市场价值测算如下:

(1)测算公式:

$$比准价值 = \frac{可比实例}{成交价格} \times \frac{交易情况}{修正系数} \times \frac{市场状况}{调整系数} \times \frac{房地产状况}{调整系数}$$

(2)求取比准价值 V_A、V_B、V_C:

$$V_A = 8\,000 \times \frac{1}{1+2\%} \times (1+0.2\%)^2 \times (1-0.5\%)^2 \times \frac{1}{1-8\%} = 8\,473.91 (元人民币/m^2)$$

$$V_B = 1\,400 \times 6.3112 \times \frac{1}{1+3\%} \times (1-0.5\%)^2 \times \frac{1}{1-5\%} = 8\,535.44 (元人民币/m^2)$$

$$V_c = 8\,800 \times \frac{1}{1-3\%} \times (1-0.5\%) \times \frac{1}{1+6\%} = 8\,515.85(元人民币/m^2)$$

(3)求取该写字楼 2012 年 5 月 1 日的市场价值(综合比准价值):

将上述三个比准价值的简单算术平均值作为市场比较法的测算结果,则求取该写字楼 2012 年 5 月 1 日的市场价值为:

估价对象的市场价值(单价)=(8 473.91+8 535.44+8 515.85)÷3=8 808.40(元人民币/m²)

【例 3-19】 为评估某套商品住宅 2012 年 8 月 15 日的市场价格,在该住宅附近调查选取了 A、B、C 三个类似的住宅交易实例作为可比实例,有关资料如下:

(1)可比实例的成交价格及成交日期,见表 3-3。

表 3-8 可比实例的成交价格和成交日期

	可比实例 A	可比实例 B	可比实例 C
成交价格	4 700 元/m²	5 200 元/m²	4 900 元/m²
成交日期	2012 年 3 月 15 日	2012 年 6 月 15 日	2012 年 7 月 15 日

(2)交易情况的分析判断结果,见表 3-9。表中交易情况的分析判断是以正常价格为基准,正值表示可比实例成交价格高于其正常价格的幅度,负值表示可比实例成交价格低于其正常价格的幅度。

表 3-9 可比实例交易情况分析判断结果

	可比实例 A	可比实例 B	可比实例 C
交易情况	-2%	0	+1%

(3)该类住宅 2012 年 2 月至 8 月的价格指数,见表 3-10。表中的价格指数为定基价格指数。

表 3-10 该类住宅 2012 年 2 月至 8 月的价格指数

月 份	2	3	4	5	6	7	8
价格指数	100	98.4	98.3	98.1	97.8	101.0	103.8

(4)房地产状况判断结果,见表 3-11。

表 3-11 房地产状况判断结果

房地产状况	权重	估价对象	可比实例 A	可比实例 B	可比实例 C
实物状况	0.3	100	100	105	110
权益状况	0.2	100	110	100	105
区位状况	0.5	100	105	105	90

试利用上述资料测算该商品住宅 2012 年 8 月 15 日的市场价值。

【解】 该商品住宅 2012 年 8 月 15 日的市场价值测算如下:

(1)测算公式:

$$比准价值 = 可比实例成交价格 \times 交易情况修正系数 \times 市场状况调整系数 \times 房地产状况调整系数$$

(2)求取交易情况修正系数：

可比实例 A 的交易情况修正系数：$\dfrac{1}{1-2\%}$

可比实例 B 的交易情况修正系数：$\dfrac{1}{1-0}$

可比实例 C 的交易情况修正系数：$\dfrac{1}{1+1\%}$

(3)求取市场状况调整系数：

可比实例 A 的市场状况调整系数：$\dfrac{103.8}{98.4}$

可比实例 B 的市场状况调整系数：$\dfrac{103.8}{97.8}$

可比实例 C 的市场状况调整系数：$\dfrac{103.8}{101.0}$

(4)求取房地产状况调整系数：

可比实例 A 的房地产状况调整系数：$\dfrac{100}{100\times 0.3+110\times 0.2+105\times 0.5}=\dfrac{100}{104.5}$

可比实例 B 的房地产状况调整系数：$\dfrac{100}{105\times 0.3+100\times 0.2+105\times 0.5}=\dfrac{100}{104.0}$

可比实例 C 的房地产状况调整系数：$\dfrac{100}{110\times 0.3+105\times 0.2+90\times 0.5}=\dfrac{100}{99.0}$

(5)求取比准价值(单价)V_A、V_B、V_C：

$V_A = 4\,700 \times \dfrac{1}{1-2\%} \times \dfrac{103.8}{98.4} \times \dfrac{100}{104.5} = 4\,841.25(元/m^2)$

$V_B = 5\,200 \times \dfrac{1}{1-0} \times \dfrac{103.8}{97.8} \times \dfrac{100}{104.0} = 5\,306.75(元/m^2)$

$V_C = 4\,900 \times \dfrac{1}{1+1\%} \times \dfrac{103.8}{101.0} \times \dfrac{100}{99.0} = 5\,036.35(元/m^2)$

(6)求取估价对象的市场价值：

将上述三个比准价值的简单算术平均数作为市场比较法的测算结果，则该商品住宅 2012 年 8 月 15 日的市场价值(V)为：

$V(单价)=(4\,841.25+5\,306.75+5\,036.35)\div 3 = 5\,061.45(元/m^2)$

基础训练

1.市场比较法的综合修正和调整计算公式及其含义是什么？

2.如何将多个比准价格综合成一个最终比准价格？

3.对可比实例成交价格进行的换算、修正、调整的含义及其之间的异同是什么？区分换算、修正、调整的意义何在？

技能训练

对前面已进行过交易情况修正、市场状况调整和房地产状况调整的三宗可比实例，分别利用简单算术平均数和加权算术平均数，测算估价对象的比准价值。

课题五 市场比较法应用示例

项目名称:某市某幢别墅房地产估价。

训练目的:掌握市场比较估价的操作与测算。

估价对象概况:估价对象别墅房地产位于××居住区内,宗地面积为305.76平方米,建筑面积346.16平方米,建筑物层数为二层。国有建设用地使用权类型为出让,土地及房屋用途为住宅。土地使用权年限为50年,从2003年5月起计。

估价要求:需要评估该宗房地产2011年5月的买卖价格。

估价操作及测算过程:

(一)选择估价方法

根据估价对象的特点和实际情况,本地区该类房地产买卖转让实例较多,适合用市场比较法估价。其计算公式为:

$$比准价值 = \frac{可比实例}{成交价格} \times \frac{交易情况}{修正系数} \times \frac{市场状况}{调整系数} \times \frac{房地产状况}{调整系数}$$

(二)收集交易实例,筛选可比实例

通过收集同一住宅小区及类似住宅小区的别墅房地产交易实例,选取A、B、C三宗别墅房地产作为可比实例(见表3-12)。

(三)对可比实例进行调整处理,求取比准价值

将可比实例分别与估价对象进行比较和调整处理,分别求其比准价值。

1.交易情况修正

根据对交易当事人的调查了解得知,三宗可比实例均为正常交易形成的正常成交价格,不存在特殊交易情况。

表3-12 估价对象与可比实例因素条件说明表

比较因素 \ 估价对象及比较实例内容	估价对象房地产(别墅)	可比实例A	可比实例B	可比实例C
交易地点	××路	××生活区	××大道	××山庄
交易日期	2011.5.10(基准日)	2011.03	2011.02	2011.03
成交价格(万元)	待估	230.00	435.00	150.00
房产面积(平方米)	364.18	262.00	462.20	162.73
成交单价(元/平方米)	待估	8 778.63	9 411.51	9 217.72
交易情况	正常	正常	正常	正常
价格类型	转让	转让	转让	转让

续表 3-12

比较因素	内容	估价对象及比较实例	估价对象房地产（别墅）	可比实例 A	可比实例 B	可比实例 C
	用途		别墅	别墅	别墅	别墅
区位因素	商服业繁华度		稍好	较差	稍优	优
	交通条件		较优	稍优	较优	较优
	基础设施及公用设施完备度		较好	稍差	较好	较好
	离市中心距离		稍远	较近	较近	近
实物因素	环境与景观		稍好	较好	好	较好
	平面布置		较优	稍优	优	稍优
	建筑结构		砖混	砖混	砖混	砖混

2. 市场状况调整

根据市场调查和对当地房地产市场行情的了解及所搜集资料的分析，该市近期房地产价格水平比较平稳，因此不需做市场状况修正。

3. 房地产状况调整

通过该地区影响别墅房地产价格自身因素的调查，可比实例与估价对象的权益因素，如国有土地使用权期限、容积率等基本相同，实物因素、区位因素的内容及其分析比较见表 3-12。

根据表 3-12，分析测算出可比实例与估价对象之间的因素差异和价格差异程度，据此测算出房地产状况调整系数，并对可比实例价格进行调整求出比准价格。具体见表 3-13 和表 3-14。

表 3-13 房地产状况因素差异表

比较因素	程度	估价对象及比较实例	估价对象	可比实例 A	可比实例 B	可比实例 C
成交单价（元/平方米）			待估	8 778.63	9 411.51	9 217.72
交易情况				100	100	100
交易时间				100	100	100
区位因素	商业繁华度			98	99	101
	交通条件			99	100	100
	基础设施与公用设施			99	100	100
	离市中心距离			102	102	103

续表 3-13

比较因素	估价对象及比较实例程度	估价对象	可比实例 A	可比实例 B	可比实例 C
实物因素	环境与景观		99	103	98
	平面布置		100	101	99

表 3-14 房地产状况各因素价格差异及调整表

比较因素	估价对象及比较实例内容	估价对象房地产	可比实例 A	可比实例 B	可比实例 C
	成交单价（元/平方米）	待估	8 778.63	9 411.51	9 217.72
	交易情况		100/100	100/100	100/100
	交易时间		100/100	100/100	100/100
区位因素	商业繁华度		100/98	100/99	100/101
	交通条件		100/99	100/100	100/100
	基础设施及公用设施完备度		100/99	100/100	100/100
	离市中心距离		100/99	100/99	100/103
实物因素	环境与景观		100/99	100/103	100/98
	平面布置		100/100	100/101	100/99
	比准价格（元/平方米）		9 325.25	9 230.61	9 132.79

（四）求取估价对象的市场价值

将上述三个比准价值的简单算术平均数作为市场比较法的测算结果，则该宗别墅房地产 2011 年 5 月的买卖市场价值为：

估价对象的市场价值＝(9 325.25＋9 230.61＋9 132.79)/3＝9 259.55(元/平方米)

能力拓展训练

案例资料（一）：本课题"情境案例"资料。

任务：根据资料确定估价目的，并完成运用市场比较法估价的操作方案。

案例资料（二）：为进行市场比较法评估某房地产价格，现搜集有甲、乙、丙三宗交易实例：甲实例使用面积 840 平方米，成交总价 150 万元，一次付清；乙实例建筑面积 1 000 平方米，成交总价 120 万元，分三次支付，首期支付 50 万元，第一年末支付 40 万元，余款于第二年中支付，据查，第一年月利率为 1‰，第二年月利率为 1.05‰；丙实例建筑面积为 14 300 平方英尺，成交总价为18万美元,一次付清。估价时点人民币与美元的市场比价为1:6.3,丙实例交易当时的人民币与美元的市场比价为1:6.5。同时可以搜集到该类房地产近几年人民币价格的变动率。又知1平方米等于10.764平方英尺。建筑面积与使用面积比率为1:0.7。

任务:试将上述资料整理成一次付清建筑面积每平方米人民币的单价。

案例资料(三):某宗房地产交易,买卖双方约定:买方付给卖方2 385元/平方米,买卖中涉及的税费均由买方负担。据悉,该地区房地产买卖中应由卖方缴纳的税费为正常成交价格的6.8%,应由买方缴纳的税费为正常成交价格的3.9%。

任务:试计算:①该宗房地产的正常价格。②若买卖双方又重新约定买卖中涉及的税费改由卖方负担,并在原价格基础上相应调整买方付给卖方的价格,则调整后买方应付给卖方的价格为多少?

案例资料(四):为评估某幢住宅楼的价值,在该写字楼附近地区调查选取了A、B、C三宗类似住宅楼的交易实例作为可比实例,有关资料如下表:

	可比实例A	可比实例B	可比实例C
成交价格(元/平方米)	5 000	5 200	4 900
成交日期	2012年1月31日	2012年3月31日	2012年7月31日
交易情况	+2%	-2%	-3%
房地产状况	-1%	+3%	+1%

上表交易情况中,正(负)值表示可比实例价格高(低)于其正常价格的幅度;房地产状况中,正(负)值表示可比实例的相应因素优(劣)于估价对象的幅度。从2012年1月1日到2012年6月31日该类住宅楼的市场价格基本不变,以后月均递减1%。

任务:试利用上述资料估算该住宅楼2012年10月31日的价值(如需计算平均值,采用简单算术平均法)。

案例资料(五):为评估某写字楼2012年10月1日的正常价格,估价人员在附近地区调查选取了A、B、C三宗类似写字楼的交易实例作为可比实例,有关资料如下:

(1)可比实例的成交价格与成交日期。

	可比实例A	可比实例B	可比实例C
成交价格(元/平方米)	6 000	5 800	6 120
成交日期	2012年4月1日	2012年2月1日	2012年5月1日

(2)交易情况分析判断。

	可比实例A	可比实例B	可比实例C
交易情况	+3%	-1%	+2%

交易情况分析判断中的数据是以正常价格为基准,正值表示可比实例的成交价格高于其正常价格的幅度,负值表示低于其正常价格的幅度。

(3)调查获知该类写字楼的价格,2011年11月1日到2012年6月1日平均每月比上月上涨1.2%,2012年6月1日至2012年10月1日平均每月比上月上涨1.8%。

(4)房地产状况分析判断。

	可比实例 A	可比实例 B	可比实例 C
因素 1	+2%	+4%	0
因素 2	-3%	-1%	+5%
因素 3	+6%	+2%	-3%

房地产状况中的三个因素对价格影响的重要程度为：因素1是因素3的4倍，因素2是因素3的1.67倍，房地产状况各因素的正值表示可比实例的状况优于估价对象状况的幅度，负值表示劣于估价对象状况的幅度。

任务：试利用上述资料估算该写字楼2012年10月1日的正常市场价格（如需计算平均值，采用简单算术平均法）。

项目四 收益法

学习目标

知识目标

熟悉收益法基本原理,掌握收益法的适用对象和条件;

掌握收益法的基本公式和操作步骤;

掌握不同收益类型房地产净收益、资本化率的求取方法。

能力目标

能界定收益法的适用对象;

能对估价对象的未来净收益进行预测,能求取估价对象合理的报酬率;

具备运用收益法进行估价实务操作的能力。

项目分析

项目概述

对于具有收益能力或潜在收益能力的收益性房地产,如何根据收益估算其价值,就是本项目所要解决的问题。本课题介绍房地产估价三种基本方法之一的收益法,包括收益法的含义、理论依据、适用的估价对象、估价需要具备的条件、估价的操作步骤,以及每个步骤中的具体内容。

在本项目的学习中,应注重解决以下问题:若欲对一宗房地产估价,已知其目前处于出租状态,租金收益确定,收益年限确定,可否根据估价对象的现在收益推算出其价值?若采用报酬资本化法估价,有哪些估价公式?如何估算该宗房地产在出租或营业状态下的净收益?在净收益确定的情况下,又如何选择相应的报酬率?

情境案例

某宗房地产是在有偿出让取得建设用地使用权的国有土地上开发建设的,当时获得的土地使用年限为 50 年,至今已使用了 10 年;经过估价人员调查分析,预计利用该宗房地产在正常情况下,近 3 年每年可获得净收益分别为 12 万元、14 万元和 16 万元,此后年净收益将稳定为 15 万元;该类房地产的报酬率为 9%。

请根据以上资料,估算该宗房地产的收益价值。

基本知识与技能

课题一 收益法概述

课题二　报酬资本化法
课题三　直接资本化法
课题四　投资组合技术和剩余技术
课题五　收益法应用示例

基础与能力训练

课题一　收益法概述

一、收益法的含义与理论依据

(一)收益法的含义

收益法是预测估价对象房地产的未来收益,然后利用合适的报酬率或资本化率、收益乘数,将未来的收益转换为价值,以此求取估价对象价值的方法。将未来收益转换为价值,类似于根据利息倒推出本金,所以,收益又称为资本化。根据将未来收益转换为价值的方式不同,或资本化类型的不同,收益法可分为直接资本化法和报酬资本化法。

直接资本化法是预测估价对象未来第一年的收益,然后将未来第一年的收益除以合适的资本化率或乘以合适的收益乘数求取估价对象价值的方法;其中,将未来第一年的收益乘以适当的收益乘数求取估价对象价值的方法,称为收益乘数法。报酬资本化法是一种现金流量折现法,是预测估价对象未来各期的净收益,利用合适的报酬率将其分别折算到估价时点后累加,以此求取估价对象价值的方法。

收益法的本质是以房地产的预期收益为导向求取房地产的价值。通常把收益法测算出的价值简称为收益价格。

收益法的雏形是用若干年的年地租(或若干倍的土地年收益)来表示土地价值的早期购买年法,即:地价＝年地租×购买年。

(二)收益法的理论依据

收益法是以预期原理为基础的。预期原理揭示,决定房地产当前价值的因素,主要是未来的因素而非过去的因素,即房地产当前的价值通常不是基于其过去的价格、开发成本收益或市场状况,而是基于市场参与者对其未来所能产生的收益或能够获得的满足、乐趣等的预期。

由于房地产的寿命长,占有收益性房地产不仅现在能获取收益,而且可以在未来不断地获取收益。因此,可以将购买收益性房地产视为一种投资行为:投资者购买收益性房地产的目的,不是购买房地产本身,而是购买房地产未来所能产生的一系列收益,即以现在的一笔资金换取未来的一系列资金。这样,对投资者来说,将资金用于购买房地产获取收益,与将资金存入银行获取利息所起的作用是相同的。于是,一宗房地产的价值就相当于这样一笔资金,如果将该笔资金存入银行也会带来与该房地产所产生的收益相等的收入,即如果:

$$某笔资金 \times 利率 = 房地产的收益$$

那么,这笔资金就是该房地产的价值。将上述等式变换一下就可得到:

$$房地产价值 = \frac{房地产的收益}{利率}$$

假设某投资者拥有一宗房地产,每年能产生10万元的净收益;同时,该投资者拥有100万元资金存入银行。假设银行的年利率是10%,则该投资者每年可得10万元的利息。对该投资者来说,该宗房地产与100万元的资金等价,即价值为100万元。

从后续的内容中将知道,上述收益法基本思想的表述,是净收益和报酬率每年均不变,收益期限为无限年,并且获取房地产收益的风险和获取银行利息的风险相同条件下的收益法。由于影响房地产收益的因素很多,而且实际上一宗房地产的收益经常发生变化,又由于我国的土地出让制度是有偿有限期的出让制度,不同类型房地产有不同的收益期限,而收益折现率采用的报酬率等同于银行利率也仅是特例,因而上述对收益法的表述尽管简单明了和便于理解,但并不十分贴切。

因此,可以把通用的收益法原理表述为:将估价时点视为现在,那么现在购买有一定收益期限的房地产,预示着在未来的收益期限内可以不断地获取净收益,如果现在有一笔资金可与这未来一系列净收益的现值之和等值,则这笔资金就是该房地产的价值。

收益法是建立在资金具有时间价值观念上的,因此,收益性房地产的价值就是其未来净收益的现值之和。价值高低主要取决于三个因素:①未来净收益的大小。未来净收益越大,房地产的价值就越高;反之,就越低。②获得净收益期限的长短。获得净收益期限越长,房地产的价值就越高;反之,就越低。③获得净收益的可靠性,获得净收益越可靠,房地产的价值就越高;反之,就越低。

二、收益法的适用对象条件及操作步骤

(一)收益法的适用对象和条件

收益法适用的估价对象是收益性房地产,如住宅、写字楼、商店、旅馆、餐馆、游乐场、影剧院、停车场、汽车加油站、标准厂房(用于出租)、仓库(用于出租)、农地等。这些估价对象不限于其本身目前是否有收益,只要其类似房地产有收益即可。但对于行政办公楼、学校、公园等公用、公益性房地产的估价,收益法一般不适用。

收益法估价需要具备的条件是房地产未来的收益和风险都能够较准确地预测。对未来的预期通常是基于过去的经验和对现实的认识作出的,必须以广泛、深入的房地产市场调查研究为基础。

(二)收益法估价的操作步骤

运用报酬资本化法估价一般有以下四个步骤:①确定未来收益期限;②预测未来各期的净收益(分别预测潜在毛收入、有效毛收入、运营费用等,从中估算出净收益);③求取报酬率;④选用合适的报酬资本化法公式计算收益价格。

运用直接资本化法一般有以下三个步骤:①预测未来第一年的收益;②求取资本化率或收益乘数;③选用合适的直接资本化法公式计算收益价格。

基础训练

1. 什么是收益法?其理论依据是什么?
2. 哪些房地产适合于运用收益法估价?
3. 收益法估价需要具备哪些条件?
4. 收益法的操作步骤是什么?

技能训练

观察学校周围房地产的类型和使用情况,分析哪些房地产适合采用收益法估价?

课题二 报酬资本化法

根据收益法的基本原理,下面讨论报酬资本化法。

一、报酬资本化法的公式

(一)报酬资本化法最一般的公式

$$V = \frac{A_1}{(1+Y_1)} + \frac{A_2}{(1+Y_1)(1+Y_2)} + \cdots + \frac{A_n}{(1+Y_1)(1+Y_2)\cdots(1+Y_n)} \quad (4-1)$$

式中,V——房地产在估价时点的收益价格;

A——房地产未来各期的净运营收益,通常简称净收益,A_i 为房地产未来第 i 期的净运营收益;

Y——房地产的报酬率(折现率),Y_i 为房地产未来第 i 期的报酬率;

n——房地产的收益期限,是从估价时点起计算的预计未来可获收益的时间。

对上述公式的几点说明:

(1)上述公式实际上是收益法基本原理的公式化(收益法的原理公式),主要运用于理论分析,实际估价中无法操作。

(2)实际估价中,通常假设报酬率长期维持不变,即 $Y_1=Y_2=Y_3=\cdots=Y_n=Y$,则上述公式可简化为:

$$V = \frac{A_1}{(1+Y)^1} + \frac{A_2}{(1+Y)^2} + \frac{A_3}{(1+Y)^3} + \cdots \frac{A_{n-1}}{(1+Y)^{n-1}} + \frac{A_n}{(1+Y)^n}$$

$$= \sum_{i=1}^{n} \frac{A_i}{(1+Y)^i} \quad (4-2)$$

(3)当上述公式中的 A_i 每年不变(或按一定规则变动),以及 n 为有限期或无限期的情况下,可以导出后面的各种公式(估价模型)。所以,后面各种公式实际上是上述公式的特例。

(4)报酬资本化法公式均是假设未来各期的净收益相对于估价时点发生在期末(期末惯例法)。实际估价中如果净收益发生的时间相对于估价时点不是在期末,而是在期初或期中,则应对净收益或者对公式进行相应调整。例如,如果净收益发生在年初为 $A_初$,则将其转换为发生在年末的公式为:

$$A_末 = A_初(1+Y) \quad (4-3)$$

如果对报酬资本化法公式进行调整,则调整后的报酬资本化法公式为:

$$V = A_1 + \frac{A_2}{(1+Y)^1} + \frac{A_3}{(1+Y)^2} + \cdots \frac{A_{n-1}}{(1+Y)^{n-2}} + \frac{A_n}{(1+Y)^{n-1}}$$

$$= \sum_{i=1}^{n} \frac{A_i}{(1+Y)^{i-1}} \quad (4-4)$$

(5)公式中 A、Y、n 的时间单位是一致的,通常为年,也可以是月、季等。实际估价中如果 A、Y、n 的时间单位不一致,例如,A 的时间单位为月,而 Y 的时间单位为年,则应对净收益或者报酬率或者公式做相应调整。

(6)这里及后面介绍报酬资本化法公式的各种公式时,是假设净收益、报酬率和收益期限均为已知的,其求取方法将在后面专门介绍。为便于理解报酬资本化法的各种公式,进行有关计算,可借助现金流量图(如图4-1所示)。

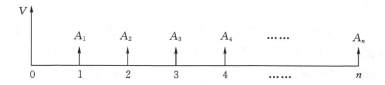

图4-1 用现金流量图表示的报酬资本化法

(二)净收益每年不变的公式

根据收益期限,分为有限年和无限年两种。

1. 收益期限为有限年

收益期限为有限年的公式:

$$V=\frac{A}{Y}\left[1-\frac{1}{(1+Y)^n}\right] \qquad (4-5)$$

公式的应用条件(也是假设前提,下同):①净收益每年不变为A;②报酬率为Y,且$Y\neq 0$;③收益期限为有限年n。

上述公式的应用条件是数学推导上的要求(下同)。现实中,报酬率Y是大于零的,因为报酬率也表示一种资金的时间价值或机会成本。从数学上看,当$Y=0$时,$V=A\times n$。

2. 收益年限为无限年

收益年限为无限年的公式:

$$V=\frac{A}{Y} \qquad (4-6)$$

公式的应用条件:①净收益每年不变为A;②报酬率大于零为Y,且$Y>0$;③收益期限为无限年。

3. 净收益每年不变公式的作用

净收益每年不变的公式,除了可直接用于测算价值外,还有以下作用:①用于不同土地使用期限或不同收益期限的房地产(以下简称不同期限房地产)价格之间的换算;②用于比较不同期限房地产价格的高低;③用于市场比较法中因土地使用期限或收益期限不同进行的价格调整。

(1)直接用于测算价值。

【例4-1】某写字楼房地产是6年前在政府有偿出让取得国有土地使用权的土地上开发建设的,国有建设用地使用权出让合同载明使用期限为50年,不可续期。预测该写字楼正常情况下每年可获得净收益80万元;该类房地产的报酬率为8.5%。试计算该写字楼的收益价格。

【解】该宗房地产的收益价格计算如下:

$$V = \frac{A}{Y}\left[1 - \frac{1}{(1+Y)^n}\right] = \frac{80}{8.5\%}\left[1 - \frac{1}{(1+8.5\%)^{50-6}}\right] = 915.19(万元)$$

(2) 不同期限房地产价格之间的换算。

现以 K_n 代表上述收益期限为有限年公式中方括号内的内容,即:

$$K_n = 1 - \frac{1}{(1+Y)^n} = \frac{(1+Y)^n - 1}{(1+Y)^n} \tag{4-7}$$

由此,如 K_{50} 即表示 n 为 50 年时的 K 值,K_∞ 表示 n 为无限年时的 K 值(当 $n=\infty$ 时,$K=1$)。用 V_n 表示收益期限为 n 年的价格,如 V_{70} 即表示收益期限为 70 年的价格,V_∞ 表示收益期限为无限年的价格。于是,不同期限房地产价格之间的换算(报酬率相同)方法如下:

若已知 V_∞,求 V_{70}、V_{50} 如下:

$$V_{70} = V_\infty \times K_{70}; \quad V_{50} = V_\infty \times K_{50}$$

若已知 V_{50},求 V_∞、V_{40} 如下:

$$V_\infty = V_{50} \times \frac{1}{K_{50}}; \quad V_{40} = V_{50} \times \frac{K_{40}}{K_{50}}$$

将上述公式一般化,则有:

$$V_n = V_N \times \frac{K_n}{K_N} = V_N \times \frac{(1+Y)^{N-n}[(1+Y)^n - 1]}{(1+Y)^N - 1} \tag{4-8}$$

上述不同期限房地产价格之间的换算隐含着以下前提:①V_n 与 V_N 对应的报酬率相同且不等于零;②V_n 与 V_N 对应的净收益相同或可转化为相同(如单位面积净收益相同);③如果 V_n 与 V_N 对应的是两宗房地产,则两宗房地产除了收益期限不同外,其他方面均相同或可调整为相同。

【例 4-2】已知某宗收益性房地产 40 年收益权利的价格为 2 500 元/m²,报酬率为 10%。试求该房地产 30 年收益权利的价格。

【解】利用上述公式,该房地产 30 年收益权利的价格为:

$$V_{30} = 2\,500 \times \frac{(1+10\%)^{40-30}[(1+10\%)^{30} - 1]}{(1+10\%)^{40} - 1} = 2\,409.98(元/m^2)$$

(3) 比较不同期限房地产价格的高低。

如果两宗房地产的土地使用期限或收益期限不同,就不能直接比较两宗房地产价格的高低,需要先将它们转换成相同期限下的价格,然后再比较。方法与上述不同年限价格之间的换算方法相同。

【例 4-3】有甲、乙两宗房地产,甲房地产的收益年限为 50 年,单价 2 000 元/m²,乙房地产的收益年限为 30 年,单价 1 800 元/m²。假设报酬率均为 6%,试比较该两宗房地产价格的高低。

【解】要比较这两宗房地产价格的高低,需要将它们转换为相同年限下的价格。为了计算方便,将它们转换为无限年的价格:

甲房地产:$V_\infty = V_{50} \times \frac{1}{K_{50}} = 2\,000 \div \left[1 - \frac{1}{(1+6\%)^{50}}\right] = 2\,114.81(元/m^2)$

乙房地产:$V_\infty = V_{30} \times \frac{1}{K_{30}} = 1\,800 \div \left[1 - \frac{1}{(1+6\%)^{30}}\right] = 2\,179.47(元/m^2)$

由计算可知,乙房地产的价格名义上低于甲房地产的价格(1 800 元/m² < 2 000 元/m²),实际上却高于甲房地产的价格(2179.47 元/m² > 2 114.81 元/m²)。

(4)市场法中因期限不同进行的价格调整。

上述不同期限价格之间的换算方法,对市场比较法中因可比实例与估价对象的土地使用期限、收益期限不同,需要对可比实例价格进行调整是特别有用的。在市场比较法中,可比实例的土地使用期限、收益期限可能与估价对象的土地使用期限、收益期限不同,因此需要对可比实例价格进行调整,使其成为与估价对象相同土地使用期限、收益期限下的价格。

【例 4-4】 某宗 5 年前通过出让方式获得的 50 年使用权的工业用地,目前所处地段的基准地价为 1 200 元/m²。该基准地价在评估时设定的使用期限为法定最高年限。除了使用期限不同外,该工业用地的其他状况与评估基准地价时设定的状况相同。现行土地报酬率为 10%,试通过基准地价求取该工业用地目前的价格。

【解】 本题实际上就是将使用期限为法定最高年限(50 年)的基准地价转换为 45 年(原取得的 50 年使用期限减去已使用的 5 年)的基准地价。计算如下:

$$V_{45} = V_{50} \times \frac{K_{45}}{K_{50}} = 1\ 200 \times \frac{(1+10\%)^{50-45}[(1+10\%)^{45}-1]}{(1+10\%)^{50}-1} = 1\ 193.73 (元/m^2)$$

(三)净收益在前后两段时间变化规律不同的公式

实际估价中,这种情形通常是指在前段时间(一般为数年)净收益可以有多种变化规律,后段时间假定净收益每年不变。根据收益期限,也分为有限年和为无限年两种。

1. 收益期限为有限年

收益期限为有限年的公式:

$$V = \sum_{i=1}^{t} \frac{A_i}{(1+Y)^i} + \frac{A}{Y(1+Y)^t}\left[1 - \frac{1}{(1+Y)^{n-t}}\right] \quad (4-9)$$

式中:t——净收益有变化的期限。

公式的使用条件:①净收益在未来 t 年(含第 t 年)有变化,分别为 $A_1, A_2, \cdots, A_t$,在第 t 年以后无变化,为 A;②报酬率 Y,且 $Y \neq 0$;③收益期限为有限年 n。

2. 收益期限为无限年

收益期限为无限年的公式:

$$V = \sum_{i=1}^{n} \frac{A_i}{(1+Y)^i} + \frac{A}{Y(1+Y)^t} \quad (4-10)$$

公式的使用条件:①净收益在未来 t 年(含第 t 年)有变化,分别为 $A_1, A_2, \cdots, A_t$,在第 t 年以后无变化为 A;②报酬率为 Y 且 $Y > 0$;③收益期限为无限年。

【例 4-5】 某宗房地产收益期限为 38 年,预测其未来 5 年的净收益分别为 20 万元、22 万元、25 万元、28 万元、30 万元,从未来第 6 年到第 38 年每年的净收益将稳定在 35 万元左右,该类房地产的报酬率为 10%。试计算该宗房地产的收益价格。

【解】 该宗房地产的收益价格计算如下:

$$V = \sum_{i=1}^{t} \frac{A_i}{(1+Y)^i} + \frac{A}{Y(1+Y)^t}\left[1 - \frac{1}{(1+Y)^{n-t}}\right]$$

$$= \frac{20}{1+10\%} + \frac{22}{(1+10\%)^2} + \frac{25}{(1+10\%)^3} + \frac{28}{(1+10\%)^4} + \frac{30}{(1+10\%)^5}$$

$$+ \frac{35}{10\%(1+10\%)^5}\left[1 - \frac{1}{(1+10\%)^{38-5}}\right]$$

$$= 300.86(万元)$$

(四)预知未来若干年后价格的公式

预测房地产未来 t 年的净收益分别为 $A_1, A_2, A_3, \cdots, A_t$,第 t 年末的价格为 V_t,则其现在的价格为:

$$V = \sum_{i=1}^{t} \frac{A_i}{(1+Y)^i} - \frac{V_t}{(1+Y)^t} \quad (4-11)$$

公式的使用条件:①已知房地产在未来第 t 年末的价格为 V_t(第 t 年末的市场价值或残值。当购买房地产的目的是持有一段时间后转售,则为预测的第 t 年末转售时的价格减去销售税费后的净值,简称净转售价或期末转售收益);②已知房地产未来 t 年(含第 t 年)的净收益 A_i(简称期间收益);③期间报酬率和期末报酬率收益相同,为 Y。

(4-11)式中如果期间收益每年不变为 A,则公式变为:

$$V = \sum_{i=1}^{t} \frac{A}{Y}\left[1 - \frac{1}{(1+Y)^t}\right] + \frac{V_t}{(1+Y)^t} \quad (4-12)$$

预知未来若干年后价格的公式,一是适用于房地产目前的价格难以知道,但根据发展前景比较容易预测其未来的价格或未来价格相对于当前价格的变化率时,特别是在某地区将会出现较大改观或房地产市场行情预期有较大变化的情况下。二是对于收益期限较长的房地产,有时不是按其收益期限来估价,而是先确定一个合理的持有期,然后预测持有期间的净收益和持有期末的价值,再将它们折算为现值。

实际上,收益性房地产是一种投资品,其典型的收益包括两部分:①在持有期间每单位时间(如每年、每月)所获得的租赁收益或经营收益;②在持有期末转售房地产时所获得的收益。因此,预知未来若干年后价格的公式成了评估收益性房地产价值的最常用公式。

【例4-6】某写字楼需要估价。目前房地产市场不景气,市场租金较低,年出租净收益为500万元,预计未来3年内仍然维持在该水平。预测房地产市场3年后回升,那时该写字楼的转售价高达7 950万元,销售税费为售价的6%。如果投资者要求该类投资的报酬率为10%,则该写字楼目前的价值为:

$$V = \sum_{i=1}^{t} \frac{A}{Y}\left[1 - \frac{1}{(1+Y)^t}\right] + \frac{V_t}{(1+Y)^t} = \frac{500}{10\%}\left[1 - \frac{1}{(1+10\%)^3}\right] + \frac{7\ 950(1-6\%)}{(1+10\%)^3} = 6\ 858(万元)$$

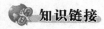

知识链接

净收益按一定规律变化的报酬资本化法公式

1. 净收益按一定数额递增的公式

净收益按一定数额递增的公式有两种情况:①收益年限为有限年;②收益年限为无限年。

(1)收益年限为有限年的公式:

$$V = \left(\frac{A}{Y} + \frac{b}{Y^2}\right)\left[1 - \frac{1}{(1+Y)^n}\right] - \frac{b}{Y} \times \frac{n}{(1+Y)^n}$$

式中:b——净收益逐年递增的数额,如未来净收益第1年为 A,则未来第2年为 $(A+b)$,未来第3年为 $(A+2b)$,依此类推,未来第 n 年为 $[A+(n-1)b]$。

此公式的假设前提是:①未来净收益第一年为 A,此后按数额 b 逐年递增;②报酬率不等于零,为 Y;③收益年限为有限年 n。

(2)收益年限为无限年的公式:

$$V=\frac{A}{Y}+\frac{b}{Y^2}$$

此公式的假设前提是:①净收益未来第一年为 A,此后按数额 b 逐年递增;②报酬率大于零,为 Y;③收益年限 n 为无限年。

2. 净收益按一定数额递减的公式

净收益按一定数额递减的公式只有收益年限为有限年一种,公式为:

$$V=\left(\frac{A}{Y}-\frac{b}{Y^2}\right)\left[1-\frac{1}{(1+Y)^n}\right]+\frac{b}{Y}\times\frac{n}{(1+Y)^n}$$

式中:b——净收益逐年递减的数额,如未来净收益第 1 年为 A,则未来第 2 年为 $(A-b)$,未来第 3 年为 $(A-2b)$,依此类推,未来第 n 年为 $[A-(n-1)b]$。

此公式的假设前提是:①净收益第一年为 A,按一定数额 b 逐年递减;②报酬率不等于零,为 Y;③收益年限为有限年 n,且 $n\leqslant\frac{A}{b}+1$。

3. 净收益按一定比率递增的公式

净收益按一定比率递增的公式有两种情况:①收益年限为有限年;②收益年限为无限年。

(1)收益年限为有限年的公式:

$$V=\begin{cases}\dfrac{A}{Y-g}\left[1-\left(\dfrac{1+g}{1+Y}\right)^n\right] & (Y\neq g)\\ A\times\dfrac{n}{1+Y} & (Y\neq g)\end{cases}$$

式中:g——净收益逐年递增的比率,如净收益未来第 1 年为 A,则未来第 2 年为 $A(1+g)$,未来第 3 年为 $A(1+g)^2$,依此类推,未来第 n 年为 $A(1+g)^{n-1}$。

此公式的假设前提是:①净收益未来第 1 年为 A,此后按比率 g 逐年递增;②收益年限为有限年 n。

(2)收益年限为无限年的公式:

$$V=\frac{A}{Y-g}$$

此公式的假设前提是:①净收益未来第 1 年为 A,此后按比率 g 逐年递增;②报酬率 Y 大于净收益逐年递增的比率 g;③收益年限 n 为无限年。

4. 净收益按一定比率递减的公式

净收益按一定比率递减的公式有两种情况:①收益年限为有限年;②收益年限为无限年。

(1)收益年限为有限年的公式:

$$V=\frac{A}{Y+g}\left[1-\left(\frac{1-g}{1+Y}\right)^n\right]$$

式中:g——净收益逐年递减的比率,如未来净收益第 1 年为 A,则未来第 2 年为 $A(1-g)$,未来第 3 年为 $A(1-g)^2$,依此类推,未来第 n 年为 $A(1-g)^{n-1}$。

此公式的假设前提是:①净收益未来第 1 年为 A,此后按比率 g 逐年递减;②报酬率不等于零,为 Y;③收益年限为有限年 n。

(2)收益年限为无限年的公式：

$$V=\frac{A}{Y+g}$$

此公式的假设前提是：①净收益未来第1年为 A，此后按比率 g 逐年递减；②报酬率大于零，为 Y；③收益年限 n 为无限年。

二、收益期限的确定

收益期限是预计估价对象自估价时点起至未来不能获取收益之日止的时间。收益期限一般根据建筑物剩余经济寿命和建设用地使用权剩余期限来确定。建筑物剩余经济寿命是自估价时点起至建筑物经济寿命结束的时间，是建筑物对房地产价值有贡献的时间；建设用地使用权剩余期限是自估价时点起至建设用地使用权期限结束的时间。

建筑物剩余经济寿命与建设用地使用权剩余期限的关系有以下三种情况：

(1)建筑物剩余经济寿命与建设用地使用权剩余期限同时结束。这种情况下，收益期限为建筑物剩余经济寿命或者建设用地使用权剩余期限。

(2)建筑物剩余经济寿命早于建设用地使用权剩余期限结束。这种情况下，可先根据建筑物的剩余经济寿命确定房地收益期限，再确定建筑物剩余经济寿命结束后剩余的建设用地使用权期限。房地产的价值等于以建筑物剩余经济寿命为收益期限计算的房地产价值，加上建筑物剩余经济寿命结束后的剩余期限建设用地使用权在估价时点的价值。建筑物剩余经济寿命结束后的剩余期限建设用地使用权在估价时点的价值，等于整个剩余期限的土地使用权在估价时点的价值，减去以建筑物剩余经济寿命为使用期限的建设用地使用权在估价时点的价值。

(3)建筑物剩余经济寿命晚于建设用地使用权剩余期限结束。这种情况下，分为两种情况：①出让合同约定建设用地使用权期间届满无偿收回建设用地使用权时，根据收回时建筑物的残余价值给予土地使用者相应补偿。②出让合同约定建设用地使用权期间届满无偿收回建设用地使用权的同时，建筑物也无偿收回。第一种情况下，房地产的价值等于以建设用地使用权剩余期限为收益期限计算的房地产价值，加上建设用地使用权剩余期限结束时建筑物的残余价值折算到估价时点的价值。对于第二种情况，以建设用地使用权剩余期限为收益期限计算房地产的价值。

三、净收益的测算

(一)净收益测算的基本原理

运用报酬资本化法估价，需要预测估价对象的未来收益。但在实际估价中，求取净收益甚至比求取报酬率更困难，特别是针对不同的估价对象，求取其净收益时应从收入中扣除哪些费用，不扣除哪些费用都需要特别注意。

收益性房地产获取收益的方式有出租和营业两类。因此，净收益的测算途径可分为两种：①基于租赁收入测算净收益，如存在大量租赁实例的住宅、写字楼、商铺、标准厂房、仓库等类房地产；②基于营业收入测算净收益，例如旅馆、影剧院、娱乐中心、汽车加油站等类房地产。除此之外，有些房地产既存在大量租赁收益又有营业收入，如商铺、餐馆、农地等。实际估价中，只要能够通过租赁收入测算净收益的，宜通过租赁收入测算净收益。因此，基于租赁收入测算净收益是收益法的典型形式。

1. 基于租赁收入测算净收益的基本原理

基于租赁收入测算净收益的基本公式为：

净收益＝潜在毛租金收入－空置和租金损失＋其他收入－运营费用
　　　＝有效毛收入－运营费用　　　　　　　　　　　　　　　　　　　　　　(4-13)

净收益是净运营收益(NOI)的简称,是从有效毛收入中扣除运营费用后得到的归属于房地产的收入。

潜在毛收入(PGI),是房地产充分利用、无空置情况下所能获得的归属于房地产的总收入。住宅、写字楼等出租型房地产的潜在毛收入,一般是潜在毛租金收入加上其他收入。潜在毛租金收入等于全部可出租面积与最可能租金的乘积。

其他收入是租赁保证金或押金的利息收入,以及如写字楼中设置的自动售货机、投币电话等获得的收入。

空置的面积目前没有收入。租金损失是指租出的面积因拖欠租金,包括延迟支付租金、少付租金或者不付租金造成的收入损失。空置和租金损失通常按潜在毛租金收入的一定比例估算。

有效毛收入(EGI),是从潜在毛收入中扣除空置和租金损失后得到的归属于房地产的收入。

运营费用,是维持房地产正常使用或营业的必要支出,包括房地产税、房屋保险费、人员工资、保持房地产正常运转的成本(建筑物及相关场地的维修、维护费)、为承租人提供服务的费用(如清洁、保安费用)等。运营费用是从估价角度出发的,与会计上的成本费用有所不同,通常不包含房地产抵押贷款还本付息额、房地产折旧额、房地产改扩建费用和所得税。

运营费用与有效毛收入之比称为运营费用率(OER)。净收益占有效毛收入的比率,称为净收益率(NIR),由于净收益等于有效毛收入减去运营费用,所以净收益率是运营费用率的补集,即

$$NIR = 1 - OER$$

潜在毛收入、有效毛收入、运营费用、净收益等通常以年度计,并假设在年末发生。

2. 基于营业收入测算净收益的基本原理

有些收益性房地产是以营业方式获取收益,如旅馆、娱乐中心、加油站等。这类房地产的净收益测算与基于租赁收入的净收益测算,主要有两个不同:①潜在毛收入或有效毛收入变成了经营收入。②要扣除归属于其他资本或经营的收益,如要扣除商业、餐饮、工业、农业等经营者的正常利润。例如,某酒店正常经营的收入为100万元,费用为35万元,经营者利润为25万元,则基于营业收入测算的房地产净收益为100－35－25＝40(万元)。基于租金收入测算净收益由于归属于其他资本或经营的收益在房地产租金之外,即实际上已经扣除,所以就不再扣除归属于其他资本或经营的收益。

(二)不同收益类型房地产净收益的测算

由于估价对象的收益类型不同,因此净收益的测算也有所不同,具体可归纳为以下四种情况:

1. 出租的房地产净收益测算

出租的房地产是收益法估价的典型对象,其净收益通常为租赁收入扣除由出租人负担的费用后的余额。

租赁收入包括租金和租赁保证金或押金的利息等收入。租金有固定租金和变动租金两种形式,其中变动租金又有多种形式。

出租人负担的费用,根据真正的房租构成因素(地租、房屋折旧费、维修费、管理费、投资利息、保险费、房地产税、租赁费用、租赁税费和利润),一般为其中的维修费、管理费、保险费、房地产税、租赁费用与租赁税费。实际中房租的构成项目往往与真正的房租构成项目有出入,以住宅出租为例,出租人负担的费用是如表4-1所列的费、税中双方约定或按惯例由出租人负担的部分。

表4-1 出租的房地产求取净收益需要扣除的费用

项目名称	出租人负担	承租人负担	标准	数量	年金额
水费					
电费					
燃气费					
供暖费					
通信费					
有线电视费					
家具设备折旧费①					
物业服务费②					
维修费					
保险费③					
房地产税④					
租赁费用⑤					
租赁税费⑥					
其他费用					

注:①如果由出租人提供家具设备(包括家电),应扣除它们的折旧费;②如物业管理与服务企业对房屋及配套的设施设备和相关场地进行维修、养护和管理,维护相关区域内的环境卫生和秩序所收取的费用;③如投保房屋火灾险等的保险费;④如城镇土地使用税、房产税或城市房地产税等;⑤如委托房地产经纪机构出租,房地产经纪机构向出租人收取的租赁代理费;⑥包括营业税、城市维护建设税、教育费附加和租赁手续费等。

在实际求取净收益时,通常是在分析租赁合同的基础上决定所要扣除的费用项目。如果租赁合同约定保证合法、安全、正常使用所需要的各项费用均由出租人负担,则应将它们全部扣除;如果约定部分或全部费用由承租人承担,则出租人所得的租赁收入就接近于净收益,此时扣除的费用项目就要相应减少。

2. 自营的房地产净收益测算

自营房地产的最大特点是房地产所有者同时也是经营者,房地产租金与经营者利润没有分开。

(1)商业经营的房地产,应根据经营资料测算净收益,净收益为商品销售收入扣除商品销售成本、经营费用、商品销售税金及附加、管理费用、财务费用、商业利润及与房地产可分离的无形资产价值。其中,采用联营方式的购物中心或商场,产权人通常按经营者的商品销售额返点(或比例)计取租金性质的有效毛收入,以返点收入计算营业税、房产税等税费,因此净收益为返点收入扣除有关税费。

(2)工业生产的房地产,应根据产品市场价格以及原材料、人工费用等资料测算净收益,净收益为产品销售收入扣除生产成本、产品销售费用、产品销售税金及附加、管理费用、财务费用和厂商利润及与房地产可分离的无形资产价值。

(3)农地净收益的测算,是由农地年产值(全年农产品的产量乘以单价)扣除种苗费、肥料费、水利费、农药费、人工费、畜工费、机工费、运输费、农具折旧费、农舍折旧费、投资利息、农业税、农业利润等。

3. 自用或空置的房地产净收益测算

自用或空置的房地产是指住宅、写字楼等目前为业主自用或暂时空置的房地产。自用或空置房地产的净收益,可以根据有收益的类似房地产的有关资料,按照上述相应方式测算,或者通过类似房地产的净收益直接比较得出。

4. 混合收益的房地产净收益测算

现实中包含上述多种收益类型的房地产,如宾馆一般有客房、会议室、餐厅、商场、商务中心、娱乐中心等,其净收益视具体情况采用下列方式求取:①把它看成是各种单一收益类型房地产的简单组合,先分别根据各自的收入和费用求出各自的净收益,然后予以加总得到总净收益。②先测算各种类型的收入,然后测算各种类型的费用,最后用总收入减去总费用,得出总净收益。③把费用分为固定费用和变动费用,将测算出的各种类型的收入分别减去相应的变动费用,予以加总后再减去总的固定费用,最后得出总净收益。

(三)净收益测算应注意的问题

1. 有形收益和无形收益

房地产的收益可分为有形收益和无形收益。有形收益是由房地产带来的直接货币收益。无形收益是指房地产带来的间接利益,如安全感、自豪感、提高个人的声誉和信用、增强企业的融资能力等。在求取净收益时,不仅要包括有形收益,还要考虑各种无形收益。

无形收益通常难以货币化,在测算净收益时难以考虑,可通过选取较低的报酬率或资本化率来考虑无形收益。但是,如果无形收益已通过有形收益得到体现,就不应再单独考虑,以免重复计算。例如,在当地能显示承租人形象、地位的写字楼,租用该写字楼办公可显示承租人的实力,该因素往往已包含在该写字楼的较高租金中。

2. 实际收益和客观收益

房地产的收益可分为实际收益和客观收益。实际收益是在当前经营管理状况下实际取得的收益,一般不能直接用于估价。因为具体经营者的经营能力等对房地产的实际收益影响很大,将实际收益资本化会得到不切实际的结果。客观收益是排除了实际收益中特殊的、偶然的因素后能够获得的一般正常收益,通常只有这种收益才可以作为估价的依据。

估价中采用的潜在毛收入、有效毛收入、运营费用或者净收益,除了有租约限制外,一般应采用正常客观的收益。利用估价对象本身的资料直接测算出潜在毛收入、有效毛收入、运营费用或者净收益后,还应与类似房地产正常情况下的潜在毛收入、有效毛收入、运营费用或者净收益比较。如果与正常客观情况下的收益不符,应通过适当修正使其成为正常客观的收益。

评估有租约限制的房地产价值,首先要明确是评估无租约限制价值还是出租人权益价值或承租人权益价值。评估出租人权益价值,租赁期间应采用合同约定的租金,即实际租金;租赁期间届满后和未出租的部分,应采用市场租金。因此,租约租金高于或低于市场租金,都会影响出租人权益价值。从投资者角度看,当租约租金高于市场租金时,则出租人权益价值就会高一些;相反,当租约租金低于市场租金时,出租人权益价值就会低一些。当租约租金与市场租金差异较大时,毁约的可能性较大,这对出租人权益价值就会有影响。

【例 4-7】某商店的土地使用年限为 40 年,从 2008 年 9 月 1 日起计。该商店共有两层,每层可出租面积各为 200m²。一层于 2009 年 9 月 1 日租出,租赁期限为 5 年,可出租面积的月租金为 180 元/m²,且每年不变;二层现暂空置。附近类似商场一、二层可出租面积的正常月租金分别为 200 元/m² 和 120 元/m²,运营费用率为 25%。该类房地产的出租率为 100%,报酬率为 9%。试估算该商场 2012 年 9 月 1 日带租约出售时的正常价格。

【解】该商场 2012 年 9 月 1 日带租约出售时的正常价格测算:
(1) 商店一层价格(V_1)的测算:
租赁期间的年净收益 $= 200 \times 180 \times (1-25\%) \times 12 = 32.40$(万元)
租赁期间届满后的年净收益 $= 200 \times 200 \times (1-25\%) \times 12 = 36.00$(万元)

$$V_1 = \frac{32.40}{(1+9\%)} + \frac{32.40}{(1+9\%)^2} + \frac{36.00}{9\%(1+9\%)^2} \times \left[1 - \frac{1}{(1+9\%)^{40-4-2}}\right] = 375.69(万元)$$

(2) 商店二层价格(V_2)的测算:
年净收益 $= 200 \times 120 \times (1-25\%) \times 12 = 21.60$(万元)

$$V_2 = \frac{21.60}{9\%} \times \left[1 - \frac{1}{(1+9\%)^{40-4}}\right] = 229.21(万元)$$

(3) 该商店的正常价格(V):
$V = V_1 + V_2 = 375.69 + 229.21 = 604.90$(万元)

**知识链接**

"成本节约资本化法"

收益法的一种变通形式是"成本节约资本化法"。当一种权益或资产虽然不产生收入,但可以帮助拥有者避免原本可能发生的成本时,就可以采用这种方法评估其价值。该方法的实质是,某种权益或资产的价值等于其未来有效期内可以节约的成本的现值之和。承租人权益价值评估就是这种方法的典型运用。承租人权益价值等于剩余租赁期间各期合同租金与同期市场租金差额的现值之和。如果合同租金低于市场租金,则承租人权益就有价值;反之,如果合同租金高于市场租金,则承租人权益就是负价值。

【例 4-8】某公司 3 年前与一写字楼所有权人签订了租赁合同,租用其中 500m² 的面积,约定租赁期限为 10 年,月租金固定不变为 75 元/m²。现市场上类似写字楼的月租金为 100 元/m²。假设折现率为 10%,试计算目前承租人权益的价值。

【解】根据题意可知:
$A = (100-75) \times 500 \times 12 = 150\ 000$(元),$Y = 10\%$,$n = 10 - 3 = 7$(年)
所以目前承租人权益的价值:

$$V = \frac{A}{Y}\left[1 - \frac{1}{(1+Y)^n}\right] = \frac{150\ 000}{10\%} \times \frac{150\ 000}{10\%} \times \left[1 - \frac{1}{(1+10\%)^7}\right] = 73.03(万元)$$

3. 乐观估计、保守估计和最可能估计
求取净收益实际上是预测未来的净收益。由于面临不确定性,预测必然会有乐观估计、保守估计和最可能估计三种情况。实际估价中,为避免出现对净收益做出过高或者过低的估计,估价人员应同时给出未来净收益的三种估计值:较乐观的估计值、较保守的估计值和最可能的估计值。除了评估房地产抵押价值应遵循谨慎原则而选用较保守估计值、评估投资价值因投资者的原因可能选用较乐观或较保守的估计值之外,其他目的估价一般应采用最可能估计值。

(四)净收益流模式的确定

运用报酬资本化法估价,在测算估价对象的净收益时,应根据估价对象的净收益在过去和现在的变动情况及预测的收益期限,预测估价对象未来各期的净收益,并判断未来净收益流属于以下哪种类型,以便于选用相应的报酬资本化法公式进行计算:①每年基本上固定不变。②每年基本上按某个固定数额递增或递减;③每年基本上按某个固定比率递增或递减;④其他有规则变动的情形。

在实际估价中使用较多的是净收益每年不变的公式,其净收益 A 的测算方法有以下三种:

(1)"过去数据简单算术平均法"。它是通过调查,求取估价对象过去若干年(如过去 3 年或 5 年)的净收益,然后将其简单算术平均数作为 A。

(2)"未来数据简单算术平均法"。它是通过调查,预测估价对象未来若干年(如未来 3 年或 5 年)的净收益,然后将其简单算术平均数作为 A。

(3)"未来数据资本化公式法"。它是通过调查,预测估价对象未来若干年(如来 3 年或 5 年)的净收益,然后利用报酬资本化法公式演变出的下列等式求取 A(可视为一种加权算术平均数):

$$\frac{A}{Y}\left[1-\frac{1}{(1+Y)^t}\right]=\sum_{i=1}^{t}\frac{A_i}{(1+Y)^i}$$

$$A=\frac{Y(1+Y)^t}{(1+Y)^t-1}\sum_{i=1}^{t}\frac{A_i}{(1+Y)^i} \qquad (4-14)$$

由于收益法采用的净收益应是未来的净收益,而不是过去净收益或当前净收益。所以,三种方法中第三种最合理。

【例 4-9】某宗房地产的收益年限为 40 年,判定其未来每年的净收益基本上固定不变,通过预测得知其未来 4 年的净收益分别为 25 万元、26 万元、24 万元、25 万元,报酬率为 10%,试计算该宗房地产的收益价格。

【解】该宗房地产的收益价格求取如下:

$$A=\frac{10\%\times(1+10\%)^4}{(1+10\%)^4-1}\times\left[\frac{25}{(1+10\%)}+\frac{26}{(1+10\%)^2}+\frac{24}{(1+10\%)^3}+\frac{25}{(1+10\%)^4}\right]=25.02(万元)$$

$$V=\frac{25.02}{10\%}\times\left[1-\frac{1}{(1+10\%)^{40}}\right]=244.67(万元)$$

四、报酬率及其求取

(一)报酬率的实质

报酬率也称为收益率、回报率,它是一种折现率,是与利息率、内部收益率同性质的比率。要理解报酬率的内涵,需要弄清楚一笔投资中投资回收与投资回报的含义及其之间的区别。

投资回收是指所投入的资本的回收,即保本;投资回报是指所投入的资本全部回收之后所获得的额外资金,即报酬。以银行存款为例,投资回收就是向银行存入本金的回收,投资回报

就是从银行得到的利息。因此,投资回报不包含投资回收,报酬率为投资回报与所投入资本的比率,即

$$报酬率 = \frac{投资回报}{所投入的资本} \tag{4-15}$$

购买收益性房地产是一种投资行为,这种投资所需投入的资本是房地产的价格,欲获取的收益是房地产的净收益。投资既要获取收益,又要承担风险。以最小的风险获取最大的收益是所有投资者的愿望,而收益大小与投资者自身因素有关,如果抽掉投资者自身的因素,则收益大小主要与投资对象及其所处的投资环境有关。在一个完善的市场中,投资者之间竞争的结果是:要获取较高的收益,意味着要承担较大的风险;或者有较大的风险,投资者必然要求有较高的收益。因此,从全社会来看,投资遵循收益与风险相匹配原则,报酬率与投资风险正相关,风险大的投资,其报酬率也高,反之则低。

掌握了报酬率与投资风险的关系,实际上就把握住了求取报酬率的方法,即估价采用的报酬率,应等同于与获取估价对象产生净收益具有同等风险投资的报酬率。例如,甲、乙两宗房地产的净收益相等,但甲房地产获取净收益的风险大,从而要求的报酬率就高;乙房地产获取净收益的风险小,要求的报酬率就较低。由于房地产价值与报酬率负相关,所以甲房地产的价值低,其报酬率高。由此可见,在收益能力相同的条件下,风险大的房地产价值低,风险小的房地产价值高。

不同地区、不同时期、不同用途或不同类型的房地产,同一类型房地产的不同权益、不同收益类型(如期间收益和期末转售收益),由于风险不同,报酬率也是不尽相同的。因此,实际估价中并不存在一个统一不变的报酬率数值,估价人员选取的报酬率必须有市场等依据,并经得起理论推敲和横向(不同房地产之间)、纵向(前后不同时期之间)的比较。

(二)报酬率的求取方法

在房地产市场较发达的前提下,求取报酬率主要有以下三种方法。

1. 市场提取法

市场提取法是利用与估价对象房地产具有相同或相似收益特征的可比实例房地产的价格、净收益等资料,选用相应的报酬资本化法公式,反求出报酬率的方法。为了避免偶然性,运用该法时应尽量收集较多的可比实例,取其平均值。

(1)在 $V = \dfrac{A}{Y}$ 的情况下,是通过 $Y = \dfrac{A}{V}$ 来求取 Y,即可将类似房地产的净收益与其价格的比率作为报酬率。如表4-2所示的举例。

表4-2 选取的可比实例相关资料及其报酬率测算

可比实例	净收益(万元/年)	价格(万元)	报酬率(%)
1	12	102	11.8
2	23	190	12.1
3	10	88	11.4
4	65	542	12.0
5	90	720	12.5
6	32	250	12.8

表 4-2 中 6 个可比实例报酬率的简单算术平均数为 12.1%,其可以作为估价对象的报酬率。当然,较为精确的计算应采用加权算术平均数。

(2)在 $V=\dfrac{A}{Y}\left[1-\dfrac{1}{(1+Y)^n}\right]$ 的情况下,是通过 $\dfrac{A}{Y}\left[1-\dfrac{1}{(1+Y)^n}\right]-V=0$ 来求取 Y。在手工计算的情况下,是先采用试错法试算,计算到一定精度后再采用线性内插法求取,即 Y 是通过试错法与线性内插法相结合的方法来求取的。设

$$X=\dfrac{A}{Y}\left[1-\dfrac{1}{(1+Y)^n}\right]-V$$

试错法是先以任一方式挑选出一个认为最可能使 X 等于零的 Y,再通过计算这一选定 Y 下的 X 值来检验它。如果计算出的 X 正好等于零,就求出了 Y;如果计算出的 X 为正值,则通常必须再试一下较大的 Y;相反,如果计算出的 X 为负值,就必须再试一下较小的 Y。这个过程一直进行到在正负值方向各得到一个接近于零的 X 值为止。在利用计算机的情况下,只要输入 Y,A,n,然后由计算机完成计算。

利用试错法计算到一定精度后,利用线性内插法求取 Y:

$$Y=Y_1+\dfrac{|X_1|}{|X_1|+|X_2|}(Y_2-Y_1)$$

式中:Y_1——当 X 为接近于零的正值时的 Y;

Y_2——当 X 为接近于零的负值时的 Y;

X_1——Y_1 时的 X 值(正值);

X_2——Y_2 时的 X 值(负值)。

必须指出的是,用市场提取法求取的报酬率,反映的是人们对过去而非未来的风险判断。对估价对象报酬率的科学判断,应着眼于可比实例的典型买者和卖者对该类房地产的预期或期望报酬率,然后对用市场提取法求出的报酬率进行适当的调整。

2. 累加法

累加法又称为安全利率加风险调整值法,是将报酬率视为包含无风险报酬率和风险补偿率两大部分,分别求出每一部分,再将它们相加得到报酬率的方法。无风险报酬率也称为安全利率,是无风险投资的报酬率,是资金的机会成本。风险报酬率是指承担额外的风险所要求的补偿,即超过无风险报酬率以上部分的报酬率,具体是对估价对象房地产自身及所在地区、行业、市场等所存在的风险的补偿。累加法的基本公式为:

报酬率=无风险报酬率+投资风险补偿率+管理负担补偿率+缺乏流动性补偿率−投资带来的优惠率 (4-16)

其中:①投资风险补偿,是指当投资者投资于收益不确定、具有一定风险的房地产时,必然要求对其承受的额外风险有所补偿,否则就不会投资。②管理负担补偿,是指对一项投资的管理工作进行的补偿,一般投资所要求的操劳越多,其吸引力就越小,投资者必然要求对所承担的额外管理有所补偿。房地产投资要求的管理工作一般远远超过存款、证券等。③缺乏流动性补偿,是指投资者对投入的资金由于缺乏流动性所要求的补偿。房地产与股票、债券和黄金相比,买卖要困难得多,变现能力弱。④投资带来的优惠,是指由于投资房地产可能获得某些额外的好处,如易于获得融资(可以抵押贷款)。

累加法的应用见表 4-3。

表 4-3 累加法应用举例

序号	项目	数值
1	无风险报酬率	0.050(5.0%)
2	投资风险补偿率	0.020(2.0%)
3	管理负担补偿率	0.001(0.1%)
4	缺乏流动性补偿率	0.015(1.5%)
5	易于获得融资的优惠率	−0.005(0.5%)
6	所得税抵扣的优惠率	−0.005(0.5%)
7	报酬率	7.6%

现实中不存在完全无风险的投资，所以通常是选取同一时期相对无风险的报酬率去代替无风险报酬率，例如选取同一时期的国债利率或银行存款利率代替无风险报酬率。于是，投资风险补偿就变为投资估价对象相对于投资同一时期国债或银行存款的风险补偿；管理负担补偿变为投资估价对象相对于投资同一时期国债或银行存款管理负担的补偿；缺乏流动性补偿变为投资估价对象相对于投资同一时期国债或银行存款缺乏流动性的补偿；投资带来的优惠变为投资估价对象相对于投资同一时期国债或银行存款所带来的优惠。

需要注意的是，上述无风险报酬率和具有风险性的房地产的报酬率，一般是指名义报酬率，即已经包含了通货膨胀的影响。这是因为在收益法估价中，广泛使用的是名义净收益，因而根据"匹配原则"，应使用与之相对应的名义报酬率。

3. 投资报酬率排序插入法

收益法估价采用的报酬率是典型投资者在房地产投资中所要求的报酬率。由于具有同等风险的任何投资的报酬率应是相近的，因此可通过与获取估价对象净收益具有同等风险投资的报酬率来求取估价对象的报酬率。所以，可采用投资报酬率排序插入法来求取估价对象的报酬率。投资报酬率排序插入法的操作步骤和内容如下：

(1)调查、搜集估价对象所在地房地产投资、相关投资及其报酬率和风险程度的资料，如各种类型的政府债券利率、银行存款利率、公司债券利率、基金收益率、股票报酬率及其他投资的报酬率等。

(2)将所搜集的不同类型投资的报酬率按从低到高的顺序排列，制成图表。

(3)将估价对象与这些类型投资的风险程度进行分析比较，考虑管理的难易、投资的流动性以及作为资产的安全性等，判断出同等风险的投资，确定估价对象风险程度应落的位置。

(4)根据估价对象风险程度所落的位置，在图表上找出对应的报酬率，就求出了估价对象的报酬率。

需要指出的是，无论采用何种方法求取报酬率，都需要估价人员运用报酬率的理论知识，结合实际估价经验和对当地的投资及房地产市场的充分了解，才能作出综合判断。因此，报酬率的确定同整个房地产估价活动一样，也是科学与艺术的有机结合。当然在一定时期，报酬率大体上有一个合理的区间。

基础训练

1. 报酬资本化法有哪些计算公式？各公式的应用条件是什么？

2. 如何运用净收益每年不变的公式进行不同期限房地产价格的换算？
3. 什么是净收益？
4. 什么是运营费用率和净收益率？两者之间有何关系？它们有什么作用？
5. 基于租赁收入与基于营业收入测算净收益有哪些主要区别？
6. 由营业收入计算净收益为什么要扣除归属于其他资本或经营的收益？
7. 如何求取出租型房地产的净收益？
8. 如何求取商业经营型房地产的净收益？
9. 如何求取工业生产型房地产的净收益？
10. 实际收益和客观收益的含义及其区别是什么？
11. 有租约限制的房地产价值、无租约限制的房地产价值和承租人权益的价值，三者之间有怎样的关系？
12. 土地使用年限届满的时间与建筑物经济寿命结束的时间不一致时，如何确定收益年限？
13. 何谓报酬率？其实质是什么？
14. 报酬率与投资风险有怎样的关系？
15. 何谓求取报酬率的市场提取法？如何利用这种方法求取报酬率？
16. 何谓求取报酬率的累加法？如何利用这种方法求取报酬率？
17. 何谓求取报酬率的投资报酬率排序插入法？如何利用这种方法求取报酬率？

技能训练

1. 在充分了解当地的投资及房地产市场的基础上，结合特定估价对象实际情况，确定估价对象的报酬率。

2. 就近分类调查搜集当地出租或营业房地产的收益、费用等资料，并求取同类房地产净收益的平均值，得出出租或营业房地产的客观净收益数值。

课题三 直接资本化法

一、直接资本化法概述

(一) 直接资本化法的含义和基本公式

直接资本化法是预测估价对象未来第一年的收益，然后以第一年的收益除以合适的资本化率或乘以合适的收益乘数，以此求取估价对象价值的方法。其中，用未来第一年的收益乘以合适的收益乘数求取估价对象价值的方法，称为收益乘数法。而预测的未来第一年的收益有时用当前的收益代替。可用于直接资本化的收益类型主要有潜在毛收入、有效毛收入和净收益。

1. 用资本化率求取房地产价值

资本化率是房地产的年收益与其价格的比率，即：

$$资本化率 = \frac{年收益}{价格} \tag{4-17}$$

利用资本化率将年收益转换为价值的直接资本化法的常用公式为：

$$V = \frac{NOI}{R} \qquad (4-18)$$

式中：V——房地产价值；
NOI——房地产未来第一年的净收益；
R——资本化率。

因此，利用市场提取法求取资本化率的常用公式为：

$$R = \frac{NOI}{V} \qquad (4-19)$$

2. 用收益乘数求取房地产价值

收益乘数是房地产的价格除以其某种年收益所得的倍数，即：

$$\text{收益乘数} = \frac{\text{价格}}{\text{年收益}} \qquad (4-20)$$

因此，利用收益乘数将年收益转换为房地产价值的直接资本化法公式为：

$$\text{房地产价值} = \text{年收益} \times \text{收益乘数} \qquad (4-21)$$

（二）几种收益乘数法

与不同的收益类型相对应，收益乘数也有潜在毛收入乘数（PGIM）、有效毛收入乘数（EGIM）和净收益乘数（NIM）。因此，收益乘数法有潜在毛收入乘数法、有效毛收入乘数法和净收益乘数法。

1. 潜在毛收入乘数法

潜在毛收入乘数法是用估价对象未来第一年的潜在毛收入（PGI）乘以潜在毛收入乘数（PGIM）求取估价对象价值的方法，即：

$$V = PGI \times PGIM \qquad (4-22)$$

潜在毛收入乘数是类似房地产的价格除以其年潜在毛收入所得的倍数，即：

$$PGIM = \frac{V}{PGI} \qquad (4-23)$$

潜在毛收入乘数法没有考虑房地产的空置率和运营费用的差异。如果估价对象与可比实例房地产的空置率差异不大，并且运营费用比率相似，则使用潜在毛收入乘数法是一种简单可行的方法。但总体来说，该方法较粗糙，适用于估价对象资料不充分或精度要求不高的估价。

2. 有效毛收入乘数法

有效毛收入乘数法是用估价对象未来第一年的有效毛收入（EGI）乘以有效毛收入乘数（EGIM）求取估价对象价值的方法，即：

$$V = EGI \times EGIM \qquad (4-24)$$

有效毛收入乘数是类似房地产的价格除以其年有效毛收入所得的倍数，即：

$$EGIM = \frac{V}{EGI} \qquad (4-25)$$

有效毛收入乘数法考虑了房地产的空置和租金损失。因此，当估价对象与可比实例房地产的空置率有较大差异，而且这种差异预计还将继续下去时，使用有效毛收入乘数法比使用潜在毛收入乘数法更为合适。由于有效毛收入乘数法没有考虑运营费用的差异，因而也只适用于粗略估价。

3. 净收益乘数法

净收益乘数法是用估价对象未来第一年的净收益（NOI）乘以净收益乘数（NIM）求取估价对象价值的方法，即：

$$V = \text{NOI} \times \text{NIM} \quad (4-26)$$

净收益乘数是类似房地产的价格除以其年净收益所得的倍数，即：

$$V = \text{NOI} \times \text{NIM}$$

$$\text{NIM} = \frac{V}{\text{NOI}} \quad (4-27)$$

相比于潜在毛收入乘数法和有效毛收入乘数法，净收益乘数法是一种更可靠的价值测算方法。

由于净收益乘数与资本化率是互为倒数的关系，因此通常很少直接采用净收益乘数法的形式，而是采用资本化率将净收益转换为价值的形式，即：

$$V = \frac{\text{NOI}}{R} \quad (4-28)$$

二、资本化率和收益乘数的求取方法

资本化率和收益乘数都可以采用市场提取法，即通过市场上近期交易的与估价对象的净收益流模式（包括净收益的变化、收益年限的长短）等相同的许多类似房地产的有关资料（由这些资料求得年收益和价格）求取。综合资本化率（R）还可以通过净收益率（NIR）与有效毛收入乘数（EGIM）之比、资本化率与报酬率的关系（见后面"资本化率与报酬率的区别和关系"）及投资组合技术（见本章第四节）求取。

通过净收益率与有效毛收入乘数之比求取综合资本化率的公式为：

$$V = \frac{\text{NIR}}{\text{EGIM}} \quad (4-29)$$

因为

$$\text{NIR} = 1 - \text{OER}$$

所以又有

$$R = \frac{1 - \text{OER}}{\text{EGIM}} \quad (4-30)$$

如果可比实例与估价对象的净收益流模式相同，可用估价对象的净收益率或运营费用率和可比实例的有效毛收入乘数，求取估价对象的综合资本化率。

三、资本化率与报酬率的区别和关系

资本化率（R）和报酬率（Y）都是将房地产的净收益转换为价值的比率，但两者有很大区别：

（1）资本化率是在直接资本化法中采用的，是一步就将房地产的预期收益转换为价值的比率；报酬率是在报酬资本化法中采用的，是通过折现的方式将房地产的预期收益转换为价值的比率。

（2）资本化率是房地产的某种年收益（通常是未来第一年的净收益）与其价格的比率，仅仅表示从净收益到价值的比率，并不明确地表示获利能力；报酬率则是用每期投入的成本来除以未来各期的净收益，以求得未来各期净收益现值的比率。

(3) 在报酬资本化法中,如果净收益流模式不同,则具体的计算公式就有所不同。但不论采用哪一种报酬资本化公式,公式中的 Y 就是报酬率。

而直接资本化法中的资本化率是不区分净收益流模式的,所有情况下的未来第一年的净收益与价值的比率(A/V)都是资本化率。所以,在净收益每年不变且收益期限为无限年的报酬资本化法公式中,资本化率正好等于报酬率,即

$$R=Y$$

而在净收益每年不变但收益期限为有限年的报酬资本化法公式中,资本化率就不等于报酬率。在这种情况下,资本化率与报酬率的关系变为:

$$R=\frac{Y(1+Y)^n}{(1+Y)^n-1}$$

可见,报酬率与净收益本身的变化以及收益期限的长短等无直接关系;资本化率则与净收益本身的变化以及收益期限的长短等有直接关系。

【例4-10】某宗房地产的未来净收益流见表4-4,报酬率为10%。试求其资本化率。

表4-4 某宗房地产的未来净收益流

年 份	1	2	3	4	5
净收益(元)	5 000	5 250	5 600	5 850	65 000

【解】(1) 求取该宗房地产的价值。该宗房地产的价值为其未来每年净收益的现值之和,计算结果见表4-5。

表4-5 某宗房地产未来净收益的现值及价值

年 份	1	2	3	4	5	合 计
净收益(元)	5 000	5 250	5 600	5 850	65 000	
现值(元)	4 545.45	4 338.84	4 207.36	3 995.63	40 359.89	57 447.17

(2) 求该宗房地产的资本化率。资本化率为其未来第一年的净收益与价值的比率,即:

$$R=\frac{5\ 000}{57\ 447.17}=8.7\%$$

注意:由于例4-10中房地产的净收益流是无规则变动的,所以资本化率与报酬率之间没有明显的严格数学关系。

四、直接资本化法与报酬资本化法的比较

1. 直接资本化法的优缺点

直接资本化法的优点:①不需要预测未来多年的净收益,通常只需要测算未来第一年的收益;②资本化率或收益乘数直接来源于市场上所显示的收益与价值的关系,能较好地反映市场的实际情况;③计算过程较为简单。

但由于直接资本化法利用的是未来第一年的收益资本化,所以要求有较多与估价对象的净收益流模式相同的类似房地产来求取资本化率或收益乘数,对可比实例的依赖很强。例如,要求选取的类似房地产的收益变化与估价对象的收益变化相同,否则估价结果会有误。假设估价对象的净收益每年上涨2%,而选取的类似房地产的净收益每年上涨3%,如果以该房地产的资本化率8%将估价对象的净收益转换为价值时,则会高估估价对象的价值。

2. 报酬资本化法的优缺点

报酬资本化法的优点：①指明了房地产的价值是其未来各期净收益的现值之和，这既是预期原理的形象表述，又考虑了资金的时间价值，逻辑严密，有充分的理论基础；②每期的净收益或现金流量都是明确的，直观且容易理解；③由于具有同等风险的任何投资的报酬率应该是相近的，所以不必直接依靠与估价对象的净收益流模式相同的房地产求取报酬率，而可以通过其他具有同等风险的投资的收益率来求取报酬率。

但是，由于报酬资本化法需要预测未来各期的净收益，所以较多地依赖于估价人员的主观判断，并且各种简化的净收益流模式不一定符合实际情况。

当相似的预期收益存在大量的可比市场信息时，直接资本化法会是相当可靠的。当市场可比信息缺乏时，报酬资本化法则能提供一个相对可靠的评估价值，因为估价人员可以通过投资者在有同等风险的投资上要求的收益率来确定估价对象的报酬率。

基础训练

1. 什么是资本化率？资本化率与报酬率的区别及相互之间的关系是什么？
2. 什么是收益乘数？有哪几种收益乘数？
3. 什么是收益乘数法？有哪几种收益乘数法？
4. 净收益乘数与资本化率之间的关系是什么？
5. 直接资本化法与报酬资本化法各有什么优缺点？使用的条件有什么不同？

课题四　投资组合技术和剩余技术

收益法中，可以从房地产的物理构成（土地与建筑物）或资金构成（抵押贷款与自有资金）中求出各构成部分的报酬率或资本化率，或者将其报酬率和资本化率运用到各构成部分测算其价值。

一、投资组合技术

投资组合技术主要有土地与建筑物的组合和抵押贷款与自有资金的组合。

(一)土地与建筑物的组合

运用直接资本化法估价，由于估价对象不同，例如评估的是房地价值，还是土地价值，或是建筑物价值，采用的资本化率应有所不同，相应的资本化率分别是综合资本化率、土地资本化率和建筑物资本化率。

综合资本化率是求取房地价值时应采用的资本化率，对应的净收益是建筑物及其占用范围内的土地共同产生的净收益。即评估土地与建筑物综合体的价值时，应采用房地共同产生的净收益，同时应选用综合资本化率将其资本化。

土地资本化率是求取土地价值时应采用的资本化率，对应的净收益是土地产生的净收益（即仅归属于土地的净收益），不包含建筑物带来的净收益。同理，建筑物资本化率是求取建筑物价值时应采用的资本化率。这时对应的净收益应是建筑物产生的净收益（即仅归属于建筑物的净收益），不包含土地带来的净收益。

综合资本化率、土地资本化率、建筑物资本化率三者既严格区分，又相互联系。如果能从可比实例房地产中求出其中两种资本化率，便可利用下列关系式求出另外一种资本化率：

$$R_O = \frac{V_L \times R_L + V_B \times R_B}{V_L + V_B}$$

$$R_L = \frac{(V_L + V_B)R_O - V_B \times R_B}{V_L} \qquad (4-31)$$

$$R_B = \frac{(V_L + V_B)R_O - V_L \times R_L}{V_B}$$

式中：R_O——综合资本化率；
R_L——土地资本化率；
R_B——建筑物资本化率；
V_L——土地价值；
V_B——建筑物价值。

利用上述公式求取资本化率时，必须知道土地价值和建筑物价值，有时难以做到。但如果知道了土地价值或建筑物价值占房地价值的比率，也可以找出三者的关系，公式为：

$$R_O = L \times R_L + B \times R_B$$
$$\text{或者} \quad R_O = L \times R_L + (1-L) \times R_B \qquad (4-32)$$
$$\text{或者} \quad R_O = (1-B) \times R_L + B \times R_B$$

式中：L——土地价值占房地价值的比率；
B——建筑物价值占房地价值的比率（$L+B=100\%$）。

【例4-11】某宗房地产的土地价值占总价值的40%，建筑物价值占总价值的60%，由可比实例房地产所求出的土地资本化率为6%，建筑物资本化率为8%。试计算该房地产的综合资本化率。

【解】该房地产的综合资本化率为：
$$R_O = L \times R_L + B \times R_B = 40\% \times 6\% + 60\% \times 8\% = 7.2\%$$

(二)抵押贷款与自有资金的组合

在现代社会中，房地产市场与金融市场紧密联系，购买房地产的资金通常由两部分构成：一部分为自有资金（权益资本），另一部分为抵押贷款。因此，房地产的报酬率必须同时满足两部分资金对报酬的要求：贷款者（如贷款银行）要求得到与其贷款所冒风险相当的贷款利率报酬；自有资金投资者要求得到与其投资所冒风险相当的投资报酬。由于抵押贷款通常是分期偿还的，所以抵押贷款与自有资金的组合通常不是利用抵押贷款利率和自有资金报酬率求取房地产的报酬率，而是利用抵押贷款资本化率和自有资金资本化率求取综合资本化率，这时综合资本化率为抵押贷款资本化率与自有资金资本化率的加权平均数，即：

$$R_O = M \times R_M + (1-M) \times R_E \qquad (4-33)$$

式中：M——贷款价值比，也称为贷款成数，是抵押贷款金额占房地产价值的比率；
R_M——抵押贷款资本化率，等于抵押贷款常数；
R_E——自有资金资本化率。

公式(4-33)中，抵押贷款常数一般采用年抵押贷款常数，它是年偿还额（还本付息额）与抵押贷款金额的比率。如果抵押贷款是按月偿还的，则年抵押贷款常数是将每月的偿还额乘以12，然后除以抵押贷款金额；或者将月抵押贷款常数（每月的偿还额与抵押贷款金额的比

率)乘以 12。在分期等额本息偿还贷款的情况下,由于等额还款额为:

$$A_M = \frac{V_M \times Y_M}{\left[1 - \frac{1}{(1+Y_M)^n}\right]} \tag{4-34}$$

则抵押贷款常数的计算公式为:

$$R_M = \frac{A_M}{V_M} = \frac{Y_M(1+Y_M)^n}{(1+Y_M)^n - 1} = Y_M + \frac{Y_M}{(1+Y_M)^n - 1} \tag{4-35}$$

式中:A_M——等额还款额;

V_M——抵押贷款金额;

Y_M——抵押贷款报酬率,即抵押贷款利率(i);

n——抵押贷款期限。

自有资金资本化率是税前现金流量(从净收益中扣除抵押贷款还本付息额后的余额)与自有资金额的比率,通常为未来第一年的税前现金流量与自有资金额的比率,可以通过市场提取法由可比实例房地产的税前现金流量除以自有资金额算出。

综合资本化率必须同时满足贷款人对还本付息额的要求和自有资金投资者对税前现金流量的要求。以下几点有助于理解抵押贷款与自有资金组合的公式:

(1)把购买收益性房地产视作一种投资行为,房地产价格为投资额,房地产净收益为投资收益。

(2)购买房地产的资金来源可分为抵押贷款和自有资金两部分。即:

$$抵押贷款金额 + 自有资金额 = 房地产价格 \tag{4-36}$$

(3)房地产的收益相应由这两部分资本来分享,即:

$$房地产净收益 = 抵押贷款收益 + 自有资金收益 \tag{4-37}$$

(4)于是就有如下关系式:

$$房地产价格 \times 综合资本化率 = 抵押贷款金额 \times \begin{matrix}抵押贷\\款常数\end{matrix} + 自有资金额 \times \begin{matrix}自有资金\\资本化率\end{matrix} \tag{4-38}$$

$$综合资本化率 = \frac{抵押贷款金额}{房地产价格} \times \begin{matrix}抵押贷\\款常数\end{matrix} + \frac{自有资金额}{房地产价格} \times \begin{matrix}自有资金\\资本化率\end{matrix}$$

$$= \begin{matrix}贷款价\\值比率\end{matrix} \times \begin{matrix}抵押贷\\款常数\end{matrix} + \left(1 - \begin{matrix}贷款价\\值比率\end{matrix}\right) \times \begin{matrix}自有资金\\资本化率\end{matrix}$$

【例 4-12】购买某类房地产通常抵押贷款占七成,抵押贷款年利率为 6%,贷款期限 20年,按月等额偿还本息。通过可比实例房地产计算出的自有资金资本化率为 8%。试计算该类房地产的综合资本化率。

【解】首先计算抵押贷款常数(R_M):

$$R_M = Y_M + \frac{Y_M}{(1+Y_M)^n - 1} = \left[6\%/12 + \frac{6\%/12}{(1+6\%/12)^{20 \times 12} - 1}\right] \times 12 = 8.6\%$$

再计算综合资本化率:

$$R_O = M \times R_M + (1-M) \times R_E = 70\% \times 8.6\% + (1-70\%) \times 8\% = 8.42\%$$

二、剩余技术

剩余技术是当已知整个房地产的净收益、其中某一构成部分的价值和各构成部分的资本化率或报酬率时,从整体房地产的净收益中扣除归属于已知构成部分的净收益,求出归属于另一构成部分的净收益,再将它除以相应的资本化率或选用相应的报酬率予以资本化,得出房地产中未知构成部分的价值的方法。此外,把求得的未知构成部分的价值加上已知构成部分的价值可得到整体房地产的价值。剩余技术主要有土地剩余技术和建筑物剩余技术,另外还有自有资金剩余技术和抵押贷款剩余技术。

(一)土地剩余技术

房地共同产生收益,但如果采用收益法以外的方法(如成本法)能求得其中的建筑物价值时,可利用收益法公式求得归属于建筑物的净收益,然后从房地净收益中扣除归属于建筑物的净收益,得到归属于土地的净收益,再除以土地资本化率或选用土地报酬率予以资本化,即可求得土地价值。这种剩余技术就是土地剩余技术。

1. 直接资本化法的土地剩余技术公式

直接资本化法的土地剩余技术公式:

$$V_L = \frac{A_O - V_B \times R_B}{R_L} \tag{4-39}$$

式中:A_O——房地净收益(通常是基于房租求取的净收益)。

2. 报酬资本化法的土地剩余技术公式

在净收益每年不变、收益期限为有限年情况下的土地剩余技术公式为:

$$V_L = \frac{A_O - \dfrac{V_B \times Y_B}{\left[1 - \dfrac{1}{(1+Y_B)^n}\right]}}{Y_L} \left[1 - \frac{1}{(1+Y_L)^n}\right] \tag{4-40}$$

式中:Y_B——建筑物报酬率;

Y_L——土地报酬率。

如果将土地价值与建筑物价值相加,可得到房地(整个房地产)价值。

【例4-13】某宗房地产每年净收益为50万元,建筑物价值为300万元,建筑物资本化率为10%,土地资本化率为8%。试测算该宗房地产的价值。

【解】该宗房地产的价值计算如下:

$$V_L = \frac{A_O - V_B \times R_B}{R_L} = \frac{50 - 300 \times 10\%}{8\%} = 250(万元)$$

$$V_O = V_L + V_B = 250 + 300 = 550(万元)$$

在土地难以采用其他估价方法估价时,土地剩余技术是有效的方法。例如城市商业区的土地,有时没有可参照的土地交易实例,难以采用市场法估价,成本法往往也不适用,但存在着大量的房屋出租、商业经营行为,此时可采用土地剩余技术估价。另外,在需要对附有旧建筑物的土地进行估价时,虽然采用市场法可求得假设该旧建筑物不存在时的空地价值,但对于因附有旧建筑物而导致的土地价值降低应减价多少,市场法通常难以解决,这时如果运用土地剩余技术便可以求得。

(二)建筑物剩余技术

房地共同产生收益,但如果采用收益法以外的方法(如市场法)能求得土地的价值时,可利用收益法公式求得归属于土地的净收益,然后从房地共同产生的净收益中扣除归属于土地的净收益,得到归属于建筑物的净收益,再除以建筑物资本化率或选用建筑物报酬率予以资本化,即可求得建筑物的价值。这种剩余技术就是建筑物剩余技术。

1. 直接资本化法的建筑物剩余技术公式

直接资本化法的建筑物剩余技术公式为：

$$V_B = \frac{A_O - V_L \times R_L}{R_B} \quad (4-41)$$

2. 报酬资本化法的建筑物剩余技术公式

在净收益每年不变、收益年限为有限年情况下的建筑物剩余技术公式为：

$$V_B = \frac{A_O - \dfrac{V_L \times Y_L}{\left[1 - \dfrac{1}{(1+Y_L)^n}\right]}}{Y_B} \left[1 - \frac{1}{(1+Y_B)^n}\right] \quad (4-42)$$

另外,将建筑物价值与土地价值相加,可得到整个房地产的价值。

建筑物剩余技术对检验建筑物相对于土地是否规模过大或过小很有用处。此外,还可用来测算建筑物的折旧。将建筑物的重新购建价格减去运用建筑物剩余技术求取的建筑物价值,即为建筑物的折旧。

(三)自有资金剩余技术

自有资金剩余技术是在已知房地产抵押贷款金额的情况下,求取自有资金权益价值的剩余技术。它是先根据从市场上得到的抵押贷款条件(包括贷款金额、贷款利率、贷款期限等),计算出贷款的年还本付息额,再把它从净收益中扣除,得到税前净现金流量,然后除以自有资金资本化率,得到自有资金权益价值。

直接资本化法的自有资金剩余技术的公式为：

$$V_E = \frac{A_O - V_M \times R_M}{R_E} \quad (4-43)$$

式中：V_E——自有资金权益价值。

自有资金剩余技术对测算抵押房地产的自有资金权益价值特别有用。如果将抵押贷款金额加上自有资金权益价值,就可得到整个房地产的价值。

(四)抵押贷款剩余技术

抵押贷款剩余技术是在已知自有资金数量的情况下,求取抵押贷款金额或价值的剩余技术。它是从净收益中减去在自有资金资本化率下能满足自有资金的收益,得到属于抵押贷款部分的收益,然后除以抵押贷款常数得到抵押贷款金额或价值。

直接资本化法的抵押贷款剩余技术的公式为：

$$V_M = \frac{A_O - V_E \times R_E}{R_M} \quad (4-44)$$

抵押贷款剩余技术是假设投资者愿意投在房地产上的自有资金数量已确定,并且假设投资者需要从房地产中得到特定的自有资金资本化率也已确定,那么贷款金额则取决于可作为抵押贷款偿还额的剩余现金流量和抵押贷款常数。

在正常情况下,抵押贷款剩余技术对已设立其他抵押的房地产进行估价时不适用,因为这时剩余的现金流量不完全归自有资金投资者所有,它还必须先偿还原有抵押贷款的债务。

基础训练

1. 综合资本化率、土地资本化率、建筑资本化率的三者的含义及相互关系如何?
2. 综合资本化率、抵押贷款常数、自有资金资本化率三者的含义及相互关系如何?
3. 抵押贷款常数如何计算?
4. 什么是剩余技术?主要有哪些剩余技术?
5. 什么是税前现金流量?它与净收益有何不同?在何种估价下采用税前现金流量?

课题五 收益法应用示例

项目名称:某写字楼估价。

训练目的:掌握收益法估价的操作步骤与测算。

估价对象概况:估价对象是一座供出租的写字楼,土地总面积 12 000 m²,总建筑面积 52 000 m²,建筑物层数为地上 22 层、地下 2 层,建筑结构为钢筋混凝土结构;土地使用年限为 50 年,从 2006 年 5 月 15 日起计。

估价要求:运用收益法评估该写字楼 2011 年 5 月 15 日的购买价格。

估价操作及测算过程:

1. 选择估价方法

该宗房地产是供出租的写字楼,为收益性房地产,适用收益法估价,故选用收益法。具体是选用收益法中的报酬资本化法,公式为:

$$V = \sum_{i=1}^{n} \frac{A_i}{(1+Y)^i}$$

2. 搜集有关资料

通过估价人员对估价对象的正常租金、出租率、经常费等认真调查和了解,并与当地类似写字楼就上述方面进行比较分析,得出估价对象的有关情况和正常客观数据资料如下:

(1)租金收益按净使用面积计。可供出租的净使用面积占总建筑面积的 60%,共计为 31 200 m²,其余部分为大厅、公共过道、楼梯、电梯、公共卫生间、大楼管理人员用房、设备用房等占用的面积。

(2)月租金平均为 35 元/m²(净使用面积)。

(3)出租率年平均为 90%。

(4)经常费平均每月 10 万元,包括人员工资、水电、空调、维修、清洁、保安等费用。

(5)房产税以房产租金收入为计税依据,税率为 12%。

(6)其他税费(包括城镇土地使用税、营业税等)为租金收入的 6%。

3. 测算年有效毛收入

年有效毛收入 = 31 200 × 35 × 12 × 90% = 1 179.36(万元)

4. 测算年运营费用：

(1)经常费：

$$年经常费 = 10 \times 12 = 120.00(万元)$$

(2)房产税：

$$年房产税 = 1\ 179.36 \times 12\% = 141.52(万元)$$

(3)其他税费：

$$年其他税费 = 1\ 179.36 \times 6\% = 70.76(万元)$$

(4)年运营费用：

年运营费用 = 年经常费 + 年房产税 + 年其他税费 = 120.00 + 141.52 + 70.76 = 332.28(万元)

5. 计算年净收益

年净收益 = 年有效毛收入 － 年运营费用 = 1 179.36 － 332.28 = 847.08(万元)

6. 确定报酬率

在调查市场上相似风险的投资所要求的报酬率的基础上，确定报酬率为10%。

7. 计算房地产价格

根据估价对象房地产和类似房地产过去的收益变动情况，经分析判断该房地产的预期净收益基本上每年不变，且因收益期限为有限年，故选用的具体估价计算公式为：

$$V = \frac{A}{Y}\left[1 - \frac{1}{(1+Y)^n}\right]$$

上述公式中的收益期限 n 等于45年（从2006年5月15日起计土地使用年限为50年，2006年5月15日到2011年5月15日为5年，则此后的收益期限为45年），则：

$$V = \frac{847.08}{10\%} \times \left[1 - \frac{1}{(1+10\%)^{45}}\right] = 8\ 354.59(万元)$$

确定估价结果：根据上述计算结果，并参考估价人员的估价经验，确定本估价对象房地产于2011年5月15日的购买总价为8 355万元，约每平方米建筑面积1 606.73元。

能力拓展训练

案例资料（一）：详细内容见本课题"情境案例"。

任务：请按照收益法估价操作步骤，测算该宗房地产的收益价值。

案例资料（二）：某旅馆共有300张床位，平均每张床位每天向客人实收50元，年平均空房率为30%，平均每月运营费用为14万元。经调查，当地同档次旅馆一般床位价格为每床每天45元，年平均空房率为30%，正常营业每月总运营费用平均为每月总收入的30%；该类房地产的资本化率为10%。

任务：请利用所给资料测算该房地产的价值。

案例资料（三）：某宗房地产建成于2008年8月15日，此后收益年限有48年；2009年8月15日至2012年8月15日分别获得净收益83万元、85万元、90万元和94万元；预计2013年8月15日至2015年8月15日可分别获得净收益95万元、93万元和96万元，从2016年8月15日起每年可获得的净收益将稳定在95万元；该类房地产的报酬率为9%。

任务：请利用上述资料测算该宗房地产2012年8月15日的收益价格。

案例资料（四）：某公司3年前予以写字楼所有权人签订了租赁合同，租用该写字楼中的500m²的面积使用，约定租赁期限10年，月租金固定不变为75元/m²。据调查，目前市场上类似写字楼的月租金为100元/m²，并假设折现率为10%。

任务：试计算目前承租人权益的价值。

案例资料（五）：6年前，甲提供一宗1 000m²、土地使用年限为50年的土地，乙出资300万元人民币，共同合作建设3 000m²建筑面积的房屋。房屋建设期为2年，建成后，其中1 000m²建筑面积归甲所有，2 000m²建筑面积由乙使用20年，期满后无偿归甲所有。现今，乙有意将使用期满后的剩余年限购买下来，甲也乐意出售。据调查得知，现时该类房屋的月租金平均为80元/m²，出租率为85%，年运营费用约占年租赁有效毛收入的35%，报酬率为10%。

任务：试求出乙的购买价。

项目五
成 本 法

学习目标

知识目标

理解并掌握成本法的含义和成本法估价公式;
掌握成本法的适用对象和条件;
熟悉成本法的操作步骤。

能力目标

能界定成本法的适用对象;
能厘清从成本角度出发的房地产价格构成项目并会测算;
能界定建筑物折旧的程度并求取其折旧额。

项目分析

项目概述

对于不具有收益能力且交易量很少的房地产,如何根据其目前的房地产状况估算其价值,就是本项目所要解决的问题。本课题首先介绍成本法的含义、理论依据、适用的估价对象、估价应具备的条件、估价的操作步骤,然后依次介绍成本法的基本公式、重新购建价格构成与求取、建筑物折旧及其求取等知识及其应用。

情境案例

某市经济技术开发区内有一块面积为 15 000 m^2 的土地,该地块的征地费用(含安置、拆迁、青苗补偿费和耕地占用税)为每亩 10 万元,土地开发费为每平方公里 2 亿元,土地开发周期为 2 年,第一年投入资金占总开发费用的 35%,开发商要求的投资回报率为 10%,当地土地出让增值收益率为 15%,银行贷款年利率为 6%,试求该土地的价值。

基本知识与技能

课题一　认识成本法
课题二　房地产价格构成和成本法估价公式
课题三　重新购建价格的求取
课题四　建筑物折旧的求取
课题五　房屋完损等级评定和折旧的有关规定
课题六　成本法运用举例

> 基础与能力训练

课题一　认识成本法

一、成本法含义与理论依据

(一)成本法的含义

成本法是求取估价对象在估价时点的重新购建价格和折旧,然后在重新购建价格中减去折旧,以此求取估价对象价值的方法。重新购建价格是指假设在估价时点重新取得全新状况的估价对象的必要支出,或者重新开发全新状况的估价对象的必要支出及应得利润。折旧是指各种原因造成的估价对象价值的实际减损,其数额为估价对象在估价时点的市场价值与在估价时点的重新购建价格之差。

事实上,成本法是以房地产各个组成部分价格之和为基础求取房地产价值的方法,因此成本法也称为积算法。由此可知成本法中的"成本"并不是通常意义上的成本(不含利润),而是价格(包含利润)。当然,该方法中也用到了通常意义上的成本以及费用、支出、代价、投入等概念。在遇到这些概念时,需要根据上下文的内容判定它们的具体内涵。

成本法的本质是以房地产的重新开发成本为导向求取房地产的价值。通常把成本法测算出的价值称为积算价值。

(二)成本法的理论依据

成本法的理论依据是生产费用价值论——商品的价格是由其生产所必要的费用而决定,具体可从卖方和买方两个角度来考虑。

从卖方的角度看,房地产价格是基于其过去的"生产费用",重在过去的投入,即卖方愿意接受的最低价格(卖价),不能低于其为开发建设该房地产已花费的代价。如果低于该代价,卖方就要亏本。

从买方的角度看,房地产的价格是基于其社会上的"生产费用",类似于"替代原理",是买方愿意支付的最高价格不能高于买方预计重新开发建设该房地产的必要支出及应得利润,否则还不如自己开发(或者委托他人开发)。例如,当房地产为土地与建筑物的综合体时,买方在确定其购买价格时通常会这样考虑:如果自己购买一块相似土地的现时价格是多少,然后在该块土地上建造相同或类似建筑物的现时费用又是多少,此两者之和(含应得利润)便是自己愿意支付的最高价格。当然,如果该房地产中的建筑物是旧的或者质量、性能上存在缺陷,或者建筑物以外还有一些不利因素,则买方在确定其愿意支付的最高价格时还会考虑建筑物折旧,即还要减价。

由上可知,一个是不低于开发已花费的代价(含应得利润),一个是不高于预计重新开发建设的必要支出及应得利润,买卖双方可以接受的共同点是正常的开发代价(包含正常的开发建设费用、税金和利润)。因此,估价对象的价值可以根据重新开发估价对象的必要支出及应得利润来求取。

 知识链接

成本法与市场比较法的相似之处

  成本法虽然在本质和理论依据上与市场比较法不同,但也有相似之处。在成本法中,折旧可以视为一种房地产状况调整,即将估价对象假定为"新的"状况下的重新购建价格,调整为实际上是"旧的"状况下的价格。因此,成本法与市场比较法的本质区别,不在于是否有减去折旧,而在于"重新购建价格"或"可比实例价格"的来源方式。如果是直接来自类似房地产的成交价格,则本质上属于市场比较法;如果是通过房地产价格各组成部分的相加方式求取的,则是成本法。

  以评估一台旧机器的市场价值为例:如果该旧机器的市场价值是通过市场上相同的新机器的市场价格减去折旧来求取,则表面上是成本法,实质上是市场法,这里的折旧实质上是实物状况调整;如果该旧机器的市场价值是通过重新生产相同的新机器的成本(包括原料费、加工费、税金、利润等)减去折旧来求取,则才真正是成本法。

  另外,成本法中房地产价格各个组成部分和折旧的求取,通常可以采用市场比较法。

二、成本法适用对象、条件和操作步骤

(一)成本法适用的估价对象

  新近开发完成的房地产(新开发的房地产)、可以假设重新开发的现有房地产(旧的房地产)、正在开发的房地产(在建工程)、计划开发的房地产(如期房),都可以采用成本法估价。对于很少发生交易而限制了市场法运用,又没有经济收益或没有潜在经济收益而限制了收益法运用的房地产,如学校、医院、图书馆、体育场馆、公园、行政办公楼、军队营房等以公益、公用为目的的房地产,特别适用成本法估价。化工厂、钢铁厂、发电厂、油田、码头、机场等有独特设计或者只针对特定使用者的特殊需要而开发的房地产,以及单独的建筑物或者其装饰装修部分,通常也是采用成本法估价。

  在房地产保险(包括投保和理赔)和房地产损害赔偿中,往往也是采用成本法估价。因为在保险事故发生后或其他损害中,房地产的损毁往往是建筑物局部,需要将其恢复到原貌;对于发生全部损毁的,有时也需要采取重建方式来解决。另外,在房地产市场不活跃或类似房地产交易较少的地区难以采用市场法估价时,通常采用成本法估价。

  成本法一般还适用于评估可独立开发的整体房地产的价值。当采用成本法评估局部房地产的价值时,如评估某幢住宅楼中的某套住宅的价值,通常是先评估整幢住宅楼的平均价值,在此基础上进行楼层、朝向、装饰装修等因素调整后才可得到该套住宅的价值。实际估价中,根据这类房地产的开发方式,还可能需要先求取"小区"的平均价值,然后调整到"幢"的平均价值,在此基础上进行楼层、朝向、装饰装修等因素调整后得出该套住宅的价值。采用成本法评估开发区中某块土地的价值,过程与此类似。

  成本法估价比较费时费力,测算估价对象重新购建价格和折旧都有较大的难度,尤其是那些建筑物过于老旧的房地产。如果建筑物已很破旧,基本上没有了使用价值,这时不宜采用成本法估价。这种情况下,对于建筑物,一般是根据拆除后的残余价值来估价;对于整个房地产,一般采用假设开发法,根据其未来开发完成后的价值减去开发建设的必要支出及应得利润来估价。因此,成本法主要适用于评估建筑物是新的或者比较新的房地产的价值。

(二)成本法估价需要具备的条件

现实中具体一宗房地产的价格,直接取决于其效用而非花费的成本,成本的增加一定要对效用的增加有所作用才能构成价格。就是说,房地产成本的增加并不一定能增加其价值,花费的成本不多也不一定说明其价值不高。价格等于"成本加平均利润"是在较长时期内来看的,并且需要具备两个条件:①自由竞争(即可以自由进出市场);②该种商品本身可以大量重复生产。其原理如下:

首先假设价格正好等于成本加平均利润,并假设此时的供给与需求正好平衡,然后假设有某个因素(如利率上调)导致了供大于求,则在供求规律和利润激励的作用下会出现以下循环:供大于求→价格下降→开发利润率降低→开发投资减少→开发量缩减→供给减少→价格上涨→开发利润率上升→开发投资增加→开发量增加→供给增加→价格下降……显而易见,如果不是在长时期内,或者没有自由竞争,又或商品本身不可以大量重复生产,上述循环就不能成立,价格就不会等于成本加平均利润。

具备上述理想条件的情况是比较少的,因此要求运用成本法估价时要注意"逼近"。特别要注意以下三个问题:

(1)应采用客观成本而不是实际成本。实际成本也称为个别成本,是指某个单位和个人的实际花费;客观成本也称为正常成本,是指假设重新开发时大多数单位和个人的一般花费。

(2)应在客观成本的基础上结合选址、规划设计等分析进行调整。当选址不当或者规划设计不合理等造成的不适合市场需求的房地产,即使开发建造花费的成本(含利润)是正常的,也不会有那么高的价值。

(3)应在客观成本的基础上结合市场供求分析进行调整。当市场供大于求时,应在客观成本的基础上调低评估价值;当供小于求时,应在客观成本的基础上调高评估价值。

运用成本法估价,要求房地产估价人员具有一定的建筑工程、建筑材料、建筑设备、装饰装修和工程造价等方面的知识。

(三)成本法的操作步骤

成本法估价一般分为四个步骤进行:①明确估价对象的价格构成,收集有关资料;②估算估价对象的重新购建价格;③估算估价对象的折旧;④求取估价对象的积算价格。

▌基础训练

1. 什么是成本法?成本法的理论依据是什么?
2. 成本法的适用对象和条件是什么?
3. 成本法的"成本"是成本还是价格?为什么?
4. 成本法估价的操作步骤是什么?

▌技能训练

观察学校周围房地产的类型和用途情况,确定哪些房地产可用成本法估价?

课题二 房地产价格构成和成本法估价公式

一、房地产价格的构成

成本法估价必须要清楚房地产的价格构成。现实中房地产价格的实际构成十分复杂,不同时期、不同地区、不同用途或不同类型的房地产,其价格构成可能不同;还可能因不同的单位或个人对构成项目划分的不同而使房地产价格构成有所不同。运用成本法估价时,最关键的是要模拟估价对象所在地的房地产开发经营过程,深入调查从取得土地开始到房屋竣工验收乃至完成租售的全过程中所需要做的每项工作——获取土地、前期工作、施工建设、竣工验收和商品房租售等,根据在全过程中发生的各项成本、费用、税金等必要支出及其支付或缴纳的标准、时间和依据,以及正常的开发利润,进而整理出这些成本、费用、税金和利润等清单。在此基础上结合估价对象的实际情况,确定估价对象的价格构成,进而测算出各个构成项目的数额。

下面以房地产开发企业取得房地产开发用地进行商品房建设,进而销售商品房这种典型的开发经营方式为例,并从便于测算房地产价格构成项目金额的角度,把房地产价格构成分为土地取得成本、建设成本、管理费用、销售费用、投资利息、销售税费和开发利润7项,即:

$$房地产价格 = 土地取得成本 + 建设成本 + 管理费用 + 销售费用 + 投资利息 + 销售税费 + 开发利润 \quad (5-1)$$

其中,土地取得成本和建设成本之和,称为直接成本,即:

$$直接成本 = 土地取得成本 + 建设成本 \quad (5-2)$$

土地取得成本、开发建设成本、管理费用、销售费用、投资利息、销售税费之和,称为开发成本,即:

$$开发成本 = 土地取得成本 + 建设成本 + 管理费用 + 销售费用 + 投资利息 + 销售税费 \quad (5-3)$$

(一)土地取得成本

土地取得成本也称为土地费用,是指取得房地产开发用地的必要支出,包括土地开发补偿费(如土地和房屋征收补偿费、相关税费、地上物拆除费、渣土清运费、场地平整费等)、城市基础设施建设费、建设用地使用权出让金和土地取得税费等。

在完善的市场经济下,土地取得成本一般是由购置土地的价款和在购置时应由开发商(买方)缴纳的税费构成。我国目前取得房地产开发用地主要有市场购置、征收国有土地上的房屋和征收集体土地三个途径,实际估价中根据具体取得途径和相应土地取得成本构成来求取。

1. 市场购置下的土地取得成本

一般由购置土地的价款、应由买方(房地产开发企业)缴纳的税费和可直接归属于该土地的其他支出构成。目前主要是购买政府招标、拍卖、挂牌出让或者其他房地产开发企业转让的已完成土地房屋征收补偿的建设用地使用权。土地取得费用一般包括:

(1)建设用地使用权价格(简称地价款)。主要采用市场法求取,也可采用基准地价修正法、成本法求取。

(2)土地取得税费。它包括契税、印花税、交易手续费等。通常是根据税法及政府有关规定,按照建设用地使用权价格的一定比例测算。

2. 征收国有土地上房屋的土地取得成本

一般包括房屋征收补偿费用、相关费用、地上物拆除费、渣土清运费、场地平整费以及城市基础设施建设费、建设用地使用权出让金等。

房屋征收补偿费用一般由五项费用构成：①被征收房屋补偿费。它是指对被征收房屋价值的补偿。被征收房屋价值包括被征收房屋及其占用范围内的土地使用权和其他不动产的价值，由房地产估价机构评估确定。②搬迁费。它是指需要搬迁的家具家电、机器设备等动产拆卸、搬迁和重新安装费用补助。③临时安置费。这项费用根据被征收房屋的区位、用途、建筑面积等因素，按类似房地产的市场租金结合过渡期确定。④停产停业损失补偿费。这项费用由因征收房屋造成停业的，根据房屋征收前的收益、停产停业期限等因素确定。⑤补助和奖励。

相关费用一般包括：①房屋征收评估费。它是承担征收房屋估价的房地产估价机构向房屋征收部门收取的费用。②房屋征收服务费。这是承担房屋征收和补偿具体工作的房屋征收实施单位向房屋征收部门收取的费用。③政府规定的其他有关费用。

3. 征收集体土地的土地取得成本

一般包括土地征收补偿费用、相关税费、地上物拆除费、渣土清运费、场地平整费以及城市基础设施建设费、建设用地使用权出让金等。

土地征用补偿费用一般由下列四项费用组成：①土地补偿费；②安置补助费；③地上附着物和青苗补偿费；④安排被征地农民的社会保障费用。具体测算依据有关法律法规和省级人民政府的规定进行。

相关税费一般包括下列费用和税金：①新菜地开发建设基金（征收城市郊区菜地的），缴纳标准由省、自治区、直辖市规定；②耕地开垦费（占用耕地的）；③耕地占用税（占用耕地的）；④征地管理费；⑤政府规定的其他有关费用。

土地征用补偿费用和相关税费的具体标准，请参见《中华人民共和国土地管理法》等相关法律法规和地方政府的有关规定。

城市基础设施建设费和建设用地使用权出让金，一般是依照规定的标准或者采用市场比较法求取。

（二）建设成本

建设成本是指在取得的房地产开发用地上进行基础设施建设、房屋建设所需的直接费用、税金等，主要包括：

（1）勘察设计和前期工程费。如市场调研、可行性研究、项目规划、工程勘察、环境影响评价、交通影响评价、规划及建筑设计、建设工程招标，以及施工通水、通电、道路、场地平整（三通一平）施工和临时用房施工等房地产开发项目前期工作的必要支出。要注意，如果取得成本中包含了地上物拆除费、渣土清运费和场地平整费，或者取得的房地产开发用地是"七通一平"等状况的熟地，则在此就只有部分或者没有场地平整等费用。

（2）基础设施建设费，包括按城市规划要求配套的道路、给水、排水、电力、通讯、燃气、供热等设施的建设费用。如果取得的房地产开发用地是熟地，则基础设施建设费部分或全部就包含在土地取得成本中了，在此就只有部分或没有基础设施建设费。

（3）建筑安装工程费，包括建造商品房及附属工程所发生的土建工程费、安装工程费和装饰装修工程费等费用。附属工程指房屋周围的围墙、水池、建筑小品、绿化等。

(4)公共配套设施建设费,包括城市规划要求配套的教育(如幼儿园)、医疗卫生(如医院)、文化教育(如文化活动中心)、社区服务(如居委会)、市政公用(如公共厕所)等非营业性设施的建设费用。

(5)其他工程费,包括工程监理费、竣工验收费等。

(6)开发期间税费,包括有关税收和地方政府或有关部门收取的费用,如绿化建设费、人防工程费等。

(三)管理费用

管理费用是指房地产开发企业(开发商)组织和管理房地产开发经营活动的必要支出。管理费用包括开发商的人员工资及福利费、办公费、差旅费等,可总结为土地取得成本与开发成本之和的一定比例(如4%)。因此,管理费用通常按土地取得成本与建设成本之和的一定比例估算。

(四)销售费用

销售费用是指预售或销售开发完成的房地产的必要支出,包括广告费、销售资料制作费、售楼处建设费、样板房或样板间建设费、销售人员费用或者销售代理费等。为便于投资利息的计算,销售费用应区分为销售之前发生的费用和与销售同时发生的费用。广告费、销售资料制作费、售楼处建设费、样板房或样板间建设费一般是在销售之前发生的,销售代理费一般是与销售同时发生的。销售费用通常按照开发完成后的房地产价值的一定比例(如3%)来测算。

(五)投资利息

投资利息与财务费用不完全相同,是指在房地产开发完成或者实现销售之前发生的所有必要费用应计算的利息(不仅是借款部分的利息和手续费)。因此,土地取得成本、建设成本、管理费用和销售费用,无论它们是借贷资金还是自有资金,都应计算利息。因为借贷资金要支付贷款利息,自有资金要放弃可得的存款利息,即基于资金的机会成本考虑。另外,从估价的角度来看,为使评估价值合理,需要把开发商自有资金应得的利息与其应获得的利润分开,不能算做利润。

计算投资利息需要把握以下五个方面:

(1)计息项目。应该计息的项目包括土地取得成本、建设成本、管理费用和销售费用。销售税费一般不计算利息。

(2)计息周期。计息周期是计算利息的单位时间。它可以是年、半年、季、月等,通常为年。

(3)计息期(计息周期数)。为确定每项费用的计息期,首先要估算整个房地产开发项目的建设期(开发期)。在成本法中,建设期的起点一般是取得房地产开发用地的日期,终点是达到全新状况的估价对象的日期,因为一般是假设在估价时点达到全新状况的估价对象,所以建设期的终点一般是估价时点。当估价对象为现房的,一般是假设估价对象在估价时点竣工验收完成。例如,采用成本法评估某幢旧写字楼现在的价值,根据现在建设相同或相似写字楼从取得土地到竣工验收完成,正常需要24个月,则估算该写字楼的建设期应为24个月。虽然该写字楼早已建成,但成本法估价要假设该写字楼是在估价时点时建成,这就相当于在24个月前就开始取得土地,然后进行建设。

对在土地上进行房屋建设的情况来说,建设期又可分为前期和建造期。前期是自取得房地产开发用地之日起至动工开发(开工)之日止的时间。建造期是自动工开发之日起至房屋竣工之日止的时间。建设期一般能较准确地估算,但现实中由于某些特殊因素的影响,可能使建设期延长。如取得土地时遇到"钉子户",基础开挖中发现重要文物,原计划筹措的资金不能按时到位,某些建筑材料、设备不能按时到货,或者发生劳资纠纷,遭遇异常或恶劣天气,以及政治经济形势发生突变等一系列因素,都可能导致工程停工,从而使建设期延长。但是,在估算建设期时,一般不考虑这类非正常因素。

估算开发期可采用类似于市场法的方法,即通过类似房地产已发生的开发期的比较、修正或调整来确定。

确定开发期后,便可估算土地取得成本、建设成本、管理费用、销售费用在该建设期发生的时间及金额。各项成本和费用的金额,均应按照它们在估价时点的正常水平来估算,而不是按照它们在过去发生时的实际或过去正常水平来估算。

某项费用的计息期,是该项费用应计算利息的时间长度。计息期的起点是该项费用发生的时点,终点通常是建设期的终点,一般不考虑预售和延迟销售的情况。需要说明的是,有些费用通常不是集中在一个时点发生,而是分散在一段时间内不断发生,但计息时通常将其假设为在所发生的时间段内均匀发生,并具体视为集中发生在该时间段的期中。

(4)计息方式。计息方式有单利和复利两种。单利是指每期均按原始本金计算利息(只有本金计算利息,本金产生的利息不计算利息)。复利是指以上一期的利息加本金为基数计算当期利息的方法。在复利计息下,不仅本金要计算利息,而且利息也要计算利息,即通常所说的"利滚利"。

(5)利率。利率又称利息率,是用百分比表示的单位时间内增加的利息与原金额之比。利率有单利利率和复利利率、存款利率和贷款利率、名义利率和实际利率等形式。投资利息计算中一般采用估价时点的房地产开发贷款的平均利率,并按复利计息。

(六)销售税费

销售税费是指预售或销售开发完成后的房地产应由卖方(在此为开发商)缴纳的税费,可分为以下两类:

(1)销售税金及附加,包括营业税、城市维护建设税和教育费附加(简称"两税一费")。

(2)其他销售税费,包括印花税、交易手续费等。

销售税费一般按售价的一定比例收取,如"两税一费"一般为售价的5.5%。因此,销售税费通常按开发完成后的房地产价值的一定比例来测算。要注意的是,这里的销售税费不包含应由买方缴纳的契税等税费和应由卖方缴纳的土地增值税、企业所得税。

(七)开发利润

这里的开发利润是指房地产开发企业的利润。现实中的开发利润是一种结果,是由销售收入(售价)减去各项成本、费用和税金后的余额。而在成本法中,"售价"是未知的、需要求取的,开发利润是典型的房地产开发企业进行特定的房地产开发所期望获得的利润(平均利润),是需要事先估算的。因此,用成本法进行估价时,需要估算出开发利润。在估算开发利润时,应掌握以下几点:

(1)开发利润是税前利润(未扣除土地增值税和企业所得税),即:

开发利润=开发完成后的房地产价值-土地取得成本-建设成本-管理费用-销售费用-投资利息-销售税费。 (5-4)

(2)开发利润是该类房地产开发项目在正常条件下开发企业所能获得的平均利润,不是个别开发商最终实际获得的利润,也不是个别开发商期望获得的利润。

(3)开发利润通常按一定基数乘以相应的利润率来计算。开发利润的计算基数和相应的利润率主要有以下几种:

①计算基数＝土地取得成本＋建设成本,相应的利润率可称为直接成本利润率,即:

$$直接成本利润率 = \frac{开发利润}{土地取得成本 + 建设成本} \quad (5-5)$$

②计算基数＝土地取得成本＋建设成本＋管理费用＋销售费用,相应的利润率可称为投资利润率,即:

$$投资利润率 = \frac{开发利润}{土地取得成本 + 建设成本 + 管理费用 + 销售费用} \quad (5-6)$$

③计算基数＝土地取得成本＋建设成本＋管理费用＋销售费用＋投资利息,相应的利润率可称为成本利润率,即:

$$成本利润率 = \frac{开发利润}{土地取得成本 + 建设成本 + 管理费用 + 销售费用 + 投资利息} \quad (5-7)$$

④计算基数＝开发完成后的房地产价值(售价)＝土地取得成本＋建设成本＋管理费用＋销售费用＋投资利息＋销售税费＋开发利润,相应的利润率称为销售利润率,即:

$$销售利润率 = \frac{开发利润}{开发完成后的房地产价值} \quad (5-8)$$

因此,在估算开发利润时要注意利润率的内涵,注意利润率与计算基数的匹配,即采用不同的计算基数,应选用相对应的利润率;反过来,选用不同的利润率,应采用相对应的计算基数,不能混淆。从理论上讲,同一个房地产开发项目的开发利润,无论是采用哪种利润率与其相对应的计算基数来估算,得出的结果都是相同的。

(4)利润率是通过大量调查同一市场上相似房地产开发项目的利润率得到的。

将上述房地产价格各个组成部分相加,得到房地产总价。要求取房地产单价还需要将该总价除以房地产开发项目中可租售的商品房总面积(建筑面积或套内建筑面积),而不是除以房地产开发项目所有建筑总面积。

另外,在采用销售利润率估算开发利润的情况下,由于

$$房地产价格 = 土地取得成本 + 建设成本 + 管理费用 + 销售费用 + 投资利息 + 销售税费 + 开发利润$$

$$销售税费 = 房地产价值 \times 销售税费率$$

$$开发利润 = 房地产价值 \times 销售利润率$$

所以

$$房地产价格 = 土地取得成本 + 建设成本 + 管理费用 + 销售费用 + 投资利息 + 房地产价值 \times \left(销售税费率 + 销售利润率 \right)$$

$$房地产价格 = \frac{土地取得成本 + 建设成本 + 管理费用 + 销售费用 + 投资利息}{1 - (销售税费率 + 销售利润率)} \quad (5-9)$$

二、成本法的估价公式

(一)最基本的公式

(1)把房地产作为一个整体,采用成本法估价的基本公式为:

$$房地产价值 = 房地产重新购建价格 - 房地产折旧 \qquad (5-10)$$

例如,求取某旧房的价值,通过市场法得到同类新房的价值(即房地产的重新购建价格,通常为单价),然后减去旧房的土地使用期限缩短、建筑物陈旧等造成的价值减损(即房地产折旧),就可得到旧房的价值。如前所述,这种成本法本质上是市场法。

(2)把房地产分解为土地和建筑物两个组成部分,采用成本法估价的基本公式为:

$$房地产价值 = 土地重新购建价格 + 建筑物重新购建价格 - 建筑物折旧 \qquad (5-11)$$

(3)把土地当做"原材料"模拟房地产开发经营过程,采用成本法估价的基本公式为:

$$房地产价值 = 土地取得成本 + 建设成本 + 管理费用 + 销售费用 + 投资利息 + 销售税费 + 开发利润 - 建筑物折旧 \qquad (5-12)$$

上述公式可根据"新开发的房地产"和"旧的房地产"这两类估价对象而有具体的估价公式。

(二)适用于新开发的房地产的公式

新开发的房地产可分为新开发的房地、新开发的土地和新建成的建筑物三种情况。运用成本法对新开发房地产估价时,实际估价中一般是模拟房地产开发经营过程,在前述房地产价格构成的基础上,根据估价对象及当地的实际情况进行价值估算。

1. 适用于新开发的房地的基本公式

新开发的房地(如新建商品房)的基本公式为:

$$新开发的房地价值 = 土地取得成本 + 建设成本 + 管理费用 + 销售费用 + 投资利息 + 销售税费 + 开发利润 \qquad (5-13)$$

具体是根据前述房地产的价格构成,在分别求取各构成部分的基础上累加而得到。其中,土地是从熟地开始还是生地、毛地开始,要根据估价对象所在地相似的房地产开发在估价时点取得土地的情况考虑。

2. 适用于新开发的土地的基本公式

新开发的土地包括征收集体土地并进行"三通一平"或"五通一平"等基础设施建设和场地平整后的土地、征收国有土地上的房屋并进行基础设施改造和场地平整后的土地、填海造地、开山造地等。在这些情况下成本法的基本公式为:

$$新开发的土地价值 = 待开发土地取得成本 + 土地开发成本 + 管理费用 + 销售费用 + 投资利息 + 销售税费 + 开发利润 \qquad (5-14)$$

这一公式在具体情况下又会有具体形式。其中成片开发(如新开发区)完成后的某宗熟地的估价公式为:

新开发区某宗土地的单价 = (开发区用地取得总成本 + 土地开发总成本 + 总管理费用 + 总销售费用 + 总投资利息 + 总销售税费 + 总开发利润) ÷ (开发区用地总面积 × 开发完成后可转让土地面积的比率) × 用途、区位等因素调整系数 $\qquad (5-15)$

式(5-15)中,

$$开发完成后可转让土地面积的比率 = \frac{开发完成后可转让土地总面积}{开发区用地总面积} \times 100\% \qquad (5-16)$$

对新开发土地的价格进行估算,实际估价中通常分为三步:①测算开发区全部土地的平均价格。②测算开发区可转让土地的平均价格。这是将第一步测算出的平均价格除以可转让土地面积的比率。③测算开发区某宗土地的价格。根据该宗地的区位、用途、使用期限、容积率等,对第二步测算出的平均价格做适当增减价调整。

新开发区在初期时,土地市场和房地产市场一般还未形成,土地收益也没有,因此,用成本法来估算其价值是一种有效方法。

【例 5-1】某成片荒地面积 $2km^2$,取得该荒地的成本为 1.2 亿元,将其开发成"五通一平"熟地的开发成本和管理费用为 2.5 亿元,开发期为 3 年,贷款年利率为 8%,销售费用、销售税费和开发利润分别为可转让熟地价格的 2%、5.5% 和 10%,开发完成后可转让土地面积的比率为 60%。试求该荒地开发完成后可转让熟地的平均单价(假设开发成本和管理费用在开发期内均匀投入,开发完成即开始销售,销售费用在开发完成时投入)。

【解】求取该荒地开发完成后可转让熟地平均单价的过程如下:

该荒地开发完成后可转让熟地总价 = 该荒地取得总代价 + 土地开发总成本 + 总管理费用 + 总销售费用 + 总投资利息 + 总销售税费 + 总开发利润

= 该荒地取得总代价 + 土地开发总成本 + 总管理费用 + 总投资利息 + 以转让熟地的总价 × 销售费用、销售税费和开发利润的比率

得出

$$该荒地开发完成后可转让熟地的总价 = \frac{该荒地取得总代价 + 土地开发总成本 + 总管理费用 + 总投资利息}{1 - 销售费用、销售税费和开发利润的比率}$$

$$该荒地开发完成后可转让熟地的单价 = \frac{该荒地取得总代价 + 土地开发总成本 + 总管理费用 + 总投资利息}{\left(1 - 销售费用、销售税费和开发利润的比率\right) \times 可转让熟地总面积}$$

$$= \frac{该荒地取得总代价 + 土地开发总成本 + 总管理费用 + 总投资利息}{\left(1 - 销售费用、销售税费和开发利润的比率\right) \times 该荒地总面积 \times 可转让土地面积的比率}$$

$$= \frac{120\,000\,000 \times (1+8\%)^3 + 250\,000\,000 \times (1+8\%)^{1.5}}{[1-(2\%+5.5\%+10\%)] \times 2\,000\,000 \times 60\%}$$

$$= 436(元/m^2)$$

3. 适用于新建成的建筑物的基本公式

新建成的建筑物的基本公式为:

$$新建成的建筑物价格 = 建筑物建设成本 + 管理费用 + 销售费用 + 投资利息 + 销售税费 + 开发利息 \qquad (5-17)$$

需要注意的是,新建成的建筑物价值中不包括土地取得成本、开发费用及相应的税费和利润。

新开发的房地产虽然不存在一般意义上的折旧,但应根据其选址是否恰当、规划设计是否合理、工程施工质量优劣以及该类房地产的市场状况等,考虑可能的减值和增值因素,予以适当的减价或增价调整。例如,运用成本法评估某在建工程的价值,虽然该在建工程实实在在投入了较多费用,但在房地产市场不景气时,应当予以减价调整。

(三)适用于旧的房地产的基本公式

成本法的典型估价对象是旧的房地产。旧的房地产可分为旧的房地和旧建筑物两种情况。

1. 适用于旧的房地的基本公式

旧的房地的基本公式为：

$$旧的房地价值 = 房地重新购建价格 - 建筑物折旧 \qquad (5-18)$$

或者

$$旧的房地价值 = 土地重新购建价格 + 建筑物重新购建价格 - 建筑物折旧 \qquad (5-19)$$

上述两个公式分别对应的是求取房地重新购建价格的第一个路径和第二个路径，具体见本项目课题三中的房地重新购建价格的求取思路。

2. 适用于旧建筑物的基本公式

旧建筑物的基本公式为：

$$旧建筑物价值 = 建筑物的重新购建价格 - 建筑物的折旧 \qquad (5-20)$$

■ 基础训练

1. 客观成本与实际成本的含义及其区别是什么？
2. 新开发土地有哪些情况？其估价的成本法基本公式是怎样的？
3. 新开发土地分宗估价的成本法基本公式是怎样的？
4. 旧房地产估价的成本法有怎样的公式？

■ 技能训练

1. 分类调查搜集当地住宅、写字楼、商铺等房地产的价格构成资料，并求取各构成项目的平均值，得出各类房地产的客观成本数值。
2. 利用所搜集的当地房地产价格构成资料，根据所确定具体估价对象的实际情况估算折旧，然后运用成本法的相应公式测算出估价对象的价值(积算价格)。

课题三　重新购建价格的求取

一、重新购建价格的含义

重新购建价格也称为重新购建成本，是假设在估价时点重新取得全新状况的估价对象的必要支出，或者重新开发全新状况的估价对象的必要支出及应得利润。其中，重新取得可简单地理解为重新购买，重新开发可简单地理解为重新生产。把握重新购建价格的含义需要注意以下三点：

(1)重新购建价格是指在估价时点时的重新购建价格。

(2)重新购建价格是客观的重新购建价格。重新取得的必要支出或重新开发的必要支出及应得利润，不是个别企业或个人的实际支出和实际利润，而是相似房地产开发活动的平均水平，即是客观成本而不是实际成本。如果实际支出超出了平均水平，则超出的部分不仅不能构成价格，而且是一种浪费；反之，实际支出低于平均水平的部分，也不会降低价格，只会形成个别企业或个人的超额利润。

（3）建筑物的重新购建价格是全新状况的建筑物的重新购建价格，土地的重新购建价格是估价时点状况的土地的重新购建价格。因此，建筑物的重新购建价格中未扣除建筑物折旧，而土地的减价和增价因素一般已考虑在土地的重新购建价格中。

二、重新购建价格的求取思路

1. 房地重新购建价格的求取思路

求取房地的重新购建价格有两大途径：①将该房地产作为一个整体，模拟现实中房地产开发经营过程，根据前述房地产价格构成采用成本法求取；②将该房地产分解为土地和建筑物两个组成部分，先求取土地重新购建价格，再求取建筑物重新购建价格，然后将两者相加。

在实际估价中，应根据估价对象在估价时点的普遍开发建设方式，选用求取重新构建价格的途径。适用第一种路径求取的，应采用第一种路径求取。第二种路径主要适用于土地市场上以能直接在其上进行房屋建设的小块熟地交易为主的情况，或者有关成本、费用、税金和利润特别是基础设施建设费、公共配套设施建设费较容易在土地和建筑物之间进行分配的情况。

2. 土地重新购建价格的求取思路

求取土地重新购建价格，通常是假设该土地上没有建筑物，除此之外的状况均维持不变，然后采用市场比较法、基准地价修正法等估价方法求取该土地的重新购置价格。这种求取思路特别适用于城市建成区内难以求取其重新开发成本的土地。求取土地的重新购建价格，也可以采用成本法求取其重新开发成本。因此，土地重新购建价格可进一步分为重新购置价格和重新开发成本。在求取旧的房地产特别是其中建筑物破旧的土地重新购建价格时应注意，有时需要考虑土地上已有的旧建筑物导致的土地价值减损，即此时空地的价值大于有旧建筑物的土地价值，甚至大于有旧建筑物的房地价值。

3. 建筑物重新购建价格的求取思路

求取建筑物的重新购建价格，是假设该建筑物占用的土地已经取得，并且该土地为没有该建筑物的空地，但除了没有该建筑物之外，其他状况均维持不变，然后在该土地上重新建造与该建筑物完全相同或具有同等效用的全新建筑物的必要支出及应得利润；也可以设想将该全新建筑物发包给建筑施工企业建造，由建筑施工企业将能直接可使用的全新建筑物移交给发包人，这种情况下发包人应支付给建筑施工企业的全部费用（即建设工程价款或工程承发包价格），再加上发包人的其他必要支出（如勘察设计和前期工程费、管理费用、销售费用、投资利息、销售税费等）及发包人的应得利润，就是该建筑物的重新购建价格。

三、建筑物重新购建价格的求取方式

按照建筑物重新建造方式的不同，建筑物重新购建价格分为重建价格和重置价格两种基准，即重建价格基准和重置价格基准。

重建价格也称为重建成本、重建价值，是指采用与估价对象建筑物相同的建筑材料、建筑构配件、建筑设备及建筑技术和工艺等，在估价时点的国家财税制度和市场价格体系下，重新建造与估价对象建筑物相同的全新建筑物的必要支出及应得利润。这种重新建造方式可形象地理解为"复制"。

重置价格也称为重置成本、重置价值，是指采用估价时点的建筑材料、建筑构配件、建筑设备及建筑技术和工艺等，在估价时点的国家财税制度和市场价格体系下，重新建造与估价对象建筑物具有同等效用的全新建筑物的必要支出及应得利润。

重建价格与重置价格通常不同。一般的建筑物适用重置价格,有历史或美学价值的建筑物适用重建价格。但有时因年代久远、缺乏与旧建筑物相同的建筑材料、建筑构配件和建筑设备,或因建筑技术、工艺和标准改变等,使重建价格难以实现,这时一般使用重置价格,或者尽量做到形似来替代重建价格。

重置价格的出现是技术进步的必然结果,也是"替代原理"的体现。由于技术进步,使原来的许多材料、设备、结构、技术、工艺等都已过时落后或者成本过高,而采用新的材料、设备、结构、技术、工艺等,不仅功能更加完善,而且成本会降低,因此重置价格通常低于重建价格。

四、建筑物重新购建价格的求取

建筑物重新购建价格可以采用成本法、市场法求取,也可通过政府或其授权的部门公布的房屋重置价格或者房地产市场价格扣除其中可能包含的土地价格来求取。

成本法求取建筑物的重新购建价格,相当于成本法求取新建成的建筑物价值,公式为:

$$\text{建筑物重新购建价格} = \text{建筑安装工程费} + \text{专业费用} + \text{管理费用} + \text{销售费用} + \text{投资利息} + \text{销售税费} + \text{开发利润} \quad (5-21)$$

其中,求取建筑安装工程费的具体方法有单位比较法、分部分项法、工料测量法和指数调整法等。

(一)单位比较法

单位比较法是以估价对象建筑物为整体,选取与该类建筑物的建筑安装工程费密切相关的某种计量单位(如单位建筑面积、单位体积、单位长度米等)作为比较单位,调查在估价时点的近期建成的相同或相似建筑物的这种单位建筑安装工程费,然后对其进行适当的处理来求取估价对象建筑物建筑安装工程费的方法。

单位比较法实质上是一种市场法。其中的有关处理包括:①把可比实例建筑物实际而可能是不正常的单位建筑安装工程费,修正为正常的单位建筑安装工程费;②把可比实例建筑物在其建造时的建筑安装工程费,调整为估价时点的建筑安装工程费;③根据可比实例建筑物与估价对象建筑物在对单位建筑安装工程费有影响的建筑规模、建筑设备、装饰装修等方面的差异,对单位建筑安装工程费进行调整,然后可得到估价对象建筑物的单位建筑安装工程费。单位比较法较为简单、实用,因此被广泛采用,但这种方法比较粗略。单位比较法主要有单位面积法和单位体积法。

单位面积法是调查在估价时点的近期建成的相同或相似建筑物的单位建筑面积建筑安装工程费,然后对其进行适当的处理来求取估价对象建筑物建筑安装工程费的方法。这种方法主要适用于同一类型建筑物的单位建筑面积建筑安装工程费基本相同的建筑物,如住宅、办公楼等。

【例 5-2】 某幢房屋的建筑面积为 300m²,该类用途、建筑结构和档次的建筑物的建筑安装工程费为 1 200 元/m²,专业费用为建筑安装工程费的 8%,管理费用为建筑安装工程费与专业费用之和的 3%,销售费用为重新购建价格的 4%,建设期为 6 个月,所有费用可视为在建设期内均匀投入,年利率为 6%,房地产开发成本利润率为 15%,销售税费为重新购建价格的 6%。试估算该房屋的重新购建价格。

【解】 设该房屋单位建筑面积的重新购建价格为 V_B,计算如下:

(1)建筑物的建筑安装工程费=1 200(元/m²)

(2)专业费用=1 200×8%=96(元/m²)

(3)管理费用=(1 200+96)×3%=38.88(元/m²)

(4)销售费用=V_B×4%=0.04 V_B(元/m²)

(5)投资利息=(1200+96+38.88+0.04 V_B)×[(1+6%)$^{0.25}$-1]=19.59+0.0006 V_B(元/m²)

(6)销售税费=V_B×6%=0.06 V_B(元/m²)

(7)开发利润=(1 200+96+38.88+0.04 V_B+19.59+0.0006 V_B)×15%
=203.17+0.0061 V_B(元/m²)

(8)V_B=1 200+96+38.88+0.04 V_B+19.59+0.0006 V_B+0.06 V_B+203.17+0.0061 V_B

V_B=1 743.69(元/m²)

重新构建总价=1 743.69×300=52.31(万元)

单位体积法与单位面积法相似,是调查在估价时点的近期建成的相同或相似建筑物的单位体积建筑安装工程费,通过对其进行适当的处理来求取估价对象建筑物建筑安装工程费的方法。这种方法主要适用于同一类型建筑物的单位体积建筑安装工程费基本相同的建筑物,如储油罐、地下油库等。

(二)分部分项法

分部分项法是先把估价对象建筑物分解为各个独立的构件或分部分项工程,并测算每个独立构件或分部分项工程的数量,然后调查估价时点时的各个独立构件或分部分项工程的单位价格或成本,最后将各个独立构件或分部分项工程的数量乘以相应的单位价格或成本后相加,最终求取估价对象建筑物建筑安装工程费的方法。

在运用分部分项法测算建筑物的重新购建价格时,需要注意两点:①应结合各个构件或分部分项工程的特点使用计量单位,有的要用面积,有的要用体积,有的要用长度,有的要用容量(如千瓦、千伏安)。例如,基础工程的计量单位通常为体积,墙面抹灰工程的计量单位通常为面积,楼梯栏杆工程的计量单位通常为米。②既不要漏项也不要重复计算,以免造成测算不准。

【例5-3】需要估算某旧办公楼2011年6月30日的建筑物重置价格。房地产估价师经实地查勘、查阅有关图纸等资料,得知该办公楼共10层,总建筑面积为8 247m²,建筑结构为钢筋混凝土框架结构,并调查到估算该重置价格所需的有关数据如下:

1.建筑安装工程费

(1)土建工程直接费:

①基础工程:99.54元/m²

②墙体工程:80.11元/m²

③梁板柱工程:282.37元/m²

④墙混凝土(电梯井壁、混凝土剪力墙)工程:73.65元/m²

⑤楼梯混凝土工程:31.82元/m²

⑥零星混凝土工程:25.32元/m²

⑦屋面工程:20.42元/m²

⑧脚手架工程:25.54元/m²

⑨室外配套工程:142.67元/m²
小计:781.44元/m²
(2)安装工程直接费:
①电梯工程:130.00元/m²(其中:人工费9.00元/m²)
②给排水工程:85.22元/m²(其中:人工费12.32元/m²)
③采暖通风工程:70.34元/m²(其中:人工费9.83元/m²)
④电气工程:112.65元/m²(其中:人工费7.59元/m²)
⑤消防工程:16.62元/m²(其中:人工费2.58元/m²)
⑥综合布线工程:30.45元/m²(其中:人工费4.85元/m²)
小计:445.28元/m²(其中:人工费46.17元/m²)
(3)装饰装修工程直接费:
①门窗工程:135.00元/m²(一次性包死承包价)
②内部装饰工程:455.50元/m²(其中:人工费45.16元/m²)
③外墙玻璃幕等工程:311.00元/m²(一次性包死承包价)
小计:901.50元/m²(其中:人工费45.16元/m²)
(4)土建工程综合费率为土建工程直接费的14.25%,安装工程综合费率为安装工程人工费的79.08%,装饰装修工程综合费率为装饰装修工程人工费的75.90%,税金为3.445%。

2.专业费用

建筑安装工程费的6%。

3.管理费用

建筑安装工程费与专业费用之和的3%。

4.销售费用

售价的3%。

5.投资利息

开发经营期为2年;费用第一年投入60%,第二年投入40%。年利率为5.76%。

6.销售税费

售价的5.53%。

7.开发利润

投资利润率为20%。

【解】设该旧办公楼的建筑物重置总价为 V_B,具体估算如下:

1.建筑安装工程费:
(1)土建工程费 = [781.44×(1+14.25%)]×(1+3.445%) = 923.55(元/m²)
(2)安装工程费 = (445.28 + 46.17×79.08%)×(1+3.445%) = 498.39(元/m²)
(3)装饰装修工程费 = (901.50 + 45.16×75.90%)×(1+3.445%) = 968.01(元/m²)
(4)单位建筑安装工程费 = 923.55 + 498.39 + 968.01 = 2 389.95(元/m²)
    建筑安装工程费总额 = 2 389.95×8 247 = 1 970.99(万元)
2.专业费用 = 1 970.99×6% = 118.26(万元)
3.管理费用 = (1 970.99+118.26)×3% = 62.68(万元)
4.销售费用 = V_B×3% = 0.03V_B(万元)

以上 1 至 4 项费用之和 $= 2\,151.93 + 0.03V_B$(万元)

5. 投资利息 $= (2\,151.93 + 0.03V_B) \times [60\% \times (1+5.76\%)^{1.5} + 40\% \times (1+5.76\%)^{0.5} - 1]$
   $= 137.59 + 0.0019V_B$(万元)

6. 销售税费 $= V_B \times 5.53\% = 0.0553V_B$(万元)

7. 开发利润 $= (2\,151.93 + 0.03V_B) \times 20\% = 430.39 + 0.006V_B$(万元)

8. $V_B = 2\,151.93 + 0.03V_B + 137.59 + 0.0019V_B + 0.0553V_B + 430.39 + 0.006V_B$
   $V_B = 2\,999.46$(万元)

   建筑物重置单价 $= 2\,999.46 \div 0.8247 = 3\,637.03$(元/m²)

(三)工料测量法

工料测量法是先把估价对象建筑物还原为建筑材料、建筑构配件和建筑设备，并测算重新建造该建筑物所需要的建筑材料、建筑构配件、建筑设备的种类、数量和人工时数，然后调查估价时点相应的建筑材料、建筑构配件、建筑设备的单价和人工费标准，再将各种建筑材料、建筑构配件、建筑设备的数量和人工时数乘以相应的单价和人工费标准后相加，最终求取建筑物建筑安装工程费的方法。

工料测量法的优点是详细、准确，缺点是比较费时、费力并需要其他专家（如建筑师、造价工程师）的帮助，它主要用于求取具有历史价值的建筑物的重新购建价格。

采用工料测量法测算某幢砖木结构建筑物重新购建价格的一个简化例子见表 5-1。

表 5-1 某幢砖木结构建筑物工料测量法示例

项　目	数　量	单　价	金额（元）
现场准备			3 000
水　泥			6 500
沙　石			5 000
砖　块			12 000
木　材			7 000
瓦　面			3 000
铁　钉			200
管　线			3 000
厨卫设备			7 000
人　工			15 000
税　费			1 000
其　他			1 500
利　润			3 500
重新购建价格			67 700

(四)指数调整法

指数调整法也称为成本指数趋势法，是利用建筑安装工程的有关指数或变动率，将估价对象建筑物的历史建筑安装工程费调整到估价时点的建筑安装工程费,最终求取估价对象建筑物建筑安装工程费的方法。这种方法主要用于检验其他方法的测算结果。

将历史建筑安装工程费调整到估价时点的建筑安装工程费的具体方法,与市场比较法中市场状况调整的方法相同。

基础训练

1. 什么是重新购建价格?
2. 为什么建筑物的重新购建价格是全新状况的建筑物的重新购建价格,而土地的重新购建价格是估价时点状况的土地的重新购建价格?
3. 重建价格和重置价格的含义及其异同点是什么?两者分别在什么情况下采用?

技能训练

根据房地产重新购建价格的求取方法,结合前面已搜集的估价对象的成本资料,估算其重新购建价格。

课题四 建筑物折旧的求取

一、建筑物折旧的含义和原因

(一)建筑物折旧的含义

虽然估价上和会计上都使用"折旧"这个词,并且意义上也有某种相似之处,但因两者的内涵不同而有本质区别。估价上建筑物的折旧是指某种原因造成的建筑物价值的实际减损,其金额为建筑物在估价时点的市场价值与在估价时点的重新购建价格之差,即:

$$建筑物折旧 = 建筑物重新购建价格 - 建筑物市场价值 \tag{5-22}$$

建筑物重新购建价格是建筑物在全新状况下的价值,建筑物市场价值是建筑物在估价时点状况下的价值。将建筑物重新购建价格减去建筑物折旧,相当于把建筑物在全新状况下的价值调整为在估价时点状况下的价值,调整后的结果为建筑物市场价值。即:

$$建筑物市场价值 = 建筑物重新购建价格 - 建筑物折旧 \tag{5-23}$$

(二)建筑物折旧的原因

根据引起建筑物折旧的原因,将建筑物折旧分为物质折旧、功能折旧和外部折旧。

1. 物质折旧

物质折旧又称为有形损耗,是指建筑物因实体老化、磨损或损坏造成的建筑物价值减损。根据引起物质折旧的原因,将其分为四种:

(1)自然经过的老化,可称为自然老化折旧,主要是随着时间的流逝由自然力引起的折旧,如风吹、日晒、雨淋等引起的建筑物腐朽、生锈、风化和基础沉降等。这种折旧与建筑物的实际年龄正相关,并受其所在地的气候和环境条件影响。

(2)正常使用的磨损,可称为使用磨损折旧,主要是由人工使用引起的折旧,与建筑物的使用性质、使用强度和使用时间正相关。

(3)意外破坏的损毁,可称为意外毁损折旧,主要是由突发性的天灾人祸引起的折旧,包括自然方面如地震、火灾、风灾和雷击等;人为方面如失火、碰撞等。

(4)延迟维修的损坏残存,可称为延迟维修折旧,主要是由于没有适时地采取预防、养护措施或者修理不够及时,造成建筑物不应有的损坏或提前损坏,或者已有的损坏仍然存在,如门窗有破损,墙面、地面有裂缝等。

2. 功能折旧

功能折旧又称为无形损耗,是指建筑物因功能缺乏、落后或过剩造成的价值减损。主要由建筑设计上的缺陷、人们消费观念的改变、建筑技术进步等原因引起。

(1)功能缺乏折旧,是指建筑物因没有一般应有的部件、设备或系统等造成的价值减损。如住宅没有卫生间、暖气(北方地区)、燃气、电话线路、有线电视等;办公楼没有电梯、集中空调、宽带等。

(2)功能落后折旧,是指建筑物因现有的某些部件、设备、设施或系统等标准低于市场要求的标准,或因有缺陷而阻碍其他部件、设备、设施或系统等正常运行或有效发挥而造成的价值减损。如设备、设施陈旧落后或容量不足,建筑式样过时,空间布局欠佳等。以住宅为例,现在时兴"三大、一小、一多"式住宅,即起居室、厨房、卫生间大,卧室小,壁橱多的住宅,过去建造的卧室大、起居室小、厨房小、卫生间小的住宅就相对过时了。再如高档办公楼,现在要求有较好的智能化系统,如果某个高档办公楼的智能化程度不够,则其功能就相对落后了。

(3)功能过剩折旧,是指建筑物因现有的某些部件、设备、设施或系统等标准超过市场要求的标准而对房地产价值的贡献小于其成本造成的价值减损。如某幢厂房的层高为 6m,但如果当地该类厂房的标准层高是 5m,则该厂房超出的 1m 因不能被市场接受而使其多花的成本成为无效成本。

3. 外部折旧

外部折旧也称为经济折旧,是指建筑物以外的各种不利因素造成的建筑物价值减损。可能是区位因素(如周围环境和景观改变,包括原有较好景观被破坏、自然环境恶化、环境污染、交通拥挤、城市规划改变等)、经济因素(如市场供给过量或需求不足),也可能是其他因素(如政府政策变化、采取市场调控措施等)。外部折旧又可分为永久性的折旧和暂时性的折旧。如一个高级居住区的附近兴建了一座工厂,使得该居住区的房地产价值下降,就是一种外部折旧,且这种外部折旧一般是永久性的。再如,在经济不景气时期房地产价值下降,这也是一种外部折旧。但这种外部折旧不会永久下去,当经济复苏后就消失了,所以,这是一种暂时性的折旧。

【例 5-4】 某旧住宅的重置价格为 40 万元,门窗、墙面、地面等破损引起的物质折旧为 2 万元,户型设计不好、没有独用卫生间、燃气和共用电视天线引起的功能折旧为 6 万元,位于城市衰落地区引起的外部折旧为 3 万元。请求取该旧住宅的折旧总额和现值。

【解】 (1)该旧住宅的折旧总额=物质折旧+功能折旧+外部折旧=2+6+3=11(万元)

(2)该旧住宅的现值=重置价格-折旧=40-11=29(万元)

二、建筑物折旧的求取方法

求取建筑物折旧的方法有许多种,在这里主要介绍年限法和市场提取法。

(一)年限法

1.年限法和有关年限的含义

年限法也称为年龄—寿命法,是根据建筑物的有效年龄和预期经济寿命或预期剩余经济寿命求取建筑物折旧的方法。

建筑物的年龄分为实际年龄和有效年龄。建筑物的实际年龄是指建筑物自竣工日期起至估价时点止的年数。建筑物的有效年龄是指估价时点的建筑物状况和效用所显示的年龄。建筑物的有效年龄可能等于也可能小于或大于实际年龄。有效年龄一般是根据建筑物的施工、使用、维护和更新改造等状况,在实际年龄的基础上进行适当地加减调整而得到。当建筑物的施工、使用、维护是正常的,则其有效年龄与实际年龄相当;当建筑物的施工、使用、维护比正常的施工、使用、维护好或者经过更新改造的,其有效年龄小于实际年龄;相反,其有效年龄大于实际年龄。

建筑物的寿命分为自然寿命和经济寿命。建筑物的自然寿命是指建筑物自竣工日期起至其主要结构构件和设备自然老化或损坏而不能保证建筑物安全使用之日止的时间。建筑物的经济寿命及其确定已在项目四的"收益期限的确定"部分做了介绍。此外,建筑物的经济寿命还可以通过后面将要介绍的市场提取法求出的年折旧率的倒数来求取。一般而言,建筑物的经济寿命短于其自然寿命,但如果建筑物经过了更新改造,其自然寿命和经济寿命都有可能得以延长。

建筑物的剩余寿命是其寿命减去年龄后的时间,分为剩余自然寿命和剩余经济寿命。建筑物的剩余自然寿命是其自然寿命减去实际年龄后的时间;建筑物的剩余经济寿命是其经济寿命减去有效年龄后的时间。因此,如果建筑物的有效年龄比实际年龄小,就会延长建筑物的剩余经济寿命;反之,就会缩短建筑物的剩余经济寿命。建筑物的有效年龄是从建筑物竣工时间起至估价时点止的时间,剩余经济寿命是自估价时点起至建筑物经济寿命结束的时间,两者之和等于建筑物的经济寿命。如果建筑物的有效年龄小于实际年龄,就相当于建筑物比其实际竣工之日晚建成。此时,建筑物的经济寿命可视为从这个晚建成之日起至建筑物对房地产价值不再有贡献之日止的时间。

利用年限法求取建筑物折旧时,建筑物的年龄应采用有效年龄,寿命应采用预期经济寿命,或者剩余寿命应采用预期剩余经济寿命。

年限法主要包括直线法和成新折扣法等。

2.直线法

年限法中最主要的是直线法,直线法是年限法中最简单,也是应用最普遍的一种求取折旧的方法,它假设在建筑物的经济寿命期间每年的折旧额相等。直线法的年折旧额计算公式为:

$$D_i = D = \frac{C-S}{N} = \frac{C(1-R)}{N} \qquad (5-24)$$

式中:D_i——第 i 年的折旧额,也称为第 i 年的折旧,在直线法下,每年的折旧额 D_i 是一个常数 D;

C——建筑物的重新购建价格;

S——建筑物的净残值,简称残值,是预计建筑物达到经济寿命不宜继续使用时,经拆除后的旧料价值减去拆除清理费用后的余额;

N——建筑物的预期经济寿命;

R——建筑物的净残值率,通常简称为残值率,是建筑物的净残值与其重新购建价格的比率。即:

$$R = \frac{S}{C} \times 100\% \tag{5-25}$$

另外,$(C-S)$称为折旧基数;年折旧额与重新购建价格的比率称为折旧率,如果用 d 表示,即:

$$d = \frac{D}{C} \times 100\% = \frac{1-R}{N} \times 100\% \tag{5-26}$$

有效年龄为 t 年的建筑物折旧总额的计算公式为:

$$E_t = D \times t = (C-S)\frac{t}{N} = C(1-R)\frac{t}{N} \tag{5-27}$$

式中:E_t——建筑物的折旧总额。

采用直线法折旧下的建筑物现值的计算公式为:

$$V = C - E_t = C - (C-S)\frac{t}{N} = C\left[1 - (1-R)\frac{t}{N}\right] = C(1-d \times t) \tag{5-28}$$

式中:V——建筑物的现值。

【例 5-5】有一幢平房的建筑面积为 150m^2,有效年龄为 20 年,预期经济寿命为 40 年,重置价格为 800 元$/\text{m}^2$,残值率为 3%。试用直线法计算该房屋的折旧总额,并估计其现值。

【解】已知 $t = 20$ 年,$N = 40$ 年,$C = 800 \times 150 = 120\ 000$(元),$R = 3\%$;该房屋的折旧总额 E_t 和现值 V 计算如下:

$$E_t = C(1-R)\frac{t}{N} = 120\ 000 \times (1-3\%) \times \frac{20}{10} = 58\ 200(元)$$

$$V = C - E_t = 120\ 000 - 58\ 200 = 61\ 800(元)$$

直线法求取建筑物折旧,可分为综合折旧法、分类折旧加总法和个别折旧加总法。三种方法从粗到细,前面介绍的直线法就是综合折旧法。有一种分类折旧加总法是把建筑物分解为结构、设备和装修三大类,分别根据它们的重新购建价格和有效年龄、预期经济寿命或预期剩余经济寿命求取折旧后相加。

3. 成新折扣法

早期采用成本法求取建筑物现值时,根据建筑物的建成年代、新旧程度或完损状况等,判定建筑物的成新率,或者用建筑物的年龄、寿命计算出建筑物的成新率,然后将建筑物的重新购建价格乘以成新率来直接求取建筑物的现值。这种方法称为成新折扣法,其计算公式为:

$$V = C \times q \tag{5-29}$$

式中:q——建筑物的成新率(%)。

成新折扣法比较粗略,主要用于初步估价,或者需要对大量建筑物同时进行估价,尤其是在大范围内开展建筑物现值摸底调查时采用。

如果利用建筑物的有效年龄、经济寿命或剩余经济寿命求取建筑物的成新率,则成新折扣法就成了年线法的另一种表现形式。用直线法计算成新率的公式为:

$$q = \left[1 - (1-R)\frac{t}{N}\right] \times 100\%$$

$$= \left[1 - (1-R)\frac{N-n}{N}\right] \times 100\%$$

$$= [1-(1-R)\frac{t}{t+n}] \times 100\%$$
$$= 100\% - d \times t \tag{5-30}$$

当 $R=0$ 时,
$$q = (1-\frac{t}{N}) \times 100\%$$
$$= \frac{n}{N} \times 100\%$$
$$= \frac{n}{t+n} \times 100\% \tag{5-31}$$

【例 5-6】某幢 10 年前建成交付使用的房屋,在此 10 年间维护状况正常。房地产估价人员经实地查勘判定其剩余经济寿命为 30 年,残值率为零。试用直线法计算该房屋的成新率。

【解】已知:$t=10$ 年,$n=30$ 年,$R=0$;该房屋的成新率 q 为:
$$q = \frac{n}{t+n} \times 100\% = \frac{30}{10+30} \times 100\% = 75\%$$

(二)市场提取法

市场提取法是通过含有与估价对象中的建筑物具有相同或相似折旧状况的建筑物的房地可比实例,求取估价对象中的建筑物折旧的方法。相同或相似折旧状况,是指可比实例中的建筑物折旧类型(物质折旧、功能折旧、外部折旧)和折旧程度与估价对象中的建筑物的折旧类型和折旧程度相同或相当。

市场提取法是基于先知道旧的房地价值,然后利用适用于旧的房地的成本法公式,反求出建筑物折旧。即:

建筑物折旧=土地重新购建价格+建筑物重新购建价格-旧的房地价值

=建筑物重新购建价格-(旧的房地价值-土地重新购建价格)

=建筑物重新购建价格-建筑物折旧后价值(现值) (5-32)

市场提取法求取建筑物折旧的步骤和主要内容如下:

(1)从估价对象所在地的房地产市场上搜集大量的房地产交易实例。

(2)从搜集的房地产交易实例中选取三个以上可比实例。要求所选取的可比实例中的建筑物与估价对象中的建筑物具有相同或相似的折旧状况。

(3)对每个可比实例的房地成交价格进行付款方式等有关换算、交易情况修正、房地产状况调整(注意不对其中折旧状况进行调整),但不进行市场状况调整。

(4)采用市场法或基准地价修正法,求取每个可比实例在其成交日期的土地重新购建价格,然后用前面换算、修正和调整后的可比实例房地成交价格减去土地重新购建价格,得出建筑物折旧后价值。

(5)采用成本法或市场法,求取每个可比实例在其成交日期的建筑物重新购建价格,然后用每个可比实例的建筑物重新购建价格减去前面求出的建筑物折旧后的价值,得出建筑物折旧。

(6)将每个可比实例的建筑物折旧除以其建筑物重新购建价格,得到总折旧率,即:

$$总折旧率 = \frac{建筑物折旧}{建筑物重新购建价格} \tag{5-33}$$

如果可比实例中的建筑物年龄与估价对象中的建筑物年龄相近，且求出的各个可比实例总折旧率的范围较窄，则可以将各个可比实例的总折旧率调整为适用于估价对象的总折旧率；如果各个可比实例中的建筑物区位、年龄、维护状况等之间差异较大，求出的各个可比实例总折旧率的范围较宽，则应将每个可比实例的总折旧率除以其建筑物年龄转换为年折旧率，即：

$$年折旧率 = \frac{总折旧率}{建筑物年龄} \quad (5-34)$$

然后将各个可比实例的年折旧率调整为适用于估价对象的年折旧率。

(7) 将估价对象建筑物的重新购建价格乘以总折旧率，或者乘以年折旧率再乘以建筑物年龄，便可得到估价对象建筑物的折旧，即：

$$建筑物折旧 = 建筑物重新购建价格 \times 总折旧率 \quad (5-35)$$

或者

$$建筑物折旧 = 建筑物重新购建价格 \times 年折旧率 \times 建筑物年龄 \quad (5-36)$$

利用市场提取法求出的年折旧率，还可求取年限法所需要的建筑物经济寿命。再假设建筑物的残值率为零的情况下：

$$建筑物经济寿命 = \frac{1}{年折旧率} \quad (5-37)$$

此外，利用总折旧率还可求出建筑物的成新率，即：

$$建筑物成新率 = 1 - 总折旧率 \quad (5-38)$$

【例 5-7】某宗房地产的土地面积 5 000 m²，建筑面积 12 500 m²，现行市场价格 4 700 元/m²，土地重置价格（楼面地价）2 300 元/m²，建筑物重置价格 3 000 元/m²，建筑物年龄 10 年。试计算建筑物折旧总额、总折旧率和年折旧率。

【解】(1) 建筑物折旧总额计算：

建筑物折旧总额 = 土地重置价格 + 建筑物重置价格 - 房地产市场价格
　　　　　　　= (2 300 + 3 000 - 4 700) × 1.25
　　　　　　　= 750（万元）

(2) 建筑物总折旧率计算：

建筑物总折旧率 = 建筑物折旧总额 ÷ 建筑物重置价格
　　　　　　　= 750 ÷ (3 000 × 1.25)
　　　　　　　= 20%

(3) 建筑物年折旧率计算：

建筑物年折旧率 = 建筑物总折旧率 ÷ 建筑物年龄
　　　　　　　= 20% ÷ 10
　　　　　　　= 2%

三、求取建筑物折旧应注意的问题

1. 估价上的折旧与会计上的折旧的本质区别

估价上的折旧注重的是资产市场价值的真实减损，科学地说不是"折旧"而是"减价调整"；会计上的折旧注重的是资产原始价值的分摊、补偿或回收。以直线法折旧公式

$$V = C\left[1 - (1-R)\frac{t}{N}\right]$$

为例,C在会计上是资产的原始价值,是当初购置时的价值,不随时间的推移而变化;C在估价上为资产的重新购建价格,是估价时点的价值,估价时点不同,其值可能不同。

此外,会计上把资产原值C与累计折旧额E'_t之差,称为资产的账面价值,它无须与资产的市场价值相一致;估价上把资产的重新购建价格C与折旧总额E_t的差,视为资产的实际价值,它必须与资产的市场价值相一致。会计和估价上的折旧还经常出现这种情况:有些房地产,尽管在会计账目上折旧早已提足或者快要提足,但估价结果却显示其仍然有较大的现时价值,如保存完好的旧建筑物;而有些房地产,尽管在会计账目上折旧尚未提足甚至远未提足,但估价结果且显示其现时价值已所剩无几,如存在严重工程质量问题的新建房屋。

2. 土地使用期限对建筑物经济寿命的影响

求取建筑物折旧时,应当注意土地使用期限对建筑物经济寿命的影响。计算建筑物折旧所采用的建筑物经济寿命时,如遇到下列情况,其处理方法为:

(1)住宅不论其经济寿命是早于或是晚于土地使用期限而结束,均按照其经济寿命计算折旧。因为《物权法》第一百四十九条规定:"住宅建设用地使用权期间届满的,自动续期。"

(2)非住宅建筑物的经济寿命早于土地使用期限而结束的,应按照建筑物经济寿命计算建筑物折旧。如图5-1(a)所示,假设是在原划拨国有建设用地上建造的办公楼,在其建成15年后补办了出让手续,出让年限为50年,办公楼经济寿命为60年。在这种情况下,应按照60年(办公楼经济寿命)计算办公楼折旧,而不是45年(60年办公楼经济寿命减去15年办公楼已经使用年限)、50年(土地使用期限)或65年(60年办公楼经济寿命加上5年剩余土地使用期限)。

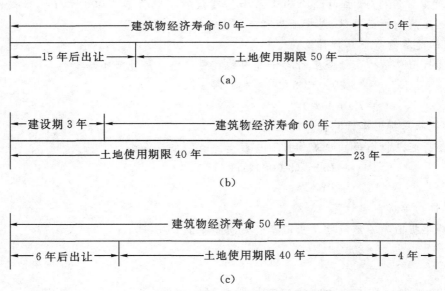

图5-1 建筑物经济寿命与土地使用期限关系

(3)非住宅建筑物的经济寿命晚于土地使用期限而结束的,分为两种情况:①出让合同约定建设用地使用权期间届满需要无偿收回建设用地使用权时,根据收回时建筑物的残余价值给予土地使用者相应补偿。②出让合同约定建设用地使用权期间届满需要无偿收回建设用地使用权时,建筑物也无偿收回。

对于上述第一种情况，应按照建筑物经济寿命计算建筑物折旧。因为 2007 年修订的《城市房地产管理法》第二十二条和 2008 年国土资源部和国家工商行政管理总局制定的《国有建设用地使用权出让合同》示范文本(GF—2008—2601)第二十六条都对其作了规定。

对于上述第二种情况，应按照建筑物经济寿命减去其晚于土地使用期限的那部分寿命后的寿命计算建筑物折旧。如图 5-1(b)所示，假设是在出让的建设用地上建造的商场，出让年限为 40 年，建设期为 3 年，商场经济寿命为 60 年。在这种情况下，商场经济寿命中晚于土地使用期限的那部分寿命为 23 年(3 年建设期加上 60 年商场经济寿命减去 40 年出让年限)，因此，应按照 37 年(60 年商场经济寿命减去 23 年)计算商场折旧，而不是 60 年、63 年或 40 年。如图 5-1(c)所示，假设是旧厂房改造的超级市场，在该旧厂房建成 6 年后补办了出让手续，出让年限为 40 年，建筑物经济寿命为 50 年。在这种情况下，建筑物经济寿命中晚于土地使用期限的那部分寿命为 4 年(50 年建筑物经济寿命减去 6 年建筑物已经使用年限，再减去 40 年出让年限)，因此，应按照 46 年(50 年建筑物经济寿命减去 4 年)计算建筑物折旧，而不是 50 年、44 年或 40 年。

基础训练

1. 估价上的折旧包括哪几个方面？估价上的折旧和会计上的折旧有什么异同？
2. 求取建筑物折旧的方法有哪几种？最常用的是哪种方法？
3. 写出直线法折旧下的建筑物现值的计算公式。
4. 写出成新折扣法下的建筑物现值的计算公式。

技能训练

1. 运用建筑物折旧的估算方法，结合已经搜集的估价对象的相关资料，估算其折旧额。
2. 某建筑物的建筑面积为 100m^2，单位建筑面积的重置价格为 500 元/m^2，判定其有效经过年数为 10 年，经济寿命为 30 年，残值率为 5%。试用直线法计算该建筑物的年折旧额、折旧总额，并计算其现值。

课题五　房屋完损等级评定和折旧的有关规定

一、房屋完损等级评定的有关规定

房屋完损等级是用来检查房屋维护情况的一个标准，是确定房屋实际新旧程度和测算折旧的一个重要依据。房屋的完好程度越高，其现值就越接近于重新购建价格。

1984 年 11 月 8 日，原城乡建设环境保护部发布了《房屋完损等级评定标准》(试行)(城住字[1984]第 678 号)，并于同年 12 月 12 日发布了《经租房屋清产估价原则》。现将其有关内容综合如下：

1. 房屋完损状况

根据房屋的结构、装修、设备等组成部分的完好、损坏程度，将房屋分为五类：①完好房；②基本完好房；③一般损坏房；④严重损坏房；⑤危险房。

2. **房屋组成**

房屋结构组成分为地基基础、承重构件、非承重墙、屋面、楼地面;房屋装修组成分为门窗、外抹灰、内抹灰、顶棚、细木装修;房屋设备组成分为水卫、电照、暖气及特种设备(如消防栓、避雷装置等)。

3. **房屋完损等级的判定依据**

(1)完好房:结构构件完好,装修和设备完好、齐全完整,管道畅通,现状良好,使用正常。或虽然个别分项有轻微损坏,但一般经过小修就能修复的。

(2)基本完好房:结构基本完好,少量构部件有轻微损坏,装修基本完好,油漆缺乏保养,设备、管道现状基本良好,能正常使用,经过一般性的维修能恢复的。

(3)一般损坏房:结构一般性的损坏,部分构部件有损坏或变形,屋面局部漏雨,装修局部有破损,油漆老化,设备、管道不够畅通,水卫、电照管线、器具和零件有部分老化、损坏或残缺,需要进行中修或局部大修更换部件的。

(4)严重损坏房:房屋年久失修,结构有明显变形或损坏,屋面严重漏雨,装修严重变形、破损,油漆老化见底,设备陈旧不齐全,管道严重堵塞,水卫、电照管线、器具和零部件残缺及严重损坏,需进行大修或翻修、改建的。

(5)危险房:承重构件已属危险构件,结构丧失稳定及承载能力,随时有倒塌可能,不能确保住用安全的。

4. **房屋新旧程度的判定标准**

①完好房:十、九、八成;②基本完好房:七、六成;③一般损坏房:五、四成;④严重损坏房及危险房:三成以下。

二、房屋折旧的有关规定

1992年6月5日,建设部、财政部制定的《房地产单位会计制度——会计科目和会计报表》(建综[1992]349号印发)对经租房产折旧作了有关规定。这些规定虽然是针对会计上的折旧和经租房产的,但其中房屋分类分等、房屋的耐用年限、残值率等参数,对估价中求取建筑物的折旧有一定的参考价值。经租房产折旧的有关规定如下:

1. **折旧的公式**

计算折旧必须确定房产的价值、使用年限、残值和清理费用,计算公式为:

$$年折旧额 = 原价 \times (1 - 残值率) \div 耐用年限 \qquad (5-39)$$

2. **房屋结构分类**

经租房产根据房屋结构分为下列四类七等:

(1)钢筋混凝土结构:全部或承重部分为钢筋混凝土结构,包括框架大板与框架轻板结构等房屋。这类房屋一般内外装修良好,设备比较齐全。

(2)砖混结构一等:部分钢筋混凝土,主要是砖墙承重的结构,外墙部分砌砖、水刷石、水泥抹面或涂料粉刷,并设有阳台,内外设备齐全的单元式住宅或非住宅房屋。

(3)砖混结构二等:部分钢筋混凝土,主要是砖墙承重的结构,外墙是清水墙,没有阳台,内部设备不全的非单元式住宅或其他房屋。

(4)砖木结构一等:材料上等、标准较高的砖木(石料)结构。这类房屋一般是外部有装修处理、内部设备完善的庭院式或花园洋房等高级房屋。

(5)砖木结构二等:结构正规,材料较好,一般是外部没有装修处理,室内有专用上、下水等设备的普通砖木结构房屋。

(6)砖木结构三等:结构简单,材料较差,一般是室内没有专用上、下水等设备,较低级的砖木结构房屋。

(7)简易结构:如简易楼、平房、木板房、砖坯房、土草房、竹木捆绑房等。

3. **房屋的耐用年限**

各种结构房屋的耐用年限(见表5-2)。

4. **房屋的残值、残余价值及残值率**

房屋残值是指房屋达到使用年限,不能继续使用,经拆除后的旧料价值;清理费用是指拆除房屋和搬运废弃物所发生的费用;残值减去清理费用,即为残余价值,其与房屋造价的比例为残值率。各种结构房屋的残值率见表5-2。

表5-2 各种结构房屋的耐用年限和残值率

年限与残值 结构类型		耐用年限(年)			残值率(%)
		非生产用房	生产用房	受腐蚀的生产用房	
钢筋混凝土结构		60	50	35	0
砖混结构	一等	50	40	30	2
	二等	50	40	30	2
砖木结构	一等	40	30	20	6
	二等	40	30	20	4
	三等	40	30	20	3
简易结构		10			0

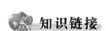

知识链接

建筑的功能部件耐用年限(如表5-3所示)

表5-3 部分构筑物的耐用年限表(年)

名称	耐用年限	名称	耐用年限
管道	30	露天库	20
冷却塔	30	冷藏库	30
蓄水池	30	储油缸	20
污水池	20	大坝	60
水井	30	其他	30

课题六 成本法运用举例

项目名称：某仓库估价。

训练目的：掌握成本法估价的操作步骤与测算。

估价对象概况：估价对象是一个专用仓库；坐落在某城市建成区内；土地总面积2 500 m²，总建筑面积8 500 m²；土地权利性质为出让土地使用权；建筑物建成于1984年7月底，建筑结构为钢筋混凝土结构。

估价要求：评估该专用仓库2004年7月30日的价值。

估价操作及测算过程：

1. 估价操作过程

(1) 选择估价方法。本估价对象为专用仓库，很少出现买卖，也无直接、稳定的经济收益，故拟选用成本法进行估价。

(2) 选择计算公式。该宗房地产估价属于成本法中的旧房地产估价，需要评估的价值包含土地和建筑物的价值，故选择的计算公式为：

旧房地价格＝土地的重新取得价格或重新开发成本＋建筑物的重新构件价格－建筑物的折旧

(3) 求取土地的重新取得价格或重新开发成本。由于该土地坐落在城市建成区内，直接求取其重新开发成本很难，政府尚未确定公布基准地价，故拟通过如下两个途径求取该土地的重新取得价格或重新开发成本：①采用市场法，利用当地类似出让土地使用权的出让或转让价格来求取；②采用成本法，具体是利用征用农地的费用加土地开发费和土地使用权出让金等，再加上地段差价调节的办法来求取。

2. 估价测算过程

(1) 采用市场法求取土地价格。调查选取了A、B、C三个可比实例并进行有关修正、调整如下：

可比实例A：土地面积2 300 m²；成交日期2003年5月；成交价格605元/m²。修正与调整计算如下：

$$V_A = \frac{实例土地}{成交价格} \times \frac{交易情况}{修\ 正} \times \frac{市场状况}{调\ 整} \times \frac{土地状况}{调\ 整}$$

$$= 605 \times \frac{100}{100} \times \frac{107}{100} \times \frac{100}{95}$$

$$= 681.4(元/m²)$$

可比实例B：土地面积3 000 m²；成交日期2003年12月；成交价格710元/m²。修正与调整计算如下：

$$V_B = \frac{实例土地}{成交价格} \times \frac{交易情况}{修\ 正} \times \frac{市场状况}{调\ 整} \times \frac{土地状况}{调\ 整}$$

$$= 710 \times \frac{100}{100} \times \frac{103}{100} \times \frac{100}{106}$$

$$= 689.9(元/m²)$$

可比实例C：土地面积2 500 m²；成交日期2004年5月；成交价格633元/m²。修正与调整计算如下：

$$V_C = \frac{\text{实例土地}}{\text{成交价格}} \times \frac{\text{交易情况}}{\text{修\quad 正}} \times \frac{\text{市场状况}}{\text{调\quad 整}} \times \frac{\text{土地状况}}{\text{调\quad 整}}$$

$$= 633 \times \frac{100}{95} \times \frac{101}{100} \times \frac{100}{99}$$

$$= 679.8(\text{元}/\text{m}^2)$$

采用可比实例的简单算术平均数求取估价对象的价格为：

$$\text{估价对象土地的单价} = \frac{V_A + V_B + V_C}{3} = \frac{681.4 + 689.9 + 679.8}{3} = 683.7(\text{元}/\text{m}^2)$$

（2）利用征用农地的费用加土地开发费和土地使用权出让金等，再加上地段差价调节的办法来求取土地价格。在估价时点（2004年7月30日）征郊区农地平均每亩需要支付10万元的征地补偿、安置等费用，约合150元/m²；向政府交付土地使用权出让金等费用30元/m²；将土地开发成可直接供建筑使用的土地，还需要"五通一平"，为此，每平方米还需要投资（含开发土地的费用、税金和利润）110元。以上合计为290元/m²，可视为城市边缘熟地的价格。

（3）该城市土地分为十个级别，城市边缘熟地列为最差级，即处于第十级土地上，而估价对象房地产处于第七级土地上，因此，还需要进行土地级别对价格影响的调整。各级土地之间的价格差异如表5-4所示。

表5-4 某城市各级土地之间的地价差异表

土地级别	一	二	三	四	五	六	七	八	九	十
地价是次级土地的倍数	1.30	1.30	1.30	1.30	1.30	1.30	1.30	1.30	1.30	1.00
地价是最次级土地的倍数	10.60	8.16	6.27	4.83	3.71	2.86	2.20	1.69	1.30	1.00

根据表5-4，则有：

$$\text{估价对象土地的单价} = 290 \times 2.20 = 638(\text{元}/\text{m}^2)$$

通过上述两个途径求得估价对象土地的单价分别为684元/m²和638元/m²。该房地产估价主要以前者为基础，但对于后者也与应充分考虑，并咨询熟悉当地房地产市场行情专家的意见，确定估价对象土地的单价为680元/m²。故：

$$\text{估价对象土地的总价} = 680 \times 5\,000 = 340.0(\text{万元})$$

（4）求取建筑物的重新购建价格。现时（在估价时点2004年7月30日）与估价对象建筑物类似的不包括土地价格在内的建筑物的造价（包含合理利润、税费等）为建筑面积1 000元/m²，以此作为估价对象建筑物的重置价格。故：

$$\text{估价对象建筑物的重新购建总价} = 1\,000 \times 8\,500 = 850.0(\text{万元})$$

（5）求取建筑物的折旧。采用直线法求取折旧额。参照规定并根据估价人员的判断，该专用仓库建筑物的经济寿命为60年，残值率为零。故：

$$\text{估价对象建筑物的折旧总额} = 850 \times 20/60 = 283.3(\text{万元})$$

估价人员到现场观察，认为该专用仓库建筑物的折旧程度为三成，即近七成新，与上述计算结果基本吻合。

(6)求积算价格。

旧房地价格＝土地重新购建价格＋建筑物的重新购建价格－建筑物的折旧
$$=170+850-283.3=736.7(万元)$$

估价结果：根据上述计算结果并参考估价人员的经验，将本估价对象专用仓库2004年7月30日的价值总额评估为737万元，折合每平方米建筑面积867元。

能力拓展训练

案例资料（一）：详细内容见本课题"情境案例"。

任务：试计算该宗土地的价格。

案例资料（二）：现对一建筑物进行评估，该建筑物2000年6月竣工投入使用，建筑面积1 000 m²，砖混结构，耐用年限40年，当时建筑造价为每平方米建筑面积500元。2012年6月对该建筑物进行实地勘察，估计该建筑物尚可使用30年，残值率为2%，现时建造同类建筑物的建筑造价为每平方米建筑面积1 000元（包含相应税费）。

任务：试用所给资料估计该建筑物在2012年6月的单价和总价。

案例资料（三）：某宗房地产的土地总面积为1 000 m²，是10年前通过征用农地取得的，当时的花费为18万元/亩，现时重新取得该类土地需要花费620元/m²；地上建筑物总建筑面积2 000 m²，是8年前建成交付使用的，当时的建筑造价为600元/平方米建筑面积，估计该建筑物有八成新。现时建造类似建筑物的建筑造价为1 200元/平方米建筑面积（包含相应税费）。

任务：测算该宗房地产的现时总价和单价。

案例资料（四）：某市经济技术开发区内有一块面积为15 000 m²的土地，该地块的土地征地费用（含安置、拆迁、青苗补偿费和耕地占用税）为每亩10万元，土地开发费为每平方公里2亿元，土地开发周期为两年，第一年投入资金占总开发费用的35%，开发商要求的投资回报率（直接成本利润率）为10%，当地土地出让增值收益率为15%，银行贷款年利率为6%。

任务：试评估该土地的价格。

案例资料（五）：某房地产估价公司接受甲公司委托，对甲公司拥有的一处自建房地产在委托日的价值进行评估。估价目的为房地产抵押估价；该房地产占地面积为3 500 m²，总建筑面积为4 500 m²，2005年10月竣工；评估公司的评估结果为850元/m²。甲公司拿到报告后颇感不解，因为其实际投入的成本已达960元/m²，而且还未考虑开发利润和利息，而评估公司认为自己的评估报告是合理的。

任务：请问评估公司认为其评估结果是合理的理由可能有哪些？

项目六 假设开发法

学习目标

知识目标

理解假设开发法的理论原理、适用对象和条件；
掌握假设开发法的基本公式；
掌握现金流量折现法与传统方法的应用。

能力目标

能界定假设开发法的适用对象；
会进行假设开发法测算中各项目的求取；
能熟练运用现金流量法和传统方法进行估价操作和测算。

项目分析

项目概述

假设开发法是房地产估价实践中一种科学而实用的方法，无论在房地产估价，还是房地产投资中都有很重要的应用。本项目主要介绍假设开发法的概念、基本思路和理论依据，适用范围和应用前提条件，基本公式，基本程序和内容，并通过大量估价实例来分析和掌握假设开发法的应用。

情境案例

某企业购得一宗已停工5年的在建工程。该在建工程目前结构封顶，其中1—4层为商业裙楼，5—26层为住宅，裙楼部分已完成部分设备安装。现该企业拟以商业裙楼2、3、4层和住宅部分的5—8层作抵押，向银行申请抵押贷款。你所在的估价公司接受委托并承接了该项估价业务，并指派你为该估价项目的负责人。

请说明评估该项目拟优先选用的估价方法、技术路线及理由，并说明确定评估价值时需考虑的主要因素。

基本知识与技能

课题一 认识假设开发法
课题二 假设开发法估价公式
课题三 现金流量折现法和传统方法
课题四 假设开发法估价测算中各项的求取

课题五 假设开发法应用举例

基础与能力训练

课题一 认识假设开发法

一、假设开发法概念与理论原理

1. 假设开发法的概念

假设开发法又称剩余法,是预测估价对象开发完成后的价值和后续开发的必要支出及应得利润,然后用开发完成后的价值减去后续开发的必要支出及应得利润来求取估价对象价值的方法。

假设开发法的本质与收益法相同,是以房地产的预期收益(具体为预测的开发完成后的价值减去预测的后续开发的必要支出及应得利润后的余额)为导向求取估价对象的价值。

假设开发法是一种科学、实用的估价方法,在中国现阶段房地产开发活动较多的情况下,得到了广泛应用,尤其在待开发土地等房地产评估中应用最为广泛。

2. 假设开发法的理论依据

假设开发法的理论依据与收益法相同,也是预期原理。假设开发法估价的基本思路可以通过房地产开发企业购置房地产开发用地的报价过程这一具体事例来加以体现:

假如有一块房地产开发用地要出让或转让,有许多房地产开发企业参加竞争,作为其中之一的房地产开发企业,愿意出多高的价格呢?

(1)要深入调查、分析这块土地的内外部状况和当地房地产市场状况,如该块土地的位置、四至、面积、形状、地形地势、地基情况、开发程度、交通条件、周围环境和景观、规划条件(如用途、容积率、建筑高度、建筑密度、绿地率,以及配套建设的保障性住房、公共服务设施等要求)和将拥有的土地权利等。

(2)研究、判断该块土地的最高最佳利用,即在规划允许的范围内最适宜做何种用途、建筑规模多大、集约度如何、什么档次。例如是建住宅还是建写字楼或商场、酒店等。

(3)要预测在未来适当的时候销售(包括预售、建成后销售)开发完成后的房地产,价格将是多少;取得这块土地时作为买方需要缴纳的契税等"取得税费"将是多少;为了开发建设和出售该房地产,包括建设成本、管理费用、销售费用、投资利息(不论自有资金还是借贷资金均要计算利息)等在内的支出将是多少;在出售开发完成后的房地产时,作为卖方要缴纳的营业税等"销售税费"是多少。此外,要预测获得正常的开发利润是多少等。

(4)在作出上述分析和预测后,便可知愿意为这块土地支付的最高价格是多少。它等于预测的该块土地开发完成后的价值,减去预测的在未来开发经营过程中必须付出的各种成本、费用、税金以及应当获得的开发利润后的余额。

可见,假设开发法在形式上是评估新开发的房地产(如新建商品房)价值的成本法的"倒算法"。两者的主要区别是:成本法中的土地价值为已知,需要求取的是开发完成后的房地产价值;而假设开发法中开发完成后的房地产价值已事先通过预测得到,需要求取的是土地价值。

二、假设开发法适用的估价对象和条件

假设开发法适用于具有开发或再开发潜力且开发完成后的价值可以采用市场比较法、收

益法等方法求取的房地产的估价,包括可供开发的土地(包括生地、毛地、熟地)、在建工程(或称为房地产开发项目)、可重新改造或可改变用途的旧房(包括改建、扩建、重新装修等,如果是重建就属于毛地的范畴)。以下把这类房地产统称为"待开发房地产"。

对于规划条件尚不明确的待开发房地产,难以采用假设开发法估价。因为在该房地产的法定开发利用前提尚不确定的情况下,其价值也就不能确定。如果在这种情况下仍然需要估价,可以通过咨询城乡主管部门或者有关专业机构、专家的意见,或者参照周边土地的规划条件等方式,推测其最可能的规划条件,然后据此进行估价,并将其作为估价假设和限制条件,在估价报告中作出特别提示。

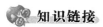**知识链接**

假设开发法的其他用途

假设开发法除了适用于估价,还适用于房地产开发项目分析,是房地产开发项目分析的常用方法之一。假设开发法用于房地产估价与用于房地产开发项目分析的不同之处,是在选取有关参数和测算有关数值时不同,用于估价是站在一个典型的投资者的立场,用于项目分析是站在某个特定的投资者的立场。

房地产开发项目分析的目的,是为了给房地产开发投资者的投资决策提供参考依据。假设开发法可为房地产投资者提供以下三种数据:

(1)预测待开发房地产的最高价格。如果房地产投资者有兴趣取得某一待开发房地产,他必须事先测算出能够承受的最高价,他的实际购置价格应低于或等于此价格,否则就不值得购买。

(2)测算房地产开发项目的预期利润。在测算预期利润时,是假定待开发房地产已按照某个价格购置,即待开发房地产的取得成本被视为已知。预计可取得的总收入减去待开发房地产的取得成本以及建设等成本、费用、税金后的余额,为该房地产开发项目所能产生的利润。该利润或利润率如果高于房地产投资者的期望值,则认为该房地产开发项目可行;否则,应推迟开发,甚至取消投资。

(3)测算房地产开发中可能的最高费用。测算最高费用时,待开发房地产的取得成本也被视为已知。测算最高费用的目的是为了使开发利润保持在一个合理的范围内,同时使建设成本等成本、费用、税金在开发过程的各个阶段得到有效的控制,不至于在开发过程中出现费用失控。

实际估价中,假设开发法测算结果的可靠程度,取决于下列以下预测:①是否根据房地产估价的合法原则和最高最佳利用原则,正确判断估价对象的最佳开发利用方式(包括用途、规模、档次等)。②是否根据当地房地产市场状况,正确预测了估价对象开发完成后的价值。只要做到这两项预测准确,假设开发法的可靠性也就有了保证。当然,由于两个预测中包含着较多的不确定因素,要准确作出这两个预测有较大的难度。但是,当估价对象具有潜在的开发价值时,假设开发法几乎是最主要且实用的一种估价方法。

同时,假设开发法测算结果的准确与否,除了取决于对假设开发法本身掌握的如何,还要求有一个良好的社会经济环境。主要包括:①要有一套统一、严谨及健全的房地产法规;②要有一个明朗、稳定及长远的房地产政策,包括有一个长远、公开的土地供应计划;③要有一个全面、连续及开放的房地产信息资料库,包括一个清晰、全面的有关房地产开发和交易的税费清单或目录。如果不具备这些条件,在估价时会使本来就难以预测的房地产市场,人为地掺入更多的不确定因素,使未来的房地产市场变得更加不可捉摸,从而对开发完后的价值以及后续必要支出的预测更加困难。

虽然利用假设开发法预测估价对象的精度有一定的困难,但是,当估价对象具有潜在的开发价值时,假设开发法几乎是最主要且实用的一种估价方法。

三、假设开发法估价的基本步骤

运用假设开发法估价一般分为六个步骤:①调查、分析待开发房地产状况和当地房地产市场状况;②选取最佳的开发利用方式,确定未来开发完成后的房地产状况;③预测后续开发经营期;④预测开发完成后的房地产价值;⑤测算后续开发建设的必要支出及应得利润;⑥测算待开发房地产价值。

下面以评估政府有偿出让国有建设用地使用权的价格为例,说明如何调查、分析待开发房地产状况和选取最佳的开发利用方式,至于假设开发法的其他步骤的内容将在后面介绍。

(一)调查、分析待开发房地产状况

在中国现行土地使用制度下,政府有偿出让国有建设用地使用权的土地,主要是房地产开发用地(可能是熟地,也可能是毛地或生地)。出让方式有招标、拍卖、挂牌和协议四种。无论哪种出让方式,政府都需要对这类房地产开发用地进行估价,以确定出让底价或做到心中有数;投标人、竞买人、土地使用者也需要对这类房地产开发用地进行估价,以确定其报价或出价。这类房地产开发用地的用途、容积率、建筑高度、建筑密度、绿地率、使用期限等限制条件,通常政府事先已明确。投标人、竞买人、土地使用者取得了该类土地后,只能在政府的这些限制条件下开发利用。因此,政府的这些限制条件,也是评估这类房地产开发用地的价值时必须遵守的前提条件。

调查、分析该类房地产开发用地的状况主要包括以下几个方面:

(1)土地的区位状况。土地的区位状况包括三个层次:①土地所在城市的性质;②土地所在城市内的区域的性质;③具体的坐落状况。弄清这些主要是为选取最佳的土地用途服务。例如:位于上海浦东新区的一块房地产开发用地需要估价,需要弄清上海的性质和地位,浦东新区的性质和地位,浦东新区与上海老市区的关系以及政府对该区的政策和规划建设设想等,此外还需要弄清这块土地在该区内的具体坐落状况,包括交通条件、外部配套设施、周围环境和景观等。

(2)土地的实物状况。土地的实物状况包括面积、形状、地形、地势、地基、开发程度等,弄清这些主要是为预测后续必要支出服务。

(3)土地的权益状况,特别是规划条件和将拥有的土地权利。弄清规划条件包括土地用途、容积率、建筑高度、建筑密度、绿地率等,主要为选取最佳开发利用方式、确定开发完成后的房地产状况服务;弄清将拥有的土地权利包括土地权利性质、使用期限、是否不可续期,以及对该房地产开发用地转让、出租、抵押甚至价格等有关规定,主要为预测开发完成后的房地产价格、租金等服务。

(二)选取最佳的开发利用方式

在调查、分析待开发房地产状况和当地房地产市场状况后,便可以选取最佳的开发利用方式,包括选取最佳的用途、建筑规模、档次等。这些都要在规划允许范围内选取,即在规划条件

范围内选取最佳的开发利用方式。其中最重要的是选取最佳的用途,这时要考虑该土地位置的可接受性及这种用途的现实社会需要程度和未来发展趋势,即要分析当地市场的接受能力,项目建成后市场究竟需要什么类型的房地产。

例如,某宗土地的城市用途为宾馆或公寓、写字楼,实际估价时究竟应选择哪种用途?首先要调查、分析该土地所在城市和区域的宾馆、公寓、写字楼的供求关系及其走向。如果对宾馆、写字楼的需求开始趋于饱和,表现为客房入住率、写字楼出租率呈下降趋势,但希望能租到或买到公寓住房的人逐渐增加,而在未来几年内能提供公寓的数量又较少时,则这宗土地应选择的用途为公寓。

基础训练

1. 什么是假设开发法?其理论依据是什么?
2. 假设开发法的适用对象是什么?运用假设开发法估价需要具备哪些条件?
3. 假设开发法的操作步骤是什么?
4. 为什么说假设开发法在形式上是成本法的"倒算法",而其本质上与收益法相同?

技能训练

观察学校周围地房地产类型,确定哪些房地产可运用假设开发法估价?是否具备假设开发法估价的条件?

课题二 假设开发法估价公式

一、假设开发法的基本公式

假设开发法的基本公式如下:

$$待开发房地产价值 = 开发完成后的价值 - 后续必要支出及应得利润 \quad (6-1)$$

$$后续必要支出及应得利润 = 待开发房地产取得税费 + 后续建设成本 + 后续管理费用 + 后续销售费用 + 后续投资利息 + 后续销售税费 + 后续开发利润 \quad (6-2)$$

对公式中应减去的项目及其金额,要牢记"后续"二字,基本原则是设想得到估价对象(待开发房地产)之后到将其开发完成,需要做的各项工作和相应支出及应得利润。如果是已经完成的工作和相应支出及利润,它们已包含在估价对象的价值内,不应作为扣除项目。例如,评估尚未完成房屋征收补偿等工作的毛地价值,这时减去的项目应包括房屋征收补偿费、地上物拆除费等费用;如果评估的是已经完成房屋征收补偿等工作的土地价值,则不应将房屋征收补偿费等费用作为扣除项目。

运用上述公式估价应注意:①要把握待开发房地产状况和未来开发完成后的房地产状况;②要把握未来开发完成后的房地产经营方式。待开发房地产状况即估价对象状况,有土地(又可分为生地、毛地、熟地)、在建工程和旧房等;开发完成后的房地产状况,有熟地和新房地等。综合起来,待开发房地产状况有以下七种情形:

(1)估价对象为生地,在生地上进行房屋建设;
(2)估价对象为生地,将生地开发成熟地;

(3)估价对象为毛地,在毛地上进行房屋建设;
(4)估价对象为毛地,将毛地开发成熟地;
(5)估价对象为熟地,在熟地上进行房屋建设;
(6)估价对象为在建工程,将在建工程建成房屋;
(7)估价对象为旧房,将旧房重新改造或改变用途,使之成为新房。

未来开发完成后的房地产经营方式,有出售、出租(多为建成后出租)和营业等。

二、估价对象和未来开发完成后的房地产状况细化的公式

按估价对象状况和未来开发完成后的房地产状况,将假设开发法基本公式细化为如下公式。

(一)求土地价值的公式

1. 求生地价值的公式

(1)适用于在生地上进行房屋建设的公式:

生地价值=开发完成后的价值-生地取得税费-由生地建成房屋的成本-管理费用-销售费用-投资利息-销售税费-开发利润 (6-3)

(2)适用于将生地开发成熟地的公式:

生地价值=开发完成后的熟地价值-生地取得税费-由生地开发成熟地的成本-管理费用-销售费用-投资利息-销售税费-开发利润 (6-4)

2. 求毛地价值的公式

(1)适用于在毛地上进行房屋建设的公式:

毛地价值=开发完成后的价值-毛地取得税费-由毛地建成房屋的成本-管理费用-销售费用-投资利息-销售税费-开发利润 (6-5)

(2)适用于将毛地开发成熟地的公式:

毛地价值=开发完成后的熟地价值-毛地取得税费-由毛地开发成熟地的成本-管理费用-销售费用-投资利息-销售税费-开发利润 (6-6)

3. 求熟地价值的公式(适用于在熟地上进行房屋建设)

熟地价值=开发完成后的价值-熟地取得税费-由熟地建成房屋的成本-管理费用-销售费用-投资利息-销售税费-开发利润 (6-7)

(二)求在建工程价值的公式(适用于将在建工程建成房屋)

适用于将在建工程建成房屋的公式为:

在建工程价值=续建完成后的价值-在建工程取得税费-续建成本-管理费用-销售费用-投资利息-销售税费-续建利润 (6-8)

(三)求旧房价值的公式(适用于将旧房重新改造或改变用途,使之成为新房)

适用于将旧房重新改造或改变用途,使之成为新房的公式为:

旧房价值=重新改造或改变用途后的价值-旧房取得税费-重新改造或改变用途成本-管理费用-销售费用-投资利息-销售税费-利润 (6-9)

三、开发完成后的经营方式细化的公式

开发完成后的房地产适宜销售的,其价值适用市场比较法评估;适宜出租或营业的,其价

值适用收益法评估。在假设开发法基本公式的细化公式如下:

1. 适用于开发完成后的房地产销售的公式

适用于开发完成后的房地产销售的公式为:
$$V = V_P - C \tag{6-10}$$

式中:V——待开发房地产的价值;

V_P——用市场比较法测算的开发完成后的价值;

C——后续必要支出及应得利润。

2. 适用于开发完成后的房地产出租或营业的公式

适用于开发完成后的房地产出租或营业的公式为:
$$V = V_R - C \tag{6-11}$$

式中:V_R——用收益法测算的开发完成后的价值;其他符号含义同式(6-10)。

▶ 基础训练

1. 假设开发法估价的基本公式是什么?将该公式与成本法的基本公式进行对照,两个公式中有关项目的含义有何不同?

2. 按估价对象状况和未来开发完成后的房地产状况不同,假设开发法有哪些具体化估价公式?其相对应的成本法公式是什么?

课题三 现金流量折现法和传统方法

运用假设开发法评估待开发房地产价值,具体有两种测算方法:现金流量折现法和传统方法。

一、现金流量折现法和传统方法的定义

房地产开发周期一般比较长,其待开发房地产取得成本和后续的建设成本、管理费用、销售费用、销售税费以及开发完成后的价值等所发生的时间不尽相同,特别是那些大型的房地产开发项目更是如此。因此,运用假设开发法估价必须考虑资金的时间价值。考虑资金时间价值有两种方式:①折现方式,以下将这种方式下的假设开发法称为现金流量折现法;②计息方式,以下将这种方式下的假设开发法称为传统方法。

现金流量是指一个项目(方案或企业)在某一特定时期内收入和支出的资金数额。现金流量分为现金流入量、现金流出量和净现金流量。资金的收入称为现金流入,相应的数额称为现金流入量。资金的支出称为现金流出,相应的数额称为现金流出量。现金流入通常表示为正现金流量,现金流出通常表示为负现金流量。净现金流量是指某一时点的正现金流量与负现金流量的代数和,即:

$$净现金流量 = 现金流入量 - 现金流出量 \tag{6-12}$$

二、现金流量折现法与传统方法的区别

现金流量折现法与传统方法主要有以下三大区别:

(1)对开发完成后的价值和后续的建设成本、管理费用、销售费用、销售税费等的测算,在传统方法中主要是根据估价时点(通常为现在)的房地产市场状况作出的,即它们基本上是静

止在估价时点的金额;而在现金流量折现法中,是模拟房地产开发过程,预测它们未来发生的时间以及发生时的数额,即要进行现金流量预测,这是一个动态的过程。

(2)传统方法不考虑各项收入、支出发生的时间不同,即不是将它们折算到同一时间上,而是直接相加减,但要计算投资利息,计息期通常到开发完成之时,既不考虑预售,也不考虑延迟销售;而现金流量折现法要考虑各项收入、支出发生的时间不同,即首先要将它们折算到同一时间上(直接或最终折算到估价时点上),然后再相加减。例如,评估一宗房地产开发用地2009年9月15日的价值,要将在未来发生的支出和收入都折算到2009年9月15日。如果预测该宗土地2012年9月15日开发完成后的房价(含地价)为5 000元/m²,折现率为10%,则需要将5 000元/m²折现到2009年9月15日时的房价,为:

$$5\ 000/(1+10\%)^3 = 3\ 756.57(元/m^2)$$

(3)在传统方法中投资利息和开发利润都单独显现出来,而现金流量折现法中这两项都不单独显现,而是隐含在折现过程中。因此,现金流量折现法要求折现率既包含安全收益部分(通常的利率),又包含风险收益部分(利润率)。这样处理是为了与投资项目经济评价中的现金流量分析的口径一致,便于比较。

三、现金流量折现法和传统方法的优缺点

从理论上讲,现金流量折现法测算的结果比较精确,但测算过程相对较复杂;传统方法测算的结果比较粗略,但测算过程相对简单。当然,它们的精确与粗略在现实中可能不完全如此。这是因为现金流量折现法要求"先知先觉",具体需要做到以下三个预测准确:①后续开发经营期;②各项收入、支出发生的时间;③各项收入、支出发生的数额。

由于存在众多的未知因素和偶然因素会使预测偏离实际,因此,要做到准确预测是十分困难的。尽管如此,实际估价中还是应尽量采用现金流量折现法。在难以采用现金流量折现法的情况下,可以采用传统方法。

▶ 基础训练

1. 现金流量折现法与传统方法的主要区别有哪些?
2. 现金流量折现法与传统方法各有哪些优缺点?

课题四 假设开发法估价测算中各项的求取

一、后续开发经营期

为了预测开发完成后的价值和后续各项必要支出发生的时间和金额,便于进行折现或测算投资利息,首先需要预测后续开发经营期(以下简称开发经营期)。开发经营期的起点是(假设)取得估价对象(待开发房地产)的日期(即估价时点),终点是开发完成后的房地产经营结束的日期。其中,开发经营期可分为建设期和经营期。

建设期的起点与开发经营期的起点相同,终点是未来开发完成的房地产竣工日期。建设期又可分为前期和建造期。前期是指从取得待开发房地产到动工建设的这段时间;建造期指从动工建设到未来开发完成的房地产竣工的时间。

经营期根据未来开发完成后的房地产经营方式而具体化,根据经营方式可具体化为销售

期(针对销售方式)和运营期(针对出租和营业两种情况)。销售期是自开始销售开发完成后的房地产之日起至将其售出之日止的时间。在确定销售期时应注意:预售时销售期与建设期的重叠,延迟销售时销售期与运营期的重叠。运营期的起点是开发完成后的房地产竣工之日,终点是开发完成后的房地产的一般正常持有期结束之日或者经济寿命结束之日。

开发经营期、建设期、经营期等之间的关系见图6-1。

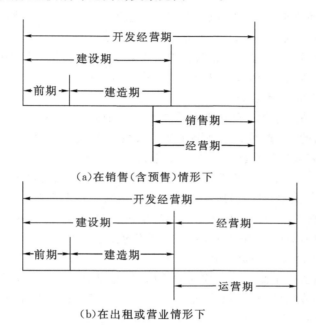

图6-1 开发经营期及其构成

预测开发经营期,先把开发经营期分成各个组成部分,然后分别预测各组成部分,再把预测出的各个组成部分连接起来。其中,建设期的预测相对容易,经营期特别是销售期通常难以准确预测。

预测建设期时,其中的前期预测要相对困难一些,建造期一般能较准确预测。预测建设期的关键是估算将待开发房地产状况开发成未来开发完成后的房地产状况所需要的时间。具体的估算方法有:①根据后续需要做的各项工作所需要的时间直接估算建设期。②采用类似于市场比较法的方法,通过类似房地产已发生的建设期的比较、修正或调整,先分别求取未来开发完成后的房地产的建设期和待开发房地产的建设期,然后求两者的差即得所求后续建设期。例如,估价对象为某个商品房在建工程,估算该在建工程的后续建设期时,通过市场比较法得到了类似商品房的建设期为36个月,该在建工程的正常建设期为24个月,则后续建设期为12个月。

预测经营期时,销售期的预测要考虑未来房地产市场的景气状况,运营期的预测主要考虑未来开发完成后的房地产的一般正常持有期或者经济寿命。

二、开发完成后的房地产价值

预测开发完成后的房地产价值包括以下三个方面:

1. 开发完成后的价值对应的房地产状况

开发完成后的价值,是指未来开发完成后的房地产状况所对应的价值。因此,先要弄清未来开发完成后的房地产状况,再预测该状况的房地产价值。以估价对象为商品房在建工程为例,预计未来开发完成后的商品房是毛坯房、粗装修房或者是精装修房,则预测的开发完成后的价值应分别是毛坯房的价值、粗装修房的价值、精装修房的价值。

需要注意的是,如果未来开发完成后的房地产状况不是纯粹的房地产,还包含房地产以外的动产、权利等,如开发完成后的房地产为酒店、保龄球馆等收益性房地产的,其状况通常是"以房地产为主的整体资产",包含着建筑物内的家具、设备等房地产以外的财产。这种情况下预测的开发完成后的房地产价值,应包含其中的家具、设备等房地产以外财产的价值。

2. 开发完成后的价值对应的时间

开发完成后的价值对应的时间可能是未来开发完成之时,也可能是未来开发完成之前或之后的某个时间。因此,先要弄清是预测未来开发完成后的房地产状况在哪个时间的价值。在传统方法中,开发完成后的价值是未来开发完成后的房地产状况在估价时点的房地产市场状况下的价值。但在现金流量折现法中,对于未来开发完成后的房地产适宜建成销售的,通常是预测其在未来开发完成之时的房地产市场状况下的价值;但当房地产市场较好而适宜预售的,则是预测它在预售时的房地产市场状况下的价值;当房地产市场不好而需要延迟销售的,则是预测它在延期销售时的房地产市场状况下的价值。

3. 开发完成后的价值的预测方法

在现金流量折现法中预测开发完成后的价值时,通常是采用市场比较法并考虑类似房地产价格的未来变化趋势来推测,比较的单位一般为单价。例如,假设现在是 2012 年 6 月,有一宗房地产开发用地,用途为开发商品住宅,开发期为 18 个月(或 1.5 年),如果要预测该商品住宅在 2013 年 12 月建成时的价值,则可通过收集当地该类商品住宅过去若干年和现在的市场价格资料以及未来可能的变化趋势来推测确定。

对于出租和自营的房地产,如写字楼、商店、旅馆、餐馆等,预测开发完成后的价值时,可先预测其租赁或经营的净收益,再采用收益法将该净收益转换为价值。在这种情况下,收益法不是一种独立的估价方法,而是被包含在假设开发法之中,成为假设开发法的一部分。例如,根据当前的市场租金水平,预测未来建成的某写字楼的月租金为每平方米使用面积 35 元,出租率 90%,运营费用占租金的 30%,报酬率为 10%,可供出租的使用面积为 38 000m²,运营期为 47 年,则未来该写字楼在建成时的总价值为:

$$V=\frac{38\ 000\times35\times90\%\times(1-30\%)\div12}{10\%}\times\left[1-\frac{1}{(1+10)^{47}}\right]=9\ 940.80(万元)$$

值得指出的是,运用假设开发法估价时,开发完成后的价值不能采用成本法求取,否则实质上就变成采用成本法估价了。但这一要求并不影响对同一估价对象同时采用成本法和假设开发法估价,许多待开发房地产,如住宅、写字楼、商场、饭店等在建工程,不仅可以而且应当同时采用这两种方法估价,只是在运用假设开发法估价时,开发完成后的价值不能采用成本法求取。

三、后续必要支出及应得利润

后续必要支出及应得利润,是将待开发房地产状况"变成"未来开发完成后的房地产状况必须付出的成本、费用、税金及应当获得的一般正常利润,具体包括待开发房地产取得税费和后续的建设成本、管理费用、销售费用、投资利息、销售税费以及开发利润。这些都是假设开发法测算中应当减去的项目,统称为"扣除项目"。它们的估算与成本法中的方法相同,但有两点区别:①它们本质上应是预测的扣除项目在未来发生时的值,不是在估价时点的值(但在传统方法中将它们近似为估价时点的值)。②它们是在取得待开发房地产之后到把待开发房地产开发完成的必要支出及应得利润,不包括在取得待开发房地产之前所发生的支出及应得利润。

待开发房地产取得税费,是假定在估价时点购置待开发房地产时应由购置方(买方)缴纳的契税、印花税、交易手续费等有关税费。通常根据税法及中央和地方政府的有关规定,按照待开发房地产价值的一定比例测算。

后续的建设成本、管理费用、销售费用等必要支出的测算,要与未来开发完成后的房地产状况相对应。相同的待开发房地产,未来开发完成后的房地产可能为毛坯房、粗装修房或精装修房,其后续必要支出则依次增大。特别是未来开发完成后的房地产为"以房地产为主的整体资产"的,其后续必要支出通常还应包括家具、设备等房地产以外财产的购置费等支出。

后续的建设成本、管理费用、销售费用等必要支出的测算,要与未来开发完成后的房地产状况相对应。测算投资利息时要把握应计息项目、计息周期、计息期、计息方式和利率。其中应计息项目包括待开发房地产价值及其取得税费,以及后续的建设成本、管理费用和销售费用。销售税费一般不计算利息。一项费用计息期的起点是该项费用发生的时点,终点通常是建设期的终点,一般不考虑预售和延迟销售的情况。值得注意的是,待开发房地产价值及其取得税费是假设在估价时点一次性付清,因此其计息的起点是估价时点。后续的建设成本、管理费用和销售费用通常不是集中在一个时点发生,而是分散在一段时间(如开发期间或建造期间)内不断发生,为了估算方便,在计息时通常将其假设为在所发生的时间段内均匀发生,并具体视为集中发生在该时间段的期中。发生的时间段通常按年划分,精确的测算则要求按半年、季或月来划分。

测算后续开发利润时,要注意成本法中要求的利润率与其计算基数的相互匹配:采用直接成本利润率时,计算基数为待开发房地产价值及其取得税费以及后续的建设成本;采用投资利润率时,计算基数为待开发房地产价值及其取得税费,以及后续的建设成本、管理费用和销售费用;采用成本利润率时,计算基数为待开发房地产价值及其取得税费,以及后续的建设成本、管理费用、销售费用和投资利息;采用销售利润率时,计算基数为开发完成后的价值。另外还要注意的是,利润率是指总利润率还是年平均利润率。

四、折现率

折现率是采用现金流量折现法时需要确定的一个重要参数,它与报酬资本化法中的报酬率的性质和求取方法相同,应等同于同一市场上相同或相似的房地产开发项目所要求的平均报酬率,它体现了资金的利率和开发利润两部分,因而采用现金流量折现法(动态方法)测算待开发房地产价值时,不再单独进行投资利息和开发利润的计算。

五、假设开发法估价测算示例

【例 6-1】某成片荒地的面积为 $2km^2$,适宜开发成"五通一平"的熟地后分块转让;可转让土地面积的比率为 60%;附近地区与之位置相当的"小块""五通一平"熟地的单价为 800 元/m^2;建设期为 3 年;将该成片荒地开发成"五通一平"熟地的建设成本以及管理费用、销售费用,经测算为 2.5 亿元/km^2;贷款年利率为 8%;土地开发的年平均投资利润率为 10%;当地土地转让中卖方需要缴纳的营业税等税费和买方需要缴纳的契税等税费,分别为转让价格的6%和4%。请采用假设开发法中的传统方法测算该成片荒地的总价和单价。

【解】估价时点为购买该成片荒地之日(现在),并设该成片荒地的总价为V,则:
(1)开发完成后的熟地总价值=800×2 000 000×60%=9.6(亿元)
(2)该成片荒地取得税费总额=V×4%=0.04V(亿元)
(3)建设成本、管理费用和销售费用总额=2.5×2=5(亿元)
(4)投资利息总额=$(V+0.04V)\times[(1+8\%)^3-1]+5\times[(1+8\%)^{1.5}-1]$
　　　　　　　　=0.27V+0.612(亿元)
(5)转让开发完成后的熟地税费总额=9.6×6%=0.576(亿元)
(6)开发利润总额=$(V+V\times4\%)\times10\%\times3+5\times10\%\times1.5$
　　　　　　　　=0.312V+0.75(亿元)
(7)V=9.6−0.04V−5−(0.27V+0.612)−0.576−(0.312V+0.75)
　　V=1.641(亿元)
故:该成片荒地总价=1.641(亿元)
　　该成片荒地单价=164 100 000/2 000 000=82.05(元/m²)

【例6-2】某宗"七通一平"熟地面积为5 000 m²,容积率为2,适宜建造一幢写字楼。预计取得该土地后建成该写字楼需要2年,建筑安装工程费为每平方米建筑面积2 000元,勘察设计和前期工程费及其他工程费为建筑安装工程费的8%,管理费用为建筑安装工程费的6%;建筑安装工程费、勘察设计和前期工程费及其他工程费、管理费用第一年需要投入60%,第二年需要投入40%。在该写字楼建成前半年需要开始投入广告宣传等销售费用,预计为其售价的2%。当地房地产交易中卖方应缴纳的营业税等税费和买方应缴纳的契税等税费,分别为正常市场价格的6%和3%。预计该写字楼在建成时可全部售出,售出时的平均价格为每平方米建筑面积4 500元。试利用上述资料,采用现金流量折现法测算该土地的总价、单价及楼面地价(折现率为12%)。

【解】估价时点为购买该土地之日(现在),并设该土地的总价为V,则:
(1)写字楼的总建筑面积=5 000×2=10 000(m²)
(2)开发完成后的写字楼总价值=$\dfrac{4\,500\times10\,000}{(1+12\%)^2}$=3 587.37(万元)
(3)土地取得税费总额=V×3%=0.03V(万元)
(4)建筑安装工程费等费用的总额=$2\,000\times10\,000\times(1+8\%+6\%)\times\left[\dfrac{60\%}{(1+12\%)^{0.5}}+\dfrac{40\%}{(1+12\%)^{1.5}}\right]$
　　　　　　　　=2 062.07(万元)

建筑安装工程费、勘察设计和前期工程费及其他工程费、管理费用在各年的投入实际上是覆盖全年的,但为折现计算的方便起见,假设各年的投入是集中在该年的年中,这样,就有了(4)计算中的折现年数分别是0.5和1.5的情况。

(5)销售费用总额=$\dfrac{4\,500\times10\,000\times2\%}{(1+12\%)^{1.75}}$=73.81(万元)

销售费用假设在写字楼建成前半年内均匀投入,视同在该期间的中点一次性投入,这样,就有了(5)计算中的折现年数是1.75的情况。

(6)销售税费总额＝3 587.37×6%＝215.24(万元)

(7)$V=3\,587.37-0.03V-2\,062.07-73.81-215.24$

　　$V=1\,200.24$(万元)

故:土地总价＝1 200.24(万元)

　　土地单价＝12 002 400/5 000＝2 400.48(元/m²)

　　楼面地价＝12 002 400/10 000＝1 200.24(元/m²)

【例6-3】某旧厂房的建筑面积为5 000 m²。根据其位置,适宜改造成商场出售,并可获得政府批准,但在需补交出让金等费用400元/m²(按建筑面积计)的同时取得40年的建设用地使用权。预计购买该旧厂房买方需要缴纳的税费为其价格的4%;改造期为1年,改造费用为每平方米建筑面积1 500元;改造完成后即可全部售出,售价为每平方米建筑面积5 000元;在改造完成前半年开始投入广告宣传等销售费用,该费用预计为售价的2%;销售税费预计为售价的6%。试利用上述资料,采用现金流量折现法测算该旧厂房的正常购买总价和单价(折现率为12%)。

【解】估价时点为购买该旧厂房之日(现在),并设该旧厂房的正常购买总价为V,则:

(1)改造完成后的商场总价值$=\dfrac{5\,000\times 5\,000}{1+12\%}=2\,232.14$(万元)

(2)购买该旧厂房的税费总额$=V\times 4\%=0.04V$(万元)

(3)需补交出让金等费用总额$=400\times 5\,000=200$(万元)

(4)改造总费用$=\dfrac{1\,500\times 5\,000}{(1+12\%)^{0.5}}=708.68$(万元)

(5)销售费用总额$=\dfrac{5\,000\times 5\,000\times 2\%}{(1+12\%)^{0.75}}=45.93$(万元)

(6)销售税费总额$=\dfrac{5\,000\times 5\,000\times 6\%}{1+12\%}=133.93$(万元)

(7)$V=2\,232.14-0.04V-200-708.68-45.93-133.93$

　　$V=1\,099.62$(万元)

故:该旧厂房总价＝1 099.62(万元)

　　该旧厂房单价＝1 099.62/0.5＝2 199.24(元/m²)

【例6-4】某在建工程的建设用地面积3 000 m²,规划总建筑面积为12 400 m²,用途为写字楼,土地使用年限为50年,自2011年3月1日起计算,国有建设用地使用权出让合同约定不可续期;当时取得土地的费用为楼面地价800元/m²。该土地上正在建造写字楼,建筑结构为框架结构,测算正常建设费用(包括勘察设计和前期工程费、建筑安装工程费、管理费用等)为每平方米建筑面积2 300元。至2012年9月1日完成了主体结构,相当于投入了40%的建设费用。预计至建成尚需18个月(1.5年),还需投入60%的建设费用。建成半年后可租出,可出租面积为建筑面积的70%,可出租面积的月租金为60元/m²,出租率为85%,出租的运营费用为有效毛收入的25%。当地购买在建工程买方需要缴纳的税费为购买价的3%,同类房地产开发项目的销售费用和销售税费分别为售价的3%和6%,在建成前半年开始投入广告宣传等销售费用。试利用上述资料,用现金流量折现法测算该在建工程2012年9月1日的正常购买总价和按规划建筑面积折算的单价(报酬率为9%,折现率为13%)。

【解】估价时点为2012年9月1日,并设该在建工程的正常购买总价为V,则:

(1)续建完成后的写字楼总价值 $= \dfrac{A}{Y}\left[1-\dfrac{1}{(1+Y)^n}\right]\times\dfrac{1}{(1+r_d)^t}$

上式中，A 为净收益，Y 为报酬率，n 为收益期限，r_d 为折现率，t 为需要折现的年数。根据题意，它们分别如下：

$A = 60 \times 12 \times 12\ 400 \times 70\% \times 80\% \times (1-25\%) = 398.41(万元)$

$Y = 9\%$

n 是根据建设用地使用权剩余期限来确定的，因为预计建筑物经济寿命晚于土地使用权期限结束，并且出让合同约定不可续期。由于土地使用权期限为50年，自2012年3月1日至该写字楼建成之日为3年，建成半年后出租，所以

$n = 50 - 3 - 0.5 = 46.5(年)$

$r_d = 13\%$

t 是把收益法测算出的续建完成后的价值折算到估价时点的价值的年限。由于收益法测算出的续建完成后的价值是在估价时点之后2年(1.5+0.5)，所以

$t = 2(年)$

故续建完成后的写字楼总价值计算如下：

续建完成后的写字楼总价值 $= \dfrac{398.41}{9\%} \times \left[1-\dfrac{1}{(1+9\%)^{46.5}}\right] \times \dfrac{1}{(1+13\%)^2} = 3\ 403.78(万元)$

(2)购买该在建工程的税费总额 $= V \times 3\% = 0.03V(万元)$

(3)续建总费用 $= \dfrac{2\ 300 \times 12\ 400 \times 60\%}{(1+13\%)^{0.75}} = 1\ 561.32(万元)$

(4)销售费用总额 $= \dfrac{398.41}{9\%} \times \left[1-\dfrac{1}{(1+9\%)^{46.5}}\right] \times \dfrac{3\%}{(1+13\%)^{1.25}} = 111.92(万元)$

(5)销售税费总额 $= 3\ 403.78 \times 6\% = 204.23(万元)$

(6)$V = 3\ 403.78 - 0.03V - 1\ 561.32 - 111.92 - 204.23$

$V = 1\ 481.85(万元)$

故：该在建工程总价 $= 1\ 481.85$（万元）

在建工程单价 $= 1\ 481.85 \div 1.24 = 1\ 195.04(元/m^2)$

基础训练

1. 实际估价中如何确定待开发房地产在未来开发完成后的房地产状况？
2. 开发经营期、建设期、经营期、前期、建造期、销售期、运营期、持有期、经济寿命的含义及其之间的区别与联系是什么？
3. 如何预测后续开发经营期？
4. 如何预测开发完成后的价值？
5. 实际运用假设开发法估价时，如何针对具体估价项目确定扣除项目？
6. 购买待开发房地产应缴纳的税费有哪些？如何求取待开发房地产取得税费？
7. 如何求取后续的建设成本、管理费用、销售费用、销售税费？
8. 如何选取折现率？

项目六 假设开发法

技能训练

1. 分类搜集当地房地产的开发建设成本费用资料,并求取开发项目的建设成本等费用、利润和税费标准,运用假设开发法进行初步估价测算。

2. 在搜集当地房地产开发建设成本费用等资料的基础上,确定估价对象,按照假设开发法估价操作步骤,分别运用现金流量折现法与传统方法对估价对象进行估价。

课题五　假设开发法运用举例

项目名称:某宗土地估价。

训练目的:掌握假设开发法估价的操作步骤与测算。

估价对象概况:估价对象是一块"五通一平"的房地产开发用地,建设用地总面积10 000 m²,该地规划用途为商业和居住,容积率为不高于5.0,建筑密度为不高于35%;商业和居住的土地使用年限分别为40年和70年,均自建设用地使用权出让之日起计算。

估价要求:评估该块土地于2012年7月1日的正常市场价格。为出让人招标出让该块土地确定招标底价提供参考依据。

估价操作及测算过程:

1. **选择估价方法**

该块土地属于待开发房地产,适用假设开发法进行估价,因而选用假设开发法,具体是采用假设开发法中的现金流量折现法,估价前提为"自愿转让"。

2. **选择最佳的开发利用方式**

通过市场调研,得知该块土地的最佳开发利用方式如下:①用途为商业与居住混合。②容积率达到最大的允许程度,即为5.0,则总建筑面积为10 000×5.0=50 000 m²。③建筑密度适宜为30%。④建筑物层数确定为18层。其中,1—2层的建筑面积相同,均为3 000 m²,适宜为商业用途;3—18层的建筑面积相同,均为2 750 m²,适宜为居住用途;故商业用途的建筑面积为6 000 m²,居住用途的建筑面积为44 000 m²。

3. **预计建设期**

预计自取得建设用地使用权之日起计算,共需3年时间才能建成投入使用,即2015年10月建成。

4. **预测开发完成后的房地产价值**

根据市场调研,预计商业部分在建成后可全部售出,居住部分在建成后可售出30%,半年后再可售出50%,其余20%一年后售出;商业部分在出售时的平均价格为每平方米建筑面积4 500元,居住部分在出售时的平均价格为每平方米建筑面积2 500元。

5. **测算有关税费和折现率**

据了解,如果得到该土地,需要按照取得价款的3%缴纳契税等税费。建筑安装工程费预计为每平方米建筑面积1 200元;勘察设计和前期工程费及管理费用等预计为每平方米建筑面积500元;估计在未来3年的建设期内,建设费用(包括勘察设计和前期工程费、建筑安装工程费、管理费用等)的投入情况如下:第一年需投入20%,第二年需投入50%,第三年投入余下的30%。广告宣传和销售代理费等销售费用预计为售价的3%,在建成前半年开始投入至全部售完为止;两税一费和交易手续费等销售税费为售价的6%。折现率为14%。

6. 求取地价（V）

估价时点为2012年7月1日,将所有的收入和支出均折算到该时点上。

(1) 开发完成后的商业部分价值 $= \dfrac{4\,500 \times 6\,000}{(1+12\%)^3} = 1\,822.42$（万元）

(2) 开发完成后的居住部分价值 $= 2\,500 \times 44\,000 \times \left[\dfrac{30\%}{(1+14\%)^3} + \dfrac{50\%}{(1+14\%)^{3.5}} + \dfrac{20\%}{(1+14\%)^4}\right]$
$= 7\,006.91$（万元）

(3) 购地税费总额 $= V \times 3\% = 0.03V$（万元）

(4) 建设费用总额 $= (1\,200+500) \times 50\,000 \times \left[\dfrac{20\%}{(1+14\%)^{0.5}} + \dfrac{50\%}{(1+14\%)^{1.5}} + \dfrac{30\%}{(1+14\%)^{2.5}}\right]$
$= 6921.57$（万元）

(5) 销售费用总额 $= \dfrac{(4\,500 \times 6\,000 + 2\,500 \times 44\,000) \times 3\%}{(1+14\%)^{3.25}} = 268.47$（万元）

(6) 销售税费总额 $= (1\,822.42 + 7\,006.91) \times 6\% = 529.76$（万元）

(7) $V = 1\,822.42 + 7\,006.91 - 0.03V - 6\,921.57 - 268.47 - 529.76$

故:$V = 1\,077.21$（万元）

估价结果:以上述测算结果为主,参考估价人员的经验,将总地价评估为1 078万元。

对于房地产开发用地的估价,通常需要给出三种形式的价格,即总地价、单位地价和楼面地价。这样,该块土地在2012年7月1日的正常市场价格评估结果为:

总地价 $= 1\,078$（万元）；

单位地价 $= 10\,780\,000 \div 10\,000 = 1\,078$（元$/m^2$）；

楼面地价 $= 10\,780\,000 \div 50\,000 = 215.6$（元$/m^2$）。

能力拓展训练

案例资料(一):详细内容见本课题"情境案例"。

任务:请完成案例任务。

案例资料(二):某开发项目土地总面积3万平方米,容积率为3.5,预计购入土地后,前期工作需要1年时间,前期工程费600万元,建设期2年,建造成本1 400元/平方米,第一年需投入40%,第二年需投入60%(均匀投入),建成后预计马上能售出50%,半年后售出30%,一年后售出20%,售价为3 000元/平方米,若利息率为10%,专业费为建造成本的6%,投资者要求的投资利润率为25%,税率为销售收入的5.48%,设定折现率为10%。

任务:试用动态法测算开发商能承受的地价?

案例资料(三):某地块面积2 500平方米,容积率为6,选择最佳开发方式为商住楼,预计购入土地后,需建设2年,总的建造成本为5 000万元,第一年投入40%,第二年投入60%(均匀投入),专业费用等为建造成本的6%,利息率为6%,成本利润率20%,销售税费为售价的6%,折现率为15%。商住楼预期销售总收入20 000万元,建成后售出50%,半年后售出30%,一年后售出20%。

任务:试求取开发商能承受的地价?

项目七 地价评估与地价分摊

学习目标

知识目标

了解路线价法;

熟悉城镇基准地价评估和基准地价修正法;

掌握补地价测算方法和高层建筑地价分摊方法。

能力目标

会运用基准地价修正法进行宗地评估;

能分析补地价的情况,会进行补地价测算;

能分析需要进行高层建筑地价分摊的情况,会进行地价分摊测算。

项目分析

项目概述

地价评估是房地产估价的重要组成部分。地价评估除了可以直接采用市场比较法、收益法、成本法、假设开发法,还有一些独特的方法。本项目首先简要介绍具有中国特色的城镇基准地价评估和基准地价修正法,简要介绍适用于城镇街道两侧商业用地估价的路线价法;然后,针对改变国有建设用地使用权出让合同约定的土地用途、容积率等而需补交出让金等费用(简称补地价)的情况,介绍理论上补地价的测算;最后,针对现代城市多层、高层建筑普遍化以及同一幢房屋所有权主体多元化后出现的地价分摊问题,介绍高层建筑地价分摊的方法。

情境案例

现有临街宗地 A、B、C、D、E,这些宗地都和街道垂直,而且成长方形。深度分别为 30 米、60 米、90 米、120 米和 150 米,宽度分别为 5 米、5 米、10 米、10 米、15 米。路线价为 4 000 元,设标准深度为 120 米,试运用"四三二一"法则,计算各宗土地的价值。

基本知识与技能

课题一　路线价法

课题二　城镇基准地价评估和基准地价修正法

课题三　补地价的测算

课题四　高层建筑地价分摊

基础与能力训练

课题一　路线价法

一、路线价法的基本原理

(一)路线价法的概念

城镇临街商业用地,如图 7-1 所示,即使位置相邻、形状相同、面积相等,但由于它们临街状况不同,价值会有所不同,甚至差异很大。如果要快速且相对科学、准确、客观、公平地评估出某条街道或多条街道所有临街土地的价值,就需要采用路线价法。

路线价是指对临接特定街道、使用价值相等的市街地,设定标准深度(即距离道路远近的一个标准),求取在该深度上多宗土地的平均单价,并附设于特定街道上,即得到该街道的路线价。路线价指的是这条街道上的价格,而不是标准深度土地的价格。

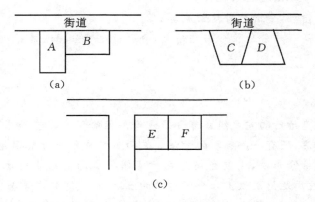

图 7-1　不同临界状况的土地

路线价法是在城镇街道上划分路线价区段,设定标准临街深度,选取若干标准临街宗地并求取其平均价格(路线价),然后利用价格修正率对该平均价格进行调整,求出临街土地价值的方法。

标准临街宗地:简称标准宗地,是路线价区段内具有代表性的宗地。

标准临街深度:简称标准深度,其实质是街道对地价影响的转折点。由此点接近街道的方向,地价受街道的影响而逐渐升高;由此点远离街道的方向,地价可视为基本不变。

价格修正率:也称为深度指数、深度百分率,是指距临街的深度不同而引起地价变化的相对程度。

(二)路线价法的理论依据

路线价法实质上是一种市场比较法,是市场比较法的一种特殊情况,只是在参考案例的选取和修正(调整)因素方面选用了不同手段。路线价法的理论依据与市场比较法相同,都是替代原理。

路线价法中,"标准临街宗地"可视为市场比较法中的"可比实例"。若干"标准临街宗地"

的平均价格称为"路线价",可视为市场比较法中经过交易情况修正、市场状况调整,但未进行房地产状况调整的"可比实例价格"。其余临街土地的价值是根据其临街深度、临界宽度、形状(如矩形、三角形、平行四边形、梯形、不规则形)、临街状况等,对路线价进行适当的调整来求取。这些调整,可视为市场比较法中的"房地产状况调整"。

路线价法与一般的市场比较法的主要不同:①利用路线价求取临街土地价值时不进行"交易情况修正"和"市场状况调整",仅进行"房地产状况调整"。②先对多个"可比实例价格"进行综合,然后再进行"房地产状况调整"(而不是先分别对"可比实例价格"进行修正、调整,然后再进行综合)。③利用相同的"可比实例价格"即路线价,同时评估出许多"估价对象"即所有临街土地的价值(而不是仅评估出一个估价对象的价值)。

在路线价法中,利用路线价求取临街土地价值时不进行"交易情况修正"和"市场状况调整"的原因是:①求得的路线价——若干标准宗地的平均价格,已是经过交易情况修正后的正常价格;②求得的路线价所对应的日期,已与欲求取的临街土地价值的日期一致,都是估价时点的价格。可见,路线价法中的"交易情况修正"和"市场状况调整",在求取路线价时已进行了修正和调整。

(三)路线价法适用的对象和条件

路线价法适用于城镇临街商业用地的估价。运用路线价法估价的前提条件是街道较规整,临街土地排列较整齐。

市场比较法、收益法、成本法和假设开发法主要适用于单宗土地的估价,而且所需的时间相对较长。路线价法被认为是一种高效率、低成本、相对科学准确,能客观公平地评估出许多宗土地价值的方法(一种批量估价方法),特别适用于房地产税收、市地重划(城镇土地整理)、房地产征收或其他需要在短时间内对许多宗临街土地进行的估价。

二、路线价法的操作

运用路线价法估价一般分为以下六个步骤进行:①划分路线价区段;②设定标准深度;③选取标准宗地;④调查评估路线价;⑤制作价格修正率表;⑥计算临街各宗土地的价格。

(一)划分路线价区段

路线价区段位于街道两侧呈带状分布。一个路线价区段是具有相同路线价的地段。在划分路线价区段时,应将"通达性相当、位置相邻、地价相近"的临街土地划为同一个路线价区段。两个路线价区段的分界线,原则上是地价水平有显著差异的地点,一般是从十字路或丁字路中心处划分,两个路口之间的地段为一个路线价区段。但较长的繁华街道,有时根据地价水平差异情况,需要将两个路口之间的地段划分为两个以上的路线价区段,分别附设不同的路线价。而某些不繁华的街道,因地价水平差异不大,同一个路线价区段可延长至数个路口。另外,同一条街道上两侧的繁华程度、地价水平有明显差异的,应以街道中心线为分界线,将该街道的两侧视为不同的路线价区段,分别附设不同的路线价。

(二)设定标准临街深度

实际估价中,设定的标准临街深度,通常是路线价区段内各宗临街土地的临街深度的众数或平均数。例如,某个路线价区段内临街土地的临街深度大多为 16 米,则标准临街深度应设定为 16 米;如果临街深度普遍为 24 米,则标准深度应设定为 24 米。

以各宗临街土地的临街深度的众数作为标准临街深度,可以简化以后各宗临街土地价值的计算。如果不以各宗临街土地的临街深度的众数作为标准临街深度,由此制作的临街深度价格修正率表,将使以后多数临街土地价值的计算都要用临街深度价格修正率进行调整,不仅增加计算工作量,而且会使所设定的路线价失去代表性。

(三)选取标准临街宗地

选取标准临街宗地的要求是:①一面临街;②土地形状为矩形;③临街深度为标准深度;④临街宽度为标准宽度(可为同一路线价区段内各宗临街土地的临街宽度的众数或平均数);⑤临街宽度与临街深度比例适当;⑥用途为所在路线价区段具有代表性的用途;⑦容积率为所在路线价区段具有代表性的容积率(可为同一路线价区段内各宗临街土地的容积率的众数或平均数);⑧其他方面,如土地使用年限、土地开发程度等也应具有代表性。标准宗地示意图如图7-3所示。

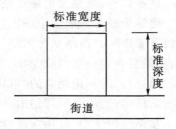

图7-2 标准宗地示意图

(四)调查评估路线价

路线价是附设在街道上的若干标准临街宗地的平均价格。通常是在同一路线价区段内选取一定数量的标准临街宗地,运用收益法(通常是其中土地剩余技术)、市场比较法等方法,分别求取它们的单价或楼面地价,然后计算其平均数或中位数、众数,得到该路线价区段的路线价。

路线价通常为土地单价,也可为楼面地价。路线价可用货币表示(如以美国为代表的欧美国家),也可用相对数表示(如日本用点数表示),例如将一个城市中路线价最高的路线价区段以1 000点表示,其他路线价区段的点数依此确定。用货币表示的路线价直观性强,较易理解,便于土地交易时参考。用点数表示的路线价便于测算,可避免由于币值变动而引起的麻烦。下面以土地单价、货币表示路线价的情形说明路线价法。

(五)制作价格修正率表

价格修正率表包括临街深度价格修正率表和其他价格修正率表。

1.临街深度价格修正率表

临街深度价格修正率表简称深度价格修正率表,又称为深度百分率表、深度指数表,是基于临街深度价格递减率制作出来的。

(1)深度价格递减率。一宗临街土地中各部分的价值随着远离街道而有递减现象,因为其离街道越远,通达性越差,价值也就越小。假设把一宗临街土地划分为许多与街道平行的细条,由于越接近街道的细条的利用价值越大,越远离街道的细条的利用价值越小,则接近街道的细条的价值大于远离街道的细条的价值。

如图7-3所示,一宗临街深度为n米的矩形土地,假以某个单位(如1米)将其划分为许多与街道平行的细条,可知各细条的形状和面积是相同的,并且越接近街道的细条价值越大。如果从临街方向起按顺序以$a_1,a_2,a_3,\cdots,a_{n-1},a_n$表示各细条土地的价值,则有$a_1$大于$a_2$,$a_2$大于$a_3$,$\cdots$,$a_{n-1}$大于$a_n$。而且,虽然同为1米之差,但$a_1$与$a_2$之差最大,$a_2$与$a_3$之差次之,依次逐渐缩小,$a_{n-1}$与$a_n$之差可视为接近于零。如果把总价转化为单价,因各细条的面积相同,所以各细条单价的变化也遵循相同的规律。但是,不同城镇、同一城镇的不同路线价区段、土地价值随临街深度变化的程度是不尽相同的,表现为图7-3中曲线的位置及弯曲程度不同。弯曲程度越大,表明土地价值对临街深度的变化越敏感;弯曲程度越小,表明土地价值对临街深度的变化越不敏感。如果将各细条的价值转换为相对数,便可得到临街深度价格递减率。

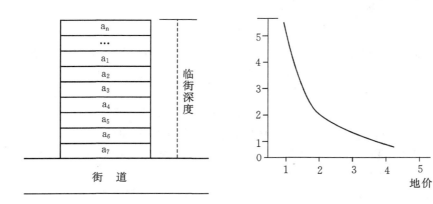

图7-3 临街深度价格递减率

值得参考的临街深度价格递减率主要有:四三二一法则、苏慕斯法则、霍夫曼法则和哈柏法则。

第一,四三二一法则。最简单且最容易理解的深度价格递减率是四三二一法则。它是将临街深度为100英尺的土地,划分为与街道平行的四等份,各等份因离街道的远近不同,价值有所不同。从街道方向算起,第一、二、三、四个25英尺等份的价值,分别占整块土地价值的40%、30%、20%和10%。如果超过100英尺,则以"九八七六法则"来补充,即超过100英尺的第一、二、三、四个25英尺等份的价值,分别占临街深度为100英尺的土地价值的9%、8%、7%和6%。如图7-4所示。

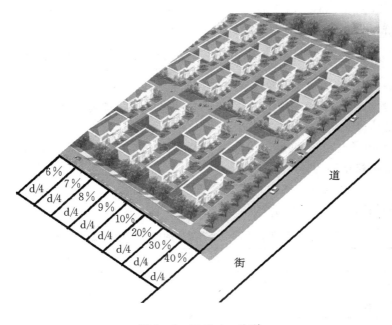

图7-4 四三二一法则

【例7-1】某临街深度30.48m(即100英尺)、临街宽度20.00m的矩形土地,总价为121.92万元。试根据四三二一法则,计算其相邻临街深度15.24m(即50英尺)、临街宽度20m的矩形土地的总价。

【解】该相邻临街土地的总价计算如下:
$$121.92\times(40\%+30\%)=85.34(万元)$$

【例7-2】例7-1中,如果相邻临街土地的临街深度为45.72m(即150英尺),其他条件不变,则该相邻临街土地的总价为多少万元?

【解】该相邻临街土地的总价计算如下:
$$121.92\times(100\%+9\%+8\%)=142.65(万元)$$

第二,苏慕斯法则。深度为100英尺的临街土地,前半部分和后半部分的价值,分别占整块土地价值的72.5%和27.5%。如果再深50英尺,则该部分的价值仅为临街深度为100英尺临街土地价值的15%。

第三,霍夫曼法则。深度为100英尺的临街土地,前25英尺部分、前50英尺部分、前75英尺部分和整块土地的价值,分别占整块土地价值的37.5%、67%、87.7%和100%。

第四,哈柏法则。深度为100英尺的临街土地,前各部分的价值占整块土地价值的$10\sqrt{临街深度}\%$。例如,深度为100英尺的临街土地,前25英尺部分的价值占整块土地价值的$10\sqrt{25}\%=50\%$。

(2)几种临街深度价格修正率。临街深度价格修正率有:单独深度价格修正率(临街深度价格递减率)、累计深度价格修正率和平均深度价格修正率。在图7-3中,假设$a_1,a_2,a_3,\cdots,a_{n-1},a_n$表示各细条的价值占整块土地价值的比率,则单独深度价格修正率的关系为:
$$a_1>a_2>a_3>\cdots>a_{n-1}>a_n$$

累计深度价格修正率的关系为:
$$a_1<(a_1+a_2)<(a_1+a_2+a_3)<\cdots<(a_1+a_2+a_3+\cdots+a_{n-1}+a_n)$$

平均深度价格修正率的关系为:
$$a_1>\frac{a_1+a_2}{2}>\frac{a_1+a_2+a_3}{2}>\frac{a_1+a_2+a_3+\cdots+a_{n-1}+a_n}{2}$$

以四三二一法则为例,单独深度价格修正率为:
$$40\%>30\%>20\%>10\%>9\%>8\%>7\%>6\%$$

累计深度价格修正率为:
$$40\%<70\%<90\%<100\%<109\%<117\%<124\%<130\%$$

平均深度价格修正率为:
$$40\%>35\%>30\%>25\%>21.8\%>19.5\%>17.7\%>16.25\%$$

据此制作的临街深度价格修正率表见表7-1。

表7-1 基于"四三二一法则"制作的临街深度价格修正率表

临街深度(英尺)	25	50	75	100	125	150	175	200
四三二一法则(%)	40	30	20	10	9	8	7	6
单独深度价格修正率(%)	40	30	20	10	9	8	7	6

续表 7-1

累计深度价格修正率(%)	40	70	90	100	109	117	124	130
平均深度价格修正率(%)	160 (40)	140 (35)	120 (30)	100 (25)	87.2 (21.8)	78.0 (19.5)	70.8 (17.7)	65.0 (16.25)

注：表中的平均深度价格修正率是将上述临街深度100英尺处的平均深度价格修正率25%乘以4转换为100%，同时为保持与其他数字的相对关系不变，其他数字也乘以4。这也是为了利用平均深度价格修正率进行单价修正的需要。

制作临街深度价格修正率的要领：①设定标准临街深度；②将标准临街深度划分为若干等分；③确定临街深度价格递减率；④求取单独深度价格修正率或累计深度价格修正率和平均深度价格修正率，并用表格表示。

2. 其他条件价格修正率

计算三角形等形状的土地价值，还需要制作三角形土地价格修正率表等相应的价格修正率表。

(六)计算临街土地的价值

1. 路线价法的计算公式

运用路线价法计算临街土地的价值，需要清楚路线价和临街深度价格修正率的含义、符合标准临街宗地的条件，并结合需估价的临街土地的形状和临街状况。不同含义的路线价，应采用不同类型的临街深度价格修正率，并运用相应的路线价法计算公式进行计算。下面以一面临街矩形土地的情形进行说明。

(1)以标准临街宗地的总价作为路线价时，应采用累计深度价格修正率，即对单独深度价格修正率求和。如果估价对象土地的临街宽度与标准宗地的临街宽度相同，则临街土地价值(V)的计算公式为：

$$V(总价) = 标准临街宗地的总价 \times \sum 单独深度价格修正率$$

$$V(单价) = \frac{标准临街宗地总价 \times \sum 单独深度价格修正率}{估价对象土地面积}$$

$$= \frac{标准临街宗地总价 \times \sum 单独深度价格修正率}{估价对象临街宽度 \times 估价对象临街深度} \quad (7-1)$$

如果估价对象土地临街宽度与标准宗地的临街宽度不同，则临街土地价值(V)的计算公式为：

$$V(总价) = \frac{标准临街宗地总价 \times \sum 单独深度价格修正率}{标准宗地临街宽度 \times 估价对象土地临街深度} \times 估价对象土地面积$$

$$= 标准临街宗地总价 \times \sum 单独深度价格修正率 \times \frac{估价对象临街宽度}{标准宗地临街宽度}$$

$$V(单价) = \frac{V(总价)}{估价对象土地面积}$$

$$= \frac{标准临街宗地总价 \times \sum 单独深度价格修正率}{标准宗地临街宽度 \times 估价对象临街深度} \quad (7-2)$$

(2)当以单位宽度的标准临街宗地(如临街宽度1英尺、临街深度100英尺)的总价作为路

线价时,应采用累计深度价格修正率,临街土地价值(V)的计算公式为:

$$V(总价) = 路线价 \times \sum 单独深度价格修正率 \times 估价对象土地临街宽度$$

$$V(单价) = \frac{V(总价)}{估价对象土地面积}$$

$$= \frac{路线价 \times \sum 单独深度价格修正率}{估价对象临街宽度} \quad (7-3)$$

(3)当以标准临街宗地的单价作为路线价时,应采用平均深度价格修正率,临街土地价值(V)的计算公式为:

$$V(单价) = 路线价 \times 平均深度价格修正率$$

$$V(总价) = 路线价 \times 平均深度价格修正率 \times 估价对象临街宽度 \times 估价对象临街深度 \quad (7-4)$$

如果临街土地的形状和临街状况特殊时,如不是矩形土地,不是一面临街而是前后两面临街、街角地等,则要在上述价值计算的基础上,还要做加价或减价调整。以标准临街宗地的单价为路线价的为例,形状和临街状况特殊的土地价值(V)的计算公式为:

$$V(单价) = 路线价 \times 平均深度价格修正率 \times 其他价格修正率$$

$$V(总价) = 路线价 \times 平均深度价格修正率 \times 其他价格修正率 \times 土地面积$$

或者

$$V(单价) = 路线价 \times 平均深度价格修正率 \pm 单价修正额$$

$$V(总价) = 路线价 \times 平均深度价格修正率 \times 土地面积 \pm 总价修正额 \quad (7-5)$$

2. 临街土地价值的计算

在正确确定了估价对象土地所在地区的路线价以及价格修正率后,就可以方便地计算临街估价对象土地的价值。下面以标准临街宗地的单价作为路线价说明临街土地价值的计算。这里假定临街土地的容积率、使用期限、开发程度等与路线价的内涵一致,如果不一致,还应对路线价进行相应地调整。

(1)一面临街矩形土地价值的计算。计算一面临街矩形土地的价值,先查出其所在区段的路线价,再根据其临街深度查出相应的临街深度价格修正率。其中,单价是路线价与临街深度价格修正率之积,总价是单价再乘以土地面积。计算公式为:

$$V(单价) = u \times dv$$

$$V(总价) = u \times dv \times (f \times d) \quad (7-6)$$

式中:V——土地价值;

u——路线价;

dv——临街深度价格修正率(采用平均深度价格修正率);

f——临街宽度;

d——临街深度。

【例7-3】图7-5中是一块一面临街深度15.24m(即50英尺)、临街宽度20m的矩形土地,其所在区段的路线价(土地单价)为3 000元/m²。根据表7-1中的临街深度价格修正率,计算该宗土地的单价和总价。

【解】由于路线价是用土地单价表示的,计算时采用表7-1中的平均深度价格修正率。则:

$$V(单价) = 路线价 \times 平均深度价格修正率 = 3\ 000 \times 140\% = 4\ 200(元/m^2)$$

项目七 地价评估与地价分摊

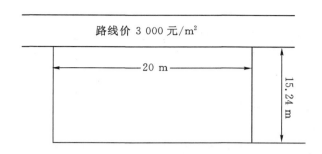

图 7-5 一面临街的矩形土地

V（总价）= 土地单价 × 土地面积 = 4 200 × 20 × 15.24 = 128.02（万元）

（2）前后两面临街矩形土地价值的计算。计算前后两面临街矩形土地的价格，通常采用"重叠价值估价法"——先确定高价街（也称前街）与低价街（也称后街）的影响深度的分界线，以此分界线将土地分为前后两部分，然后按各自所临街道的路线价和临街深度分别计算价值，最后将此两部分的价格相加。计算公式为：

$$V(总价) = u_0 \times dv_0 \times f \times d_0 + u_1 \times dv_1 \times f \times (d - d_0)$$
$$V(单价) = \frac{u_0 \times dv_0 \times d_0 + u_1 \times dv_1 \times (d - d_0)}{d} \tag{7-7}$$

式中：u_0——前街路线价；

　　dv_0——前街临街深度价格修正率；

　　f——临街宽度；

　　d_0——前街影响深度；

　　u_1——后街路线价；

　　dv_1——后街临街深度价格修正率；

　　d——总深度。

分界线的求取方法如下：

$$前街影响深度 = 总深度 \times \frac{前街路线价}{前街路线价 + 后街路线价}$$
$$后街影响深度 = 总深度 \times \frac{后街路线价}{前街路线价 + 后街路线价} \tag{7-8}$$

后街影响深度 = 总深度 − 前街影响深度

【例 7-4】 图 7-6 中是一块前后两面临街、总深度为 30m 的矩形土地，其前街路线价（土地单价）为 2 000 元/m²，后街路线价（土地单价）为 1 000 元/m²。请按重叠价值估价法计算其前街和后街影响深度。

【解】 该前后两面临街矩形土地前街和后街影响深度计算如下：

$$前街影响深度 = 总深度 \times \frac{前街路线价}{前街路线价 + 后街路线价}$$
$$= 30.00 \times \frac{2\,000}{2\,000 + 1\,000}$$
$$= 20.00(m)$$

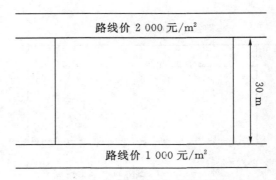

图 7-6 前后两面临街的矩形土地

后街影响深度＝总深度－前街影响深度
$$= 30.00 - 20.00$$
$$= 10.00(m)$$

(3) 矩形街角地价值的计算。街角地是指位于十字路口或丁字路口的土地,其价值通常是采用"正旁两街分别轻重估价法"。该方法是先求取高价街(也称正街)的价值,再计算低价街(也称旁街)的影响加价,然后加总。计算公式如下:

$$V(单价) = u_0 \times dv_0 + u_1 \times dv_1 \times t$$
$$V(总价) = (u_0 \times dv_0 + u_1 \times dv_1 \times t) \times (f \times d) \tag{7-9}$$

式中: u_0 ——正街路线价;

dv_0 ——正街临街深度价格修正率;

u_1 ——旁街路线价;

dv_1 ——旁街临街深度价格修正率;

t ——旁街影响加价率;

f ——临街宽度;

d ——临街深度。

街角地如果有天桥或地下道出入口等,影响其利用价值的,应在上述方法计算其价值后再进行适当的减价调整。

【例 7-5】图 7-7 中是一块矩形街角地,临正街深度为 22.86m(即 75 英尺),临旁街深度为 15.24m(即 50 英尺);正街路线价(土地单价)为 2 000 元/m²,旁街路线价(土地单价)为 1 000 元/m²。假设旁街影响加价率为 20%,请根据表 7-1 中的临街深度价格修正率,计算该宗土地的单价和总价。

【解】该宗矩形街角地的单价和总价计算如下:

该宗土地的单价＝2 000×120% ＋ 1 000×140%×20%
$$= 2 680(元/m^2)$$

该宗土地的总价＝土地单价×土地面积
$$= 2 680 \times 15.24 \times 22.86$$
$$= 93.37(万元)$$

(4) 三角形土地价值的计算。计算一边临街直角三角形土地的价值,通常是先将该直角三角形土地作补充线,使其成为一面临街的矩形土地,依照一面临街矩形土地单价的计算方法计

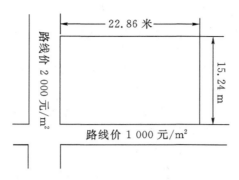

图 7-7 矩形街角地

算,然后乘以直角三角形土地价格修正率(一边临街直角三角形土地价格占一面临街矩形土地价格的百分率)。如果需要计算总价,则再乘以该三角形土地的面积。计算公式为:

$$V(单价)=u \times dv \times h$$
$$V(总价)=u \times dv \times h \times (f \times d \div 2)$$
(7-10)

式中:u——路线价;

dv——临街深度价格修正率;

h——三角形土地价格修正率;

f——临街宽度;

d——临街深度。

其他三角形土地价值的计算,通常是先作辅助线,形成两块一边临街的直角三角形土地,然后依照前述方法分别计算该两块一边临街直角三角形土地的价格,再将两者相减,即得到该三角形土地的价格。

【例 7-6】图 7-8 中是一块一边临街的三角形土地,临街深度 80 英尺,临街宽度 50 英尺,路线价(土地单价)为 1 000 元/平方英尺。如果临街深度 80 英尺的一面临街矩形土地的平均深度价格修正率为 116%,临街深度 80 英尺的三角形土地价格修正率为 63%,试计算该宗三角形土地的价值。

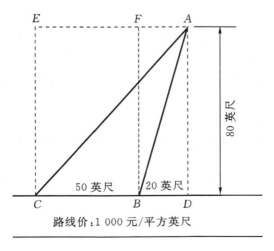

图 7-8 一边临街的三角形土地

【解】在图 7-8 上作辅助线 AD、AE、CE 及 BF，则有：

直角三角形 ACD 土地的总价 $= 1\,000 \times 116\% \times 63\% \times 70 \times 80 \div 2$
$$= 204.62（万元）$$

直角三角形 ABD 土地的总价 $= 1\,000 \times 116\% \times 63\% \times 20 \times 80 \div 2$
$$= 58.46（万元）$$

三角形 ABC 土地的总价 $=$ 直角三角形 ACD 土地的总价 $-$ 直角三角形 ABD 土地的总价
$$= 204.62 - 58.46$$
$$= 146.16（万元）$$

（5）其他形状土地价格的计算。计算梯形、平行四边形等其他形状土地的价格，通常是先将其划分为矩形、三角形土地，然后分别计算这些矩形、三角形土地的价值，再进行加减。因此，一般只要掌握了一面临街矩形土地、前后两面临街矩形土地、街角地及三角形土地这几种基本形状临街土地的价值计算，其他形状土地的价值计算问题便可迎刃而解。如图 7-9 所示，梯形 $ABCD$ 土地的价值等于矩形 $ABEF$ 土地的价值减去三角形 AEC 土地的价值，再减去三角形 BDF 土地的价值。

基础训练

1. 什么是路线价法？其理论依据是什么？
2. 为什么说路线价法实质上是一种市场比较法？
3. 路线价法与一般的市场比较法有何异同？为什么？
4. 路线法的适用对象和条件是什么？
5. 路线法的操作步骤及其内容有哪些？
6. 什么是临街深度价格修正率？临街深度价格修正率有哪几种？它们之间的关系如何？
7. 什么是临街深度价格递减的四三二一法则？还有哪些临街深度价格递减法则？
8. 临街土地根据其形状和临街状况可分为哪些类型？每种类型的临街矩形土地价值如何计算？

技能训练

如图 7-9 所示为一宗平行四边形 $ABCD$ 临街土地，临街深度 80 英尺，临街宽度 70 英尺。如果临街深度 80 英尺的一面临街矩形土地的平均深度价格修正率为 116%，临街深度 80 英尺的三角形土地价格修正率为 63%，试分析该宗平行四边形 $ABCD$ 土地的价值的求取思路，求其价值。

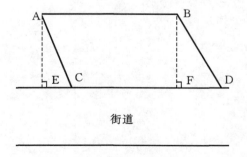

图 7-9

课题二 城镇基准地价评估和基准地价修正法

一、城镇基准地价评估

1. 城镇基准地价评估的含义

城镇基准地价简称基准地价,是指在某个城镇的一定区域内,划分土地级别或不同均质地域,按照商业、居住、工业等用途,分别评估确定的一定使用期限的建设用地使用权在某一时点的平均价格。

每个城镇的基准地价都有其特定的内涵,包括对应的估价时点(基准日期)、土地用途、土地使用权性质、土地使用期限、容积率和土地开发程度等。

2. 城镇基准地价评估的程序和方法

(1)制定基准地价评估作业方案。制定基准地价评估作业方案包括确定基准地价评估的区域范围、技术路线,编制工作计划和时间进度,落实评估人员,准备所需资料和设备,落实工作场地等。其中,确定基准地价评估的区域范围由大到小有以下选择:①城镇行政区;②城镇总体规划确定的规划区;③土地利用总体规划确定的城镇建设用地范围;④建成区;⑤市区。基准地价评估的区域范围大小,主要根据当地的规定、当地的实际需要和可投入评估的财力、人力等情况确定,一般应为规划区。

(2)明确基准地价的内涵和表达方式。其中,明确基准地价的内涵是要确定基准地价对应的下列条件:①估价时点(基准日期),一般应为年度的1月1日。②土地用途,例如是分为商业、居住、工业等不同的用途,还是采用一个综合用途。一般是分为商业、居住、工业等不同的用途。③土地使用权性质,如是出让的建设用地使用权,还是划拨的建设用地使用权。一般应为出让的建设用地使用权。④土地使用期限,例如是不同用途的法定最高出让年限,还是统一为综合用途的法定最高出让年限50年,或为无限年。一般应分别为商业、居住、工业等用途的法定最高出让年限,即商业用途40年、居住用途70年、工业用途50年。⑤容积率,例如是不同用途对应的平均容积率还是综合平均容积率。一般应根据各个土地级别或均质地域内商业、居住、工业等不同用途的容积率的平均水平确定。⑥土地开发程度,即到达宗地红线的基础设施完备程度和宗地内的场地平整程度,例如是"三通一平",还是"五通一平"、"七通一平"。一般应根据各个土地级别或均质地域内土地开发程度的平均水平确定。此外,还应明确基准地价的构成,即确定基准地价包含的内容,例如是否包含建设用地使用权出让金、征收补偿费用、市政配套费等。同时还可给出熟地价、毛地价和出让金等。

明确基准地价的表达方式是要确定基准地价是采用土地单价形式,还是采用楼面地价形式,或者同时采用土地单价和楼面地价形式。

(3)划分土地级别或不同均质地域。其中,划分土地级别应按照《城镇土地分等定级规程》(GB/T18507-2001)规定的内容、程序和方法进行。

划分不同均质地域通常是划分地价区段,即将"用途相同、位置相邻、地价相近"的土地放在同一个区域内,从而形成不同的地价区域。一个地价区段可视为一个"地价"均质区域,即在该区域内各宗地的地价水平相近。地价区段可分为路线价区段和区片价区段。城镇街道两侧的商业用地,适宜划分为路线价区段;居住、工业用地,适宜划分为区片价区段。划分地价区段的方法通常是就土地的位置、交通条件、利用现状、城市规划、房地产价格水平及收益情形等开展实地调查研究,将情况相同或相似的相邻土地划为同一个地价区段。各个地价区段之间的分界线应以道路、沟渠或者其他易于辨认的界线为准,但商业路线价区段应以标准深度为分界线。

在划分土地级别或不同均质地域的过程中,通常还要绘制土地级别或均质区域图,编写土地级别或不同均质地域范围说明。

(4)抽样评估若干宗地的价格。这是在划分出的各个土地级别或均质地域内,按照具有代表性、分布均匀等原则,选择若干宗地,由估价人员调查搜集这些宗地的相关市场交易资料、经营收益资料或开发费用资料等,运用市场比较法、收益法、成本法、假设开发法等适宜的估价方法,评估出这些宗地的正常市场价格,通常应求出土地单价或楼面地价,并进行市场状况、土地使用期限、容积率、土地开发程度等调整,将这些宗地的价格统一到明确的基准地价内涵上来。

(5)计算各个土地级别或均质地域的地价。土地级别或均质地域的地价是某个特定的土地级别或均质地域的土地单价或楼面地价,它代表或反映着该土地级别或均质地域内土地价格的正常水平。地价的计算是分别以每个土地级别或均质地域为范围,去求该土地级别或均质地域内所抽查评估出的若干宗地单价或楼面地价的平均数、中位数或众数。在计算出的土地级别或均质地域地价中,应相应地有土地级别价、区片价和路线价。

(6)综合确定基准地价。在上述各个土地级别或均质地域地价计算的基础上,经适当调整后即是基准地价。在确定基准地价时,应先把握各个土地级别或均质地域之间的好坏层次(一般是从好到差排序),再把握它们之间地价高低层次,以避免出现条件较差的土地级别或均质地域的基准地价高于条件较好的土地级别或均质地域的基准地价。基准地价确定后,通常还应制作基准地价表或者绘制基准地价图。

(7)编写基准地价使用说明。基准地价使用说明包括基准地价的内涵、作用,将基准地价调整为宗地价格的方法和系数,如土地市场状况、具体区位(如具体位置、临界状况等)、具体用途、土地使用期限、容积率、土地开发程度、土地形状等的调整方法和调整系数。

二、基准地价修正法

基准地价修正法是指在政府确定并公布了基准地价的地区,利用有关调整系数将估价对象宗地所在位置的基准地价进行调整,得出估价对象宗地价格的方法。基准地价修正法本质上是一种比较法,且是一种间接的估价方法,其估价结果的准确性主要取决于基准地价和各种调整系数的合理性、准确性。

运用基准地价修正法评估估价对象的价格,一般按以下步骤进行:①搜集有关基准地价的资料;②查找估价对象所在位置的基准地价;③进行土地市场状况调整和土地状况调整;④求出估价对象价格。

(1)搜集有关基准地价的资料,包括搜集估价对象所在城镇的基准地价表或基准地价图、土地级别或不同均质地域图、土地级别或不同均质地域范围说明、基准地价内涵说明,以及将基准地价调整为宗地价格的方法和系数等。

(2)查找估价对象所在位置的基准地价,首先是根据估价对象宗地的具体用途,确定其所属的用途类别,例如是属于商业用途还是属于居住、工业用途等;其次是根据估价对象宗地的用途类别和位置,确定其所在位置的土地级别或均质地域,从而确定其适用的基准地价。

(3)进行土地市场状况调整,是将基准地价在其基准日期时的价值,调整为在估价时点时的价值。此处土地市场状况调整的方法,与市场比较法中市场状况调整的方法相同。进行土地状况调整,是将估价对象宗地的状况,包括区位、具体用途、土地使用期限、容积率、土地开发程度、土地形状等,与评估基准地价时设定的有关状况进行比较,将基准地价调整为在估价对象宗地状况下的价格。此处土地状况调整的内容和方法,与市场比较法中房地产状况调整的内容和方法相似。调整系数连乘的基准地价修正法公式为:

$$\text{宗地价格} = \text{适用的基准地价} \times \text{土地市场状况调整系数} \times \text{区位调整系数} \\ \times \text{用途调整系数} \times \text{土地使用期限调整系数} \times \text{容积率调整系数} \quad (7-11) \\ \times \text{土地开发程度调整系数} \times \text{其他调整系数}$$

需要注意的是,由于基准地价的内涵、表达方式等在不同的城镇可能不同,所以基准地价修正法估价中具体调整的内容和方法也会有所不同。

(4)根据上述步骤,最后求出估价对象的价格。

技能训练

1. 查找你所在地区(城镇)的基准地价及其基准期日,并对其应用情况进行调查分析。

2. 通过调查走访收集资料,了解你所在城镇基准地价界定的基准条件和容积率修正系数表,并根据上述资料评估一宗正在进行招标(拍卖、挂牌)出让宗地的价值。

课题三 补地价的测算

补地价是指建设用地使用权人因改变国有建设用地使用权出让合同约定的土地使用条件等而向国家缴纳的建设用地使用权出让金、土地出让价款、租金、土地收益等的价格。需要补地价的情形可分为三类:①改变土地用途、容积率等规划条件。具体有国有建设用地使用权出让之后变更用途、变更容积率、既变更用途又变更容积率等情形。②延长土地使用期限(包括国有建设用地使用权期间届满后续期)。③转让、出租、抵押以划拨方式取得建设用地使用权的房地产。

对于改变土地用途、容积率等规划条件的,补地价的数额理论上等于批准变更时新旧规划条件下的土地市场价格之差额,即:

$$\text{补地价} = \text{新规划条件下的土地市场价格} - \text{旧规划条件下的土地市场价格} \quad (7-12)$$

其中,对于单纯提高容积率,改变土地用途并提高容积率的补地价来说,补地价的数额为:

$$\text{补地价(单价)} = \text{新楼面地价} \times \text{新容积率} - \text{旧楼面地价} \times \text{旧容积率} \quad (7-13)$$
$$\text{补地价(总价)} = \text{补地价(单价)} \times \text{土地总面积}$$

如果楼面地价不随容积率的改变而改变,则:

$$\text{补地价(单价)} = \text{楼面地价} \times (\text{新容积率} - \text{旧容积率})$$

或者

$$\text{补地价(单价)} = \frac{\text{旧容积率下的土地单价}}{\text{旧容积率}} \times (\text{新容积率} - \text{旧容积率}) \quad (7-14)$$

或者

$$\text{补地价(单价)} = \frac{\text{新容积率下的土地单价}}{\text{新容积率}} \times (\text{新容积率} - \text{旧容积率})$$

【例7-7】某宗土地总面积1 000 m²,容积率为3.0,相应的土地单价为450元/m²。现可依法将容积率增加到5.0,楼面地价不变。试计算应补地价的数额。

【解】应补地价的数额为:

$$补地价(单价) = \frac{450}{3} \times (5-3) = 300(元/m^2)$$

$$补地价(总价) = 300 \times 1\,000 = 30(万元)$$

【例7-8】某宗工业用地的面积为3 000 m²,容积为0.8,相应的楼面地价为700元/m²。现可依法变更为商业用地,容积率提高到2.0,相应的楼面地价为1 500元m²。试计算应补地价的数额。

【解】应补地价的数额为:

$$补地价(单价) = 1\,500 \times 5 - 700 \times 0.8 = 2\,440(元/m^2)$$

$$补地价(总价) = 2\,440 \times 3\,000 = 732(万元)$$

实际中的补地价取决于政府的政策。例如,已购公有住房和经济适用住房的建设用地使用权一般属于划拨性质,从理论上讲其上市出售应交纳较高的出让金等费用,但政府为了促进房地产市场发展和存量住房流通,满足居民改善居住条件的需要,鼓励已购公有住房和经济适用住房上市出售,可能只要求交纳较低的出让金等费用,如为房价的1‰~3‰。

基础训练

1. 请说明补地价的含义。
2. 需要补地价的情形主要有哪些?这些情形下的补地价如何计算?

技能训练

1. 某宗工业用地面积为20 000 m²,容积为1.0,相应的楼面地价为600元/m²,现依法可变更为商业用地,容积率为3.0,相应的楼面地价为940元m²。请计算应补地价的数额。

2. 某宗土地总面积2 000 m²,容积率为4.0,对应的土地单价为550元/m²。现依法将容积率增加到6.0,楼面地价不变。试计算应补地价的数额?

课题四 高层建筑地价分摊

一、高层建筑地价分摊的意义

现代城市由于土地越来越稀缺、地价越来越高,随着建筑技术的日益发展,多层、高层建筑物越来越多。不仅办公楼、商店,而且住宅、厂房等,都出现了多层或高层化。此外,人们的活动还向地下发展,出现了地下商场、地下停车场、地下仓库等。在城市中心商业区,建筑物不仅多层、高层化,而且建筑物的用途出现了立体化。典型的一幢大厦的立体用途是:地下一至二层为停车场、会所或设备用房,地面一至三层为商店,四至五层为餐饮,往上可能是写字楼或公寓。

与此同时,随着房地产交易活动的日益发展和产权多元化,出现了一幢建筑物内同时存在着多个所有者的情况,他们分别拥有该幢建筑物的某一部分,如甲拥有地下一层,乙拥有地面上第一层,丙拥有地面上第二层等。特别是多层、高层写字楼或住宅,一个单位或一个家庭通常只拥有其中某层或某套,这样整幢写字楼或住宅被十几个甚至几十个单位或家庭"区分所有"。

但是,整幢建筑物占用的土地只是一块,在实物形态上不可分割。当该幢建筑物的某部分被售出后,该块土地的使用权的一个相应份额也就随之转移,最后是购得这幢建筑物的众多所有者按份共有该块土地的使用权,但各个所有者的土地份额分别是多少呢?这就成了一个需要解决的现实问题。

拥有一块土地,不仅享有该块土地的一定权利,而且要承担相应的义务。例如,在建筑物寿命结束时或者建筑物被火灾烧毁后,大家决定不再重建而是将该块土地出售,但售出后的地价收益如何分配;相反,在建筑物使用过程中,政府要根据该块土地的价值或等级、位置征收土地税费,该土地税费在建筑物各个所有者之间应如何分摊等。要解决这些问题,就需要解决在建筑物建成后地价如何合理分摊的问题,以此确定建筑物各个所有者占有的土地份额。知道建筑物每个所有者占有的土地份额之后,无论是他们在土地中的权利还是义务,就都可以通过其土地份额顺利得到解决。

可见,通过高层建筑地价分摊可以解决以下几个问题:①各部分占有的土地份额;②各部分分摊的土地面积;③各部分分摊的地价额。

二、高层建筑地价分摊的方法

高层建筑地价分摊的方法有:按照建筑物面积进行分摊、按照房地价值进行分摊和按照土地价值进行分摊等方法。

(一)按照建筑物面积进行分摊

按照建筑物面积进行分摊的方法,是根据建筑物各部分的建筑物面积(如建筑面积、套内建筑面积、使用面积)占整个建筑物面积的比例,来推断其占有的土地份额。即某部分占有的土地份额为该部分的建筑物面积除以建筑物总面积。

$$
\begin{aligned}
\text{某部分占有的土地份额} &= \frac{\text{该部分的建筑面积}}{\text{建筑物总面积}} \\
\text{某部分分摊的土地面积} &= \text{土地总面积} \times \frac{\text{该部分的建筑面积}}{\text{建筑物总面积}} \quad (7-15)\\
\text{某部分分摊的地价数额} &= \text{土地总价值} \times \frac{\text{该部分的建筑面积}}{\text{建筑物总面积}} \\
&= \text{楼面地价} \times \text{该部分的建筑面积}
\end{aligned}
$$

【例 7-9】 某幢楼房的土地总面积 500 m²,总建筑面积 1 000 m²,某人拥有其中 80 m² 的建筑面积。试按建筑面积进行分摊的方法,计算该人占有的土地份额及分摊的土地面积。

【解】 该人占有的土地份额及分摊的土地面积为:

$$\text{该人占有的土地份额} = 80 \div 1\,000 = 8\%$$
$$\text{该人分摊的土地面积} = 500 \times 8\% = 40(\text{m}^2)$$

或者 500/1 000=0.5,即 1 m² 的建筑面积附带 0.5 m² 的土地面积,那么 80 m² 的建筑面积占有 40 m² 的土地面积。

这种地价分摊方法在中国香港地区曾经使用过,但后来随着情况的变化出现了一些问题:香港过去主要采用的是英国法律,根据英国法律,一项财产的共同占有人不得分割财产,只能分配其中占有的份额,但法律却没有规定按何种方法来分配这种份额。20 世纪 60 年代以前最流行的方法是每个单位分配相同的份额,例如,某个大厦有100个单位,则每个单位在土地中拥有的份额就是1/100。当时,这种专断的份额分配方法并不影响业主的实际权益,因为它只是在法律上虚幻产生的对土地的权益。然而在20世纪70年代初期,当许多为期75年的地契在1973年就要到期时,政府决定再批出另一个75年的租期,并需要补地价,这时这种专断的份额分配方法的问题就突出了。如果再批租需要缴纳10万美元的地价,那么将这10万美元的地价分摊给各在土地中拥有1/100份额的100个业主,最自然的做法是每个业主负担地价的1/100,即1 000美元。但是,如果这100个单位中有10个是处在楼底的商店,而在香港,商店的价值占了大厦价值的大部分,这就引起了其他业主对这些商店的业主应该负担比他们在土地中拥有的份额要大的地价份额的争论。除此之外,经常还会遇到这样一个问题,即同一大厦内各个业主为了再开发而希望集体卖出整个大厦,但如何处理这些名义上的土地份额,也会引起同样的争论。

按建筑面积进行分摊的优点是简便、可操作性强,但存在的问题也是显而易见的。它主要适用于各层用途相同且价格差异不大的建筑物,如用途单一的住宅楼、办公楼等。

(二)按照房地价值进行分摊

为了克服按照建筑面积分摊出现的不同部分的价值不同,但却分摊了等量地价的情况,可以根据各部分的房地价值进行分摊。这种分摊方法是根据建筑物各部分的房地价值占房地总价值的比例,推断其占有的土地份额。即某部分占有的土地份额为该部分的房地价值除以房地总价值。具体公式为:

$$某部分占有的土地份额 = \frac{该部分的房地价值}{房地总价值}$$

$$某部分分摊的土地面积 = 土地总面积 \times \frac{该部分的房地价值}{房地总价值} \quad (7-16)$$

$$某部分分摊的地价数额 = 土地总价值 \times \frac{该部分的房地价值}{房地总价值}$$

【例7-10】某6层的综合楼,1—3层为商场,4—6层为写字楼;商场为甲公司拥有,写字楼为乙公司拥有。该综合楼的土地价值为3 500万元,房地总价值为5 000万元,其中商场的房地价值为3 000万元,写字楼的房地价值为2 000万元。试按照房地价值进行分摊的方法,计算甲、乙公司占有的土地份额及分摊的地价数额。

【解】有关分摊计算如下:

甲公司占有的土地份额=3 000÷5 000=60%

乙公司占有的土地份额=2 000÷5 000=40%

甲公司分摊的地价数额=3 500×60%=2 100(万元)

乙公司分摊的地价数额=3 500×40%=1 400(万元)

按房地价值进行分摊的方法仍然有一些缺陷,例如,根据这种分摊方法的结果,各层分摊的建筑物价值不相等,这在理论上很难解释。从理论上看,各层房地价值有差异的原因,撇开各层特殊的装饰装修不谈,应是土地的垂直立体效果不同所造成的,各层的建筑物价值应相同。下面举一个简化的例子,可使这个问题得到清楚的说明:假设整幢大厦都是住宅,且每层的面积、户型、装饰装修等都相同,但由于楼层不同,售价肯定不同,如底层与其他层的价格有差异。显然,各层之间的价格差异不是建筑造价不同造成的,而是土地,是各层占据的土地立体空间位置的不同,从而使其通达性、视野、景观、采光、通风、空气质量、安静程度、安全等不同所造成的。

按照房地价值进行分摊比按照建筑面积进行分摊要复杂一些,但更符合实际情况,主要适用于各部分的房地价值(单价)有差异但差异不很大的建筑物。

(三)按照土地价值进行分摊

按照房地价值进行分摊的方法,当中国香港地区按照建筑面积进行分摊遇到困难时也被提出来过,但它仍然存在上述的假设用途、面积、空间布局、装饰装修等相同,仅房地价值不同的各层所分摊的建筑物价值不相等这个理论缺陷,因此,需要进一步寻找更为合理的分摊方法。

更为合理的分摊方法就是根据各部分的土地价值进行分摊。这种分摊方法是根据建筑物各部分的土地价值占土地总价值的比例,来推断其占有的土地份额,即某部分占有的土地份额为该部分的土地价值除以土地总价值。具体公式为:

$$某部分占有的土地份额 = \frac{该部分的房地价值 - 该部分的建筑物价值}{房地总价值 - 建筑物总价值}$$

$$某部分分摊的土地面积 = 土地总面积 \times 该部分占有的土地份额 \quad (7-17)$$

$$某部分分摊的地价数额 = 土地总价值 \times 该部分占有的土地份额$$
$$= 该部分的房地价值 - 该部分的建筑物价值$$

按照土地价值进行分摊的另一种更适用的公式如下:

$$某部分占有的土地份额 = \frac{该部分的房地价值 - \frac{房地总价值 - 土地总价值}{总建筑面积} \times 该部分的建筑面积}{土地总价值} \quad (7-18)$$

$$某部分分摊的地价数额 = 土地总价值 \times 该部分占有的土地份额$$
$$= 该部分的房地价值 - \frac{房地总价值 - 土地总价值}{总建筑面积} \times 该部分的建筑面积$$

【例 7-11】 某幢大厦的房地总价值为 5 000 万元,其中建筑物总价值为 2 000 万元。某人拥有该大厦的某一部分,该部分的房地价值为 100 万元,该部分的建筑物价值为 40 万元。试按照土地价值分摊的方法计算该人占有的土地份额。

【解】 该人占有的土地份额计算如下:

$$该人占有的土地份额 = \frac{100 - 40}{5\,000 - 2\,000} = 2\%$$

【例 7-12】 某幢大厦的总建筑面积为 10 000m²,房地总价值为 6 000 万元,其中土地总价值为 2 500 万元。某人拥有该大厦的某部分,该部分的建筑面积为 200m²,房地价值为 130 万元。试按土地价值进行分摊的方法计算该人占有的土地份额。

【解】 该人占有的土地份额计算如下:

$$某部分占有的土地份额 = \frac{130 - \frac{6\,000 - 2\,500}{10\,000} \times 200}{2\,500} = 2.4\%$$

这种地价分摊方法其实是比较简单的,只要知道了建筑物各部分的房地价值和土地总价值,就可以进行,而在现实中这两个价值一般都是已知的。

由于未来的房地价值是不断变化的，土地价值也是不断变化的，因此，按照房地价值进行分摊的方法和按照土地价值进行分摊的方法，从理论上讲要求地价分摊不断地进行，但这在实际中不可行，因为进行分摊所需的费用可能很高，另外，土地占有份额一旦确定下来就不宜经常变动。而如果间隔一定的年数再进行分摊，这种间隔期多长合适也是值得研究的。

上述讨论的分摊方法不仅适用于多层、高层建筑物的地价分摊，而且也适用于同一层或平房的不同部位分别为不同人所有、房地价值不相等时的地价分摊。例如，在繁华地段，沿街部分的房屋比里面的房屋价值高，在这同一房屋分别为两人或两人以上所有的情况下，就需要进行地价分摊，确定各自的土地占有份额。

基础训练

1. 高层建筑地价分摊主要是为了解决什么问题？
2. 高层建筑地价分摊主要有哪些方法？如何计算？各有何优缺点？

技能训练

1. 某幢大厦的总建筑面积为20 000m^2，房地总价值为6 000万元，容积率为8，该土地拍卖时价格为500万/亩。某人拥有该大厦的某一部分，建筑面积为200m^2，房地价值为130万元。试按土地价值分摊的方法计算该人占有的土地份额。

2. 某宾馆的房地总价值为10 000万元，其中建筑物总价值为4 000万元。某股东拥有该宾馆的一部分，该部分的房地价值为200万元，该部分的建筑物价值为80万元。试按土地价值分摊的方法计算该人占有的土地份额。

模块三

房地产估价实务

　　本模块是本书的最后一个模块，主要介绍了两部分内容：房地产估价程序和房地产估价报告。在这个模块中，主要是学习和训练房地产估价操作的一般过程和房地产估价的最后成果——房地产估价报告的撰写。

　　房地产估价是一种关系到当事人切身利益乃至社会公共利益的较为复杂的专业服务活动。要高效率、高质量地完成一个房地产估价项目，除了要求估价人员具有扎实的业务基础，掌握房地产估价的理论、方法和有关法规政策，并切实遵守"公正、公平、公开"的原则与职业道德规范外，还必须遵循一套科学严谨的估价程序。课题一即房地产估价程序，介绍房地产估价程序的含义、作用和程序各环节的具体内容，其中较详细地介绍受理估价委托、制定估价作业方案、收集估价所需资料、实地查勘和求取估价对象价值等工作内容。

　　房地产的估价过程和估价结果通常以书面房地产估价报告形式反映。课题二即房地产估价报告，对房地产估价报告的含义、格式、内容和要求等进行了详细的描述。特别是通过房地产估价报告实例的教与学，学生能够掌握房地产估价报告的规范格式与写作要求。

项目八 房地产估价程序和估价报告

学习目标

知识目标

熟悉房地产估价的基本程序及其基本工作；

熟悉房地产估价报告的内容，掌握估价报告的写作规范。

能力目标

会拟定估价作业方案；

能实地勘查估价对象和选定估价方法；

能撰写一份完整、规范的房地产估价报告。

项目分析

项目概述

若有客户委托估价公司对他的一宗房地产进行估价，作为该估价项目的负责人，你如何着手并完成该项估价业务呢？本项目首先介绍房地产估价程序的含义、作用及具体程序内容，其中对受理估价委托、拟定估价作业方案、搜集估价所需资料、实地查勘估价对象、确定估价结果、撰写估价报告等工作进行详细介绍；然后单独介绍房地产估价报告的含义、要求、内容等。

情境案例

2012年6月15日，甲公司因需向商业银行申请抵押贷款，委托乙房地产估价有限公司评估位于某市××路的××大酒店的价值。据甲公司提供的资料显示，该大酒店共五层，建筑面积1500平方米；大酒店所在建设用地使用权通过出让取得，使用权限为40年，期限从2001年1月15日计起。

乙房地产估价有限公司承接该估价项目后，成立由一名房地产估价师任组长的评估项目组，具体负责和完成该项房地产评估业务。项目组经过为期10天的市场调查、实地查勘和估价测算，于2012年6月25日完成并提交了估价报告。

基本知识与技能

课题一 房地产估价程序

课题二 房地产估价报告

基础与能力训练

课题一　房地产估价程序

一、房地产估价程序的含义与作用

(一)房地产估价程序的含义

房地产估价程序是指保质、按时完成一个房地产估价项目需要做的各项工作及其进行的先后次序,是完成房地产估价项目的作业流程。房地产估价程序完整地反映了房地产估价项目工作的全过程和各项具体工作之间的内在联系。

房地产估价的基本程序是:获取估价业务→受理估价委托→制定估价作业方案→收集估价所需资料→实地查勘估价对象→求取估价对象价值→撰写估价报告→审核估价报告→交付估价报告→估价资料归档。

实际估价时,在总体上按照上述步骤进行估价的过程中,有时难免会有前后工作出现一定程度的反复,但需要注意的是,程序中各个工作环节不得随意简化和省略。

(二)房地产估价程序的作用

按照科学、严谨、完整的估价程序开展估价工作,可以使房地产估价工作具有计划性和规范化、精细化,从而保证估价工作质量,提高估价工作效率。

履行必要的估价程序是完成估价项目的基本要求,也是估价机构和估价师防范估价风险、有效保护自身合法权益的重要手段。

概括起来,估价程序有四个作用:①规范估价行为;②保证估价质量;③提高估价效率;④防范估价风险。

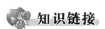知识链接

房地产估价程序作用的一个重要方面

完成任何估价项目,估价机构和估价师不得随意简化和省略必要的工作步骤和工作内容。"过程"一定程度上决定着"结果",如果"过程"做到位了,"结果"一般不会出错,在这个意义上说,是"过程"比"结果"更重要。

对于因估价结果异议等引起的估价鉴定,一个重要方面是检查估价机构和估价师是否履行了必要的估价程序开展估价工作,即在履行估价程序方面是否有简化、省略等疏漏。例如,是否与委托人进行了充分沟通,认真细致地了解其真实的估价需要;是否要求了委托人如实提供其知悉的估价所需资料,并对委托人提供的估价依据资料进行了审慎检查;是否努力搜集了估价所需资料;是否对估价对象进行了认真的实地查勘;是否采用了适用的估价方法对估价对象价值进行了仔细测算等。因此,任何一个房地产估价项目至少要在程序上经得起检查。

二、房地产估价程序的具体内容

(一)获取估价业务

1. 估价业务来源渠道

房地产估价业务是从事房地产估价工作的先决条件,是房地产估价机构生存和发展的基础。房地产估价业务的来源可归纳为"主动争取"和"接受委托"两大渠道。

(1)主动争取。主动争取是估价机构走出去主动承揽估价业务,为估价需求者提供估价服务的方式。如密切关注商业银行、房屋征收部门、人民法院等发布的遴选入围估价机构、估价项目招标、委托评估等信息,积极申请加入入围估价机构名单,参加估价项目投标,报名参加委托评估等。在估价机构多、竞争激烈的情况下,主动争取是估价业务的主要来源。同时,积极与潜在的估价需求者建立联系,宣传估价的必要性和作用,将其潜在的估价需要转变为现实的估价需求。

(2)接受委托。接受委托是指估价机构坐等估价需求者上门,为其提供估价服务的方式。这是一种被动获取估价业务的方式。

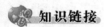 **知识链接**

我国目前估价需求者(估价委托人)的主要类型

估价需求者可能是个人,也可能是企业、事业单位、政府有关部门或者其他组织;可能是房屋所有权人、土地使用权人,也可能是房屋所有权人、土地使用权人以外的投资者、债权人、受让人等。

例如,估价需求者可能是房屋所有权人、土地使用权人的代理人;房地产欲购买者也可能要求对其拟购买的房地产进行估价;一方出资、一方以提供房地产等形式的入股、合资、合作开发经营房地产或者从事其他经营活动,其出资一方可能委托估价机构对该房地产进行估价,为其与对方洽商提供参考依据;产权人用其房地产抵押贷款,贷款人(如银行)可能委托其信任的房地产估价机构对该房地产进行估价;征收国有土地上单位、个人的房屋,房屋征收部门委托房地产估价机构对被征收房屋价值进行评估;人民法院处理有关房地产案件,如拍卖、分家析产、损害赔偿、定罪量刑等,也可能委托房地产估价机构对涉案房地产进行估价;政府为征收房地产税收,也可能委托房地产估价机构对应税房地产进行估价,等等。

房地产估价业务来源渠道,还可以按照不同委托人即客户(如商业银行、人民法院、政府部门、上市公司等)、不同估价目的(如抵押估价、征收估价、司法鉴定估价、税收估价等)、不同估价对象(如住宅、商业用房、办公用房、工业用房、土地等)来划分。

2. 不应承接估价业务的几种情形

在获取估价业务的过程中,估价机构和估价师通过与估价需求者沟通,如发现有以下情况之一,不应承接该项估价业务:

(1)超出了本机构的业务范围。如果估价业务超出了估价机构的业务范围,就不应承接该项估价业务。目前对不同资质等级的房地产估价机构业务范围的限制,是根据估价目的确定的(详见《房地产估价机构管理办法》第二十四条)。

(2)与自己有利害关系或利益冲突。如果估价机构或估价师与估价需求者或相关当事人有利害关系,或者与估价对象有利益关系,就应回避相应的估价业务。否则,就有可能影响其独立、客观、公正地估价。即使估价机构或估价师秉公估价,但其结果仍然会招致怀疑,缺乏社会公信力。为此,有关法规规定了回避制度(详见《房地产估价机构管理办法》第二十六条、《房地产抵押估价指导意见》第六条和《国有土地上房屋征收评估办法》第三条等规定)。

(3)自己的专业能力难以胜任。如果估价机构或估价师感到受自己的专业知识和经验所限而难以得出合理的估价结果,就不应承接该项估价业务。

(4)估价业务有较大风险。估价机构或估价师应清楚拟承接估价业务的风险及其程度。不具备相应估价目的之下估价基本条件的,不应承接该估价业务;估价需求者或者有关单位和个人提出高估或低估要求的,要坚守估价职业道德底线,说明不能满足其要求的原因;对于执意甚至利诱要求高估或低估的,应拒绝该项估价业务。

另外,对估价需求者或者有关单位和个人索要回扣、介绍费以及恶意压低估价服务费的,要予以抵制,或者不承接该估价业务。

(二)受理估价委托

1.受理估价委托的基本内容和步骤

估价机构与估价需求者在相互了解、沟通的基础上,如果估价需求者愿意将估价业务交给估价机构,估价机构认为该估价业务不属于不应承接的情形并愿意承接时,估价师应在深入了解估价需求者真实估价需要和指定估价房地产的基础上,明确估价目的、估价时点、估价对象和价值类型等估价基本事项,以及估价报告交付期限等其他事项,然后为估价需求者起草好估价委托书,准备好估价委托合同,经协商议定后,由需求者出具估价委托书,估价机构与估价需求者签订估价委托合同。

受理估价委托的一般步骤:①明确估价基本事项和其他事项;②起草估价委托书和估价委托合同;③接受理估价委托书及签订估价委托合同。下面重点介绍明确估价基本事项和估价委托书、估价委托合同。

2.明确估价基本事项

房地产估价的核心内容,是为了特定目的,对特定房地产在特定时间的特定价值进行分析、测算和判断。因此,在分析、测算和判断之前,必须弄清楚特定目的、特定房地产、特定时间和特定价值,即要明确估价目的、估价对象、估价时点和价值类型。这四者通常称为估价基本事项,把弄清它们称为明确估价基本事项。其中首先应明确估价目的,因为它是估价基本事项的龙头。只有明确了估价目的,才能够明确估价时点、估价对象和价值类型。

(1)明确估价目的。从本质上讲,估价目的是由委托人的估价需要决定的,应当由委托人根据其需要提出。而在实际中,委托人一般不懂得提出估价目的,甚至不懂得什么是估价目的,更不懂得如何表述估价目的。但估价又必须明确估价目的,这就需要估价师主动提出相关的问题,与委托人进行充分沟通,了解其估价需要,在此基础上再按照有关要求将估价目的表述出来,请委托人认可。

任何估价项目都有估价目的。因此,可通过询问委托人拿未来完成的估价报告或估价结果去满足何种需要、解决什么问题、交给谁使用或者由谁认可来明确估价目的。

估价目的的表述应符合有关规定,应清晰、具体和对应相应的经济行为、行政行为或司法行为等,避免模糊、笼统地表述。例如,房地产抵押估价目的应表述为"为确定房地产抵押贷款额度提供参考依据而评估房地产抵押价值"。房屋征收估价中,被征收房屋价值评估的估价目的可表述为"为房屋征收部门与被征收人确定被征收房屋价值的补偿提供依据,评估被征收房屋的价值";用于产权调换房屋价值评估的估价目的可表述为"为房屋征收部门与被征收人计算被征收房屋价值以用于产权调换房屋价值的差价提供依据,评估用于产权调换房屋的价值"。

(2)明确估价时点。明确估价时点是明确将要评估的价值是在何时的价值。估价时点不明确,后续的估价工作将难以开展,因为同一房地产在不同的时间会有不同的价值。

估价时点本质上是由估价目的决定的。实际估价中,估价时点应由估价师根据估价目的并经委托人认可后确定。多数房地产估价项目是评估估价对象现在的价值,但在某些情况下需要评估其过去或未来的价值。因此,估价时点究竟是现在还是过去或未来,是由估价目的决定的。例如,房屋征收估价的估价时点为房屋征收决定公告之日。在评估受贿房地产的价值时,估价时点有受贿之日、案发之日和委托估价之日三种选择,科学的估价时点应为受贿之日。对原估价结果有异议而引起的复合估价或鉴定估价的估价时点,应为原估价报告确定的估价时点,但原估价报告确定的估价时点有误除外。

估价时点一般应采用公历表示,精确到日。估价时点为现在的,一般以估价作业日期内或者估价师实地查勘估价对象期间的某个日期(如实地查勘完成之日)为估价时点,一般不得早于估价委托合同签订日期,不得晚于估价报告出具日期;估价时点为过去的,确定的估价时点应早于估价委托合同签订日期;估价时点为未来的,确定的估价时点应晚于估价报告出具日期。

(3)明确估价对象。估价对象是在委托人指定的基础上,估价师根据已明确的估价目的和估价时点,依据有关法律、法规、规章和政策并经委托人认可后确定的。

第一,要清楚哪些房地产可以作为估价对象,哪些不能作为估价对象。依据有关法律、法规和政策,有些房地产不应作为某些估价目的的估价对象。例如,前述不得抵押的房地产就不应作为抵押估价目的的估价对象。

第二,要界定估价对象的范围,包括估价对象实物构成上的范围(如是否包括停车位以及家具、电器和机器设备等动产)、权益上的范围(如是否包括特许经营权、债券债务等)和空间上的范围(如坐落、四至、高度等)。在界定估价对象的范围时,应注意同一标的物在不同的估价目的下,估价对象的范围可能会有所不同。

第三,要进一步明确估价对象状况,包括实物状况、权益状况和区位状况。

明确估价对象的实物状况,是在界定估价对象范围的基础上,进一步弄清楚估价对象包括的具体内容。如它是土地还是建筑物,或者是既包括土地又包括建筑物;是一宗房地产还是多宗房地产,或者是一宗房地产的某个部分。对于正在运营、使用的房地产,例如宾馆、商场、餐馆、影剧院、游乐场、高尔夫球场、汽车加油站、码头、厂房等,还应明确是否包括家具、电器、装饰品、专业设备等房地产以外的财产;工业房地产是否包括地块内的基础设施、构筑物、机器设备等。对于房地产开发用地,还应明确其开发程度。对于在建工程,还应明确是当前工程进度下的状况,还是未来某种状况,如开发完成后的状况等。

明确估价对象的权益状况,首先要清楚估价对象的现实法定权益状况,在此基础上,根据估价目的来明确是评估估价对象在现实法定权益下的价值,还是在设定权益下的价值。多数估价项目是评估估价对象在现实法定权益下的价值,需要注意的是,估价师不得随意设定估价对象的权益状况来估价。但在某些情况下,根据估价目的的要求,应以设定的估价对象的权益状况来估价。例如,房屋征收估价,是评估被征收房屋在完全产权下,不考虑被征收房屋租赁、抵押、查封等因素影响的价值。其中,不考虑租赁因素的影响,是因为要评估无租约限制价值而不是评估出租人的权益价值;不考虑抵押、查封等因素的影响,是评估价值中不扣除被征收房屋已抵押担保的债券数额、拖欠的建设工程价款和其他法定优先受偿款。这是因为,被征收房屋无论是否租赁、抵押、查封,政府都应予以足额的补偿。至于被征收房屋租赁、抵押、查封等问题,属于被征收人与被征收房屋承租人、抵押权人等有关单位和个人的债券债务等关系问题,应由相关当事人或有关部门解决。再如人民法院拍卖房地产估价,被拍卖的房地产可能正是因为抵押、产权人欠债、欠税或者不法取得(如受贿)等而被强制拍卖,其现实产权是不完全的,但这种估价通常是评估被拍卖房地产在完全产权下的价值。因为对于受让人来说,通过人民法院强拍卖取得的是完全产权。当然,如果不是通过人民法院拍卖取得,而是直接从产权人那里取得,则评估的一般是现实法定权益下的价值。

明确估价对象的区位状况,是要搞清楚估价对象的位置、交通条件、外部配套设施、周围环境和景观等。要注意的是,估价对象的用途和实物状况范围不同,对其区位状况的界定也会有所不同。居住、商业、办公和工业用途的房地产,它们的区位状况界定会有所不同。例如,估价对象是整个住宅小区,还是其中一幢住宅楼或是一幢住宅楼中的一套住宅,对区位状况的界定是不同的,如果是整个住宅小区,区位状况一般不包括朝向和楼层;如果是一幢住宅楼,则其区位状况应包括朝向,但不包括楼层;如果是一幢住宅楼中的一套住宅,则其区位状况既包括楼层,也包括朝向。

在明确估价对象的上述内容时,估价师还应当要求委托人如实提供其所能提供的反映该估价对象状况的资料,如坐落、四至、面积、用途、权属(如土地是国有土地还是集体土地;建设用地使用权是出让取得还是划拨取得;如果是出让的建设用地使用权,其使用期限多长,已经使用了多少年,还剩余多少年)、房屋竣工日期(没有确切竣工日期的,应明确建成年月或建成年份、建成年代)等。对于要求委托人提供的资料,针对不同估价目的和估价对象,估价师最好事前列出"估价所需资料清单"。

(4)明确价值类型。明确价值类型是要确定将要评估的价值具体是哪种价值,包括价值的名称、定义或内涵。价值类型不明确将无法估价,因为同一房地产的不同类型价值会有所不同,即使采用相同的估价方法,其中有关参数的取值标准和依据也可能不同。

价值类型本质上是由估价目的决定的。多数估价项目是评估市场价值,但在某些情况下,需要评估的可能是投资价值、谨慎价值、快速变现价值、残余价值等。例如,征收房屋虽然是强制性的,不符合市场价值形成的"无被迫"条件,但因要"给予公平补偿",并"对被征收房屋的补偿,不得低于房屋决定公告之日被征收房屋类似房地产的市场价值"(《国有土地上房屋征收与补偿条例》第二条和第十九条)。所以,房屋征收估价评估的应是市场价值;人民法院拍卖房地产估价评估的也应是市场价值;但房地产抵押估价评估的应是谨慎价值(遵循谨慎原则评估市场价值);为房地产企业取得待开发房地产服务的估价,评估的一般是投资价值。

3. 估价委托书和估价委托合同

(1)估价委托书。估价机构在受理估价委托时,应要求委托人出具估价委托书。估价委托书作为重要的估价依据,要放入未来完成的估价报告附件中。

估价委托书理应由委托人自己撰写并向估价机构提交,实际工作中通常是估价师在与委托人沟通的基础上,为委托人起草好或者指导委托人填写估价机构事先制作的估价委托书文本,由委托人签字盖章后再向估价机构出具。估价委托书应载明委托人的名称或者姓名、受托估价机构的名称、估价目的、估价对象、估价要求以及委托日期等内容。

(2)估价委托合同。估价机构应与委托人签订书面房地产估价委托合同。估价委托合同是估价机构和委托人之间就估价有关事宜的相互约定,其作用是:①建立受法律保护的委托与受托关系;②明确双方的权利和义务;③载明估价的有关事项。

房地产估价委托合同的内容一般包括:①委托人、估价机构的名称(或者姓名)和住所。②负责本估价项目的估价师姓名和注册号。③本项目的估价基本事项,包括估价目的、估价对象、估价时点和价值类型。④委托人应提供的估价所需资料。如估价对象的权属证明、历史交易价格、运营收入和费用、开发成本以及有关会计报表等。⑤估价过程中双方的权利和义务,如估价机构和估价师应保守在估价活动中知悉的委托人的商业秘密,不得泄露委托人的个人隐私;委托人保证所提供的资料是合法、真实、准确和完整的,没有隐匿或虚报的情况,应协助估价师对估价对象进行实地查勘,搜集估价所需资料等。⑥估价费用及收取方式。⑦估价报告及其交付,包括交付的估价报告类型、份数以及估价报告交付期限、交付方式等。在确定估价报告交付日期时,应保证有足够的时间完成该估价项目,不能"立等可取"。⑧违约责任。⑨解决争议的方法。⑩其他需要约定的事项。⑪注明合同签订日期。

(三)制订估价作业方案

为了保证估价工作有序、高效地进行,保质、按时完成任务,在明确估价基本事项和签订估价委托合同的基础上,应对估价项目进行分析,制定估价作业方案。方案的核心是解决将要做什么、什么时候做、由谁来做以及如何去做,是关于保质、按时完成估价项目的行动计划。

估价作业方案应按照估价方法和技术路线、所需资料、所需人财物和时间、作业步骤和进度的思路和内容来编制。

1. 拟采用的估价方法和估价技术路线

明确了估价基本事项,就可以初步选用估价方法和估价技术路线。不同的估价方法所需要的资料不完全相同,初步选用估价方法的目的,是为了后续搜集资料和实地查勘等工作有的放矢。在制定估价作业方案时,应清楚哪种类型的房地产在理论上适用哪些估价方法。估价技术路线是评估估价对象价值应遵循的基本途径,是指导整个估价过程的技术思路。

在选用估价方法上,应根据估价对象和估价目的,对市场比较法、收益法、成本法和假设开发法等估价方法进行适用性分析。对于理论上适用的方法都应初步选用,不得随意取舍。例如,在选用估价方法上,应根据估价对象和估价目的,对市场比较法、收益法、成本法和假设开发法等估价方法进行适用性分析。对于理论上适用的方法都应初步选用,不得随意取舍。例如,现成的商品住宅、写字楼、商场,理论上一般适用市场比较法、收益法、成本法估价;现成的游乐场、影剧院,理论上一般适用收益法、成本法估价;在建工程,如在建的商品住宅、写字楼、宾馆等,理论上一般适用假设开发法、成本法估价,但其中开发完成后的房地产价值可以采用市场比较法或收益法估价;房地产开发用地,理论上应当采用假设开发法、市场比较法和成本法估价,但其中开发完成后的房地产价值,可以采用市场比较法或收益法估价。

> **知识链接**
>
> **估价方法的选用要求及其关系**
>
> 根据《房地产估价规范》的规定,房地产估价师应熟知、理解各种估价方法及其综合运用,

从而正确选择和运用估价方法进行估价。对于同一估价对象,宜选用两种(含两种)以上的估价方法进行估价。此外,有条件选用市场比较法估价的,应以市场比较法为主要的估价方法;收益性房地产估价,应选用收益法作为其中的一种估价方法;具有投资开发或再开发潜力的房地产的估价,应选用假设开发法作为其中的一种估价方法;在无市场依据或市场依据不充分而不宜采用市场比较法、收益法、假设开发法进行估价的情况下,可以将成本法作为主要的估价方法。

需要指出的是,对同一估价对象选用两种(含两种)以上估价方法进行估价,是指该两种以上估价方法均是用于直接得出估价对象的价值,而不包括估价方法之间引用的情况。例如,某在建工程采用假设开发法估价,其中开发完成后的房地产价值采用市场发或收益法评估,这实际上只采用了假设开发法一种方法进行估价。

估价方法使用中有以下三种关系:①可以同时使用以相互验证,而不能相互替代。因为不同的估价方法是从不同的技术路线测量房地产的价值,同时采用多种估价方法估价,可以使估价结果更加客观合理。②可以相互补充。有些房地产(如在建工程)适合成本法而不适合市场比较法估价;有些房地产可能相反(如位置和环境好、适宜建造别墅、尚未开发的生地),适用市场比较法而不适用成本法估价。③可以相互引用。例如,市场比较法中的土地使用期限修正可以采用收益法;成本法中的土地取得成本、收益法中的租赁收入可以采用市场比较法求取;假设开发法中房地产开发完成后的价值可以采用市场比较法、收益法求取。

2. 拟收集的估价资料及其来源渠道

针对估价对象、估价目的以及拟采用的估价方法等,需要收集哪些资料及其来源渠道(参见本课题"收集估价所需资料")。

3. 预计需要的时间、人力和经费

任何一个项目的实施都要动用必要的人力、物力和财力,属于专业服务活动的房地产估价,主要是动用人力。根据估价目的、估价对象、估价时点、估价报告交付日期,便可知估价项目任务的大小、难易和缓急,从而可以确定需要投入多少人员、什么样的人员以及何时需要等。

随着估价对象越来越复杂,估价目的越来越多,以及对估价精度的要求越来越高,房地产估价师应当按照估价对象或估价目的进行适当的专业分工,逐渐锻炼和形成自己的估价专长。如擅长某种类型房地产的估价、擅长某种目的的估价、擅长运用某种估价方法进行估价等。这样,针对一个具体的估价项目,在估价对象、估价目的等已明确,并初步选择了拟采用估价方法的情况下,可以确定选派哪些估价师参加估价更合适。另外,根据估价项目的具体需要,还应当聘请其他领域的专家,如建筑师、设备工程师、造价工程师、注册会计师和律师等提供专业帮助。

4. 估价作业步骤和时间进度安排

估价作业步骤和时间进度安排主要是对要做的各项工作以及所需要的人员、时间、经费等具体安排,以便控制进度及协调合作。对于那些大型、复杂的估价项目最好附以流程图、进度表等。

(四)收集估价所需资料

具备估价所需资料(包括数据)是评估出估价对象价值的依据和基础。一般包括以下四类:①反映估价对象状况的资料;②估价对象及类似房地产的交易、收益、开发建设成本等资料;③对估价对象所在地区的房地产价格有影响的资料;④对房地产价格有普遍影响的资料。

估价资料的收集与整理是估价机构和估价师一项长期持续的工作。估价机构和估价师平时就应留意搜集和积累估价所需的资料,并建立估价资料库。在受托估价时,估价师和估价机构应注意有针对性地搜集估价所需要的资料,特别是反映估价对象状况及其历史交易价格、运营收入和费用、开发成本等资料,不仅在受理估价委托时要求委托人尽量提供,之后在实地查勘估价对象时还应进一步搜集。

针对具体房地产估价项目应收集哪些资料,主要取决于拟采用的估价方法。市场比较法主要是搜集交易实例资料;收益法主要是搜集收益实例资料;成本法和假设开发法,主要是搜集开发建设成本实例资料。具体应收集的内容,要根据估价方法测算所需要的数据进行。例如,对出租写字楼拟采用收益法估价,则需要搜集租金水平、出租率或空置率、运营费用等资料;对房地产开发用地拟选用假设开发法评估,需要搜集开发成本、与未来开发完成后的房地产相似房地产过去和现在的市场价格及其未来变动趋势等方面的资料。在收集房地产交易、收益、开发成本等资料时,应考察这些资料是否受到不正常或人为因素的影响。对于受到这些因素影响的资料,只有在能够确定其受影响程度并能够进行修正的情况下才可以使用。

收集估价资料的渠道主要有:①要求委托人提供;②在实地勘查估价对象时收集;③询问有关当事人和知情人;④查阅估价机构自己的资料库;⑤到有关政府部门和专业机构、单位查阅;⑥查阅有关报刊、网站等媒体。

需要注意的是,虽然要求委托人如实提供其知悉的估价对象资料,保证其所提供资料的合法、真实、准确和完整,但估价师应对其提供的资料进行审慎检查,必要时还应当对委托人提供的资料以及自己所搜集的资料进行核实,并及时对这些资料进行整理、分类,以便于查阅和分析。

(五)实地查勘估价对象

1. 实地查勘的重要性

实地查勘是指估价师亲自到估价对象现场,检查、观察估价对象的状况。实地查勘是房地产估价不可省略的工作步骤。房地产不可移动性和独一无二性(个别性)的特征,决定了房地产的价值与其实物状况和区位状况密切相关,任何房地产估价项目,估价师必须对估价对象进行实地查勘。

实地查勘之于估价的重要性在于:①有利于估价师加深对估价对象的认知,形成一个直观、具体的印象,获得文字、图纸、照片等资料无法或难以表述的细节;②通过认真的实地查勘,与被查勘房地产有关的人员和四邻进行交流,可以证实估价对象及其权属证书的真实性与合法性,发现和识别可能出现的伪造房地产权属证书或虚构估价对象等现象。

对运用市场比较法等估价方法所选取的可比实例房地产,应参照估价对象实地查勘要求,进行必要的实地查勘。

2. 实地查勘的工作内容

实地查勘的内容包括:①感受估价对象的区位优劣,包括位置、交通、环境景观、外部配套设施情况等。②核对之前收集的估价对象坐落、四至、面积、用途等情况。③观察估价对象的外观、内部状况,如土地形状、建筑结构、设施设备、装饰装修、维护养护等。④拍摄反映估价对象内外部状况及其周围环境和景观或临路(街)状况的影像资料。⑤调查了解估价对象的历史使用状况、周边乃至当地同类房地产的市场行情。⑥补充收集估价所需的其他资料。

3. 实地查勘程序和要求

实地查勘时，一般需要委托人和被查勘房地产业主等当事人陪同，估价师要认真听取他们关于估价对象的情况介绍，详细询问估价需要搞清楚的问题，并将有关情况和数据认真记录下来，形成"实地查勘记录"。

当委托人是被查勘房地产业主的情况下，实地查勘工作通常比较顺利。但是，有些估价项目中委托人不是被查勘房地产的业主，甚至与被查勘房地产的业主有利益冲突，如在房地产强制拍卖房地产估价中的委托人是人民法院，房屋征收估价中的委托人是房屋征收部门等情况下，进行实地查勘通常会比较困难。此时，估价师一是要求委托人与被查勘房地产的业主事先做好沟通，二是自己向被查勘房地产业主说明来意和相关情况，争取其理解与配合。

为避免实地查勘时遗漏应调查的内容，提高工作效率，估价师应事先针对不同类型的房地产和估价目的制作"实地查勘记录表"，实地查勘时再按该表进行调查和填写查勘结果。实地查勘记录应包括查勘对象、查看内容、查勘结果、查勘人员以及查勘日期等。执行实地查勘的估价师可以用照片等方式证明自己进行了实地查勘，并应在"实地查勘记录表"上签字。另外，应尽量要求委托人和被查勘房地产的业主等当事人在实地查勘记录上签字或盖章确认。其中，房屋征收估价应按有关要求，由房屋征收部门、被征收人和实地查勘的注册房地产估价师在实地查勘记录上签字或盖章确认。如果被征收人拒绝签字或盖章的，应有房屋征收部门、房地产估价机构和无利害关系的第三人见证，有关情况也应在估价报告中说明。

（六）求取并确定估价对象价值

求取估价对象价值可分为估价对象价值分析、测算和判断三个步骤的工作。

1. 分析估价对象价值

通过实地查勘等工作，调查了估价对象房地产状况以及类似房地产的市场状况之后，应当有针对性地描述和分析影响估价对象房地产价值的自身因素和外部因素，特别是其中对房地产价值影响的有利因素和不利因素，包括描述和分析估价对象房地产的历史背景、周围环境和景观以及类似房地产过去、现在的供应量、需求量、市场价格和未来发展总体趋势。在分析估价对象价值时，要形成"市场背景分析"、"估价对象最高最佳使用分析"、抵押估价的"估价对象变现能力分析"及"有关风险提示"等分析结论。

2. 测算估价对象价值

前文强调，只要是估价对象理论上适用的估价方法，都应初步入选，不得随意取舍。但是，每一种估价方法除了其适用的估价对象，还要具备其使用的条件。有些估价对象因其所在地区的房地产市场发育不够成熟等客观原因，可能会限制某些理论上适用的估价方法在实际中的运用。因此，在前面根据估价对象初步选择了估价方法的基础上，再根据所搜集资料的数量和质量情况，正式确定所要采用的估价方法。对理论上适用但在本估价项目中未使用的估价方法，应在正式出具的估价报告中充分说明未采用的理由。

选定估价方法之后就是具体测算。如何运用各种估价方法测算估价对象的价值，已在前面介绍估价方法时作了详细叙述。对测算估价对象价值的总体要求是：估价方法选用恰当，估价基础数据和技术参数选取准确且有充分的依据或理由，计算公式和计算过程正确无误。

3. 判断估价对象价值

不同估价方法的测算结果通常是不同的，在对各种估价方法的测算结果进行比较、检查和分析的基础上，判断估价对象的价值。

(1) 对各种估价方法的测算结果进行检查校核。当不同估价方法的测算结果之间有较大差异时,应寻找导致差异的原因,并消除不合理差异。在对测算结果进行检查时,可以从以下方面进行:①测算过程是否有误;②基础数据是否准确;③参数选取是否合理;④公式选用是否恰当;⑤不同估价方法的估价对象范围是否一致;⑥所选用的估价方法是否适用估价对象和估价目的;⑦是否遵循了应遵循的估价原则;⑧房地产市场是否处于特殊状态。如房地产价格是否存在泡沫、房地产市场是否存在不景气。在房地产价格存在泡沫的情况下,房地产价值通常被市场比较法高估,而收益法、成本法的测算结果一般会明显低于市场比较法的测算结果;而在房地产市场不景气的情况下,房地产价值通常被市场比较法低估,从而使市场比较法的测算结果一般会明显低于成本法的测算结果(未考虑外部折旧的情况下)。

(2) 将各种估价方法的测算结果综合为一个结果。在确认各种估价方法的测算结果无误且相互之间的差异不大的情况下,应根据具体情况选用简单算术平均数、加权算术平均数等数学方法将它们综合为一个结果,并在估价报告中简要说明选用该数学方法的理由。当选用加权算术平均数时,通常是对最适用于估价对象、占有资料全面准确的估价方法的测算结果赋予较大的权重;反之,赋予较小的权重。

在各种估价方法的测算结果无误,但因房地产市场为特殊状况导致不同估价方法的测算结果差异较大时,不能简单地采取平均的方法综合为一个结果,而应根据具体情况特别是根据估价目的,先排除不合适的估价方法的测算结果,将余下的估价方法的测算结果综合为一个结果。例如,在房地产价格存在泡沫的情况下,如果是房地产抵押估价,因要遵循谨慎原则,则估价结果不宜采用市场比较法的测算结果,而应采用收益法或成本法的测算结果,或者收益法和成本法测算结果综合出的结果;但如果是房屋征收估价,因要保护被征收人的权益,则估价结果不宜采用成本法或收益法的测算结果,而应采用市场比较法的测算结果。相反,在房地产市场不景气的情况下,房地产抵押估价应采用市场比较法的测算结果,而房屋征收估价应采用成本法的测算结果。

(3) 确定最终估价结果。在综合出一个结果之后,还应考虑一些不可量化的价值影响因素(因为房地产价格的影响因素众多,不能仅仅局限于所用公式测算的结果,还应根据经验及对房地产市场行情的了解来把握评估价值),同时可听取有关专家的意见,对该结果进行适当的调整,或取整、或认定该结果,从而确定最终估价结果。当有调整时,应在估价报告中充分说明调整的理由。

(七) 撰写估价报告

在确定了估价对象的价值之后,应撰写估价报告。房地产估价报告的具体内容,见本项目课题二"房地产估价报告"。

(八) 审核估价报告

审核估价报告,是保证估价质量、防范估价风险的最后一道防线。为了保证估价报告的质量,估价机构应建立和完善估价报告内部审核制度,由本机构业务水平高、责任心强、为人正直的房地产估价师或者外聘房地产估价专家担任审核人员,按照合格的估价报告要求,对撰写完成尚未出具的估价报告,从形式到内容进行全面、认真、细致的审核,检查估价结果是否合理,提出审核意见。

为了使估价报告的审核工作规范化、标准化且便于审核,可以在总结经验的基础上,制作

"估价报告内部审核表",统一审核内容和标准。审核人员按表列项目内容和标准进行估价报告审核,保障质量,提高效率。审核完成后,审核人员应提出审核意见,并在审核表上签字并注明审核日期,形成"估价报告内部审核记录"。

审核意见应尽可能具体地指出估价报告存在的问题。审核结论可为下列之一:①可以出具;②适当修改后出具;③应重新撰写;④应重新估价。审核认为需要修改的估价报告,应当进行修改;审核认为不合格的估价报告,应重新撰写甚至重新估价。经修改、重新撰写和重新估价后的估价报告,还应再次进行审核。只有审核合格的估价报告,才可以交付委托人。

(九)交付估价报告

估价报告经内部审核合格后,负责该估价项目的注册房地产估价师(至少两名)应在《注册房地产估价师声明》上签字(打印姓名、注册号并签名),盖章的估价机构和签字的注册房地产估价师对房地产估价报告负责。估价机构应在《致估价委托人函》上盖章,估价机构法定代表人或执行合伙人可在《致估价委托人函》上盖章或签字,并注明致函日期。如果该估价项目有其他人员协助估价或者聘请了外部专家、有关专业机构给予专业帮助的,应在估价报告中说明协助估价的人员、给予专业帮助的外部专家、专业机构的姓名或名称和内容。经委托人同意,与其他估价机构合作完成的估价项目,应以合作双方的名义共同出具估价报告。

估价报告完成签字、盖章等手续后,估价机构应按照有关规定或者与委托人约定的方式,及时将估价报告交给委托人。估价机构出具的估价报告一般为一式三份,其中两份交委托人收执,一份由本机构存档。

交付估价报告时,可由委托人或其指定的接收人在《估价报告交接单》上签收(签字并填写收到估价报告的日期,即估价报告交付日期)。估价师可主动就估价报告的使用建议作口头说明。委托人对估价过程或者估价报告提出询问的,估价师应给予解释和说明。

(十)估价资料归档

估价报告交付委托人之后,相关责任人应按照有关规定及时对估价报告以及在该项估价业务中形成的其他各种文字、图表、影像等资料进行清理,对其中有保存价值的资料进行整理、分类并妥善保存(归档)。

估价机构应当建立估价档案管理制度,保证估价资料妥善保管,有序存放,方便查阅,严防毁损、散失和泄密。估价师和相关工作人员不得将估价资料据为己有或者拒不归档。估价资料归档的目的是建立估价档案和估价资料库,这样有助于主管部门和行业组织对估价机构和估价师开展有关检查和审核,有助于解决日后可能发生的估价争议,有助于估价机构和估价师展示估价业绩。

归档的估价资料应当全面、完整,一般包括:①估价报告;②估价委托书;③估价委托合同;④估价项目来源和接洽情况记录;⑤实地查勘记录;⑥估价报告内部审核记录;⑦估价中的主要不同意见和估价报告重大修改意见记录;⑧估价报告交接单;⑨估价机构和估价师认为有必要保存的其他资料。

估价资料应采用纸质文档归档,同时也可采用电子文档归档。纸质文档归档应以每个估价项目的专卷建档,并至少保留一份与交给委托人完全相同的估价报告原件。归档的电子文档应与纸质文档一致。

估价档案保存期限自估价报告出具之日起计算,应不少于10年。保存期限届满而估价服务的行为尚未结束的,估价档案应当保存到估价服务的行为结束为止。

基础训练

1. 什么是房地产估价程序?
2. 明确估价的基本事项包括哪些内容?
3. 如何制定估价作业方案?
4. 如何进行实地查勘?

技能训练

1. 根据本课题"情境案例"的资料和房地产估价程序,拟定该项目的估价作业方案。
2. 以学校附近某宗房地产为估价对象,模拟估价委托,按照房地产估价程序,分组完成估价工作。

课题二 房地产估价报告

一、估价报告的含义和形式

估价报告是估价机构和估价师的"产品",是估价机构履行估价委托合同,给予委托人关于估价对象价值及相关问题的正式答复,是关于估价对象价值及相关问题的专业意见,是记述估价过程、反映估价成果的文件,也是关于估价对象价值及相关问题的研究报告。

估价报告一般采用书面报告形式。书面报告按照格式,可分为叙述式报告和表格式报告。叙述式报告和表格式报告主要是表现形式上的不同,在内容上并无差别,需要注意的是,表格式报告并不意味着可以省略必要的内容。在有关当事人同意的情况下,单套住宅抵押估价报告、成片住宅房屋征收的分户估价报告,可以采用表格式报告。

二、估价报告的质量

估价报告质量包括内在质量和外在质量两个方面。内在质量包括估价程序的完整性和合法性,估价结果的合理性和准确性,估价方法选用的正确性和全面性,估价基础数据的正确性,估价参数选取的合理性和准确性等。外在质量包括文字表述水平、文本格式及印刷质量等。这两者都很重要,不可偏废。

三、估价报告的组成和内容

一份完整的估价报告,通常由以下八部分组成:①封面;②目录;③致估价委托人函;④注册房地产估价师声明;⑤估价假设和限制条件;⑥估价结果报告;⑦估价技术报告;⑧附件。

(一)封面(可参考本课题四——房地产估价报告实例)

封面(或者扉页)一般包括下列几项内容:

(1)估价报告名称。一般为"房地产估价报告"。也可根据估价目的而具体化,如房地产抵押估价报告、国有土地上房屋征收估价报告、房地产司法拍卖估价报告等。

(2)估价项目名称。即该估价项目的全称,通常采用估价对象的名称。

(3)委托人。即该估价项目委托人的名称(单位)或者姓名(个人)。

(4)估价机构。即受理该估价项目的估价机构的全称。

(5)估价师姓名。即所有参加该估价项目的注册房地产估价师的姓名。

(6)估价作业日期。即该估价项目估价的起止年、月、日,即接受估价委托的年、月、日至出具估价报告的年、月、日。

(7)估价报告编号。即该估价报告在估价机构内的编号(便于归档、统计和查找等)。

(二)目录(可参考本课题四——房地产估价报告实例)

目录中通常按前后次序列出估价报告的各个组成部分的名称、副标题及其对应的页码,以便于委托人或估价报告使用人对估价报告的框架和内容有一个总体了解,并容易查找其感兴趣的内容。

(三)致估价委托人函(可参考本课题四——房地产估价报告实例)

致委托人函是估价机构正式地向估价委托人报告估价报告结果、呈送估价报告的信件。内容一般包括:

(1)致函对象。指委托人的名称或者姓名。

(2)致函正文。说明估价机构接受委托人委托,根据什么估价目的,遵循公认的估价原则,按照严谨的估价程序,依据有关法规、政策和标准,在合理的假设下,采用科学的估价方法,对什么估价对象在何时(估价时点)的何种价值(价值类型)进行了专业分析、测算和判断,估价结果是多少。

(3)致函落款。估价机构的全称,应加盖估价机构公章,并由法定代表人或执行合伙人签名或盖章。

(4)致函日期。指致函时的年、月、日,该致函日期即估价报告出具日期。

(四)注册房地产估价师声明(可参考本课题四——房地产估价报告实例)

注册房地产估价师声明是注册房地产估价师对估价报告没有虚假记载、误导性陈述和重大遗漏,估价过程的独立、客观、公正和专业性,以及估价结果合理、可信等的宣誓或者说明。所有参加估价项目的注册房地产估价师都应当在该声明上签字。该声明对签名的注册房地产估价师也是一种警示。

(五)估价假设和限制条件(可参考本课题四——房地产估价报告实例)

估价假设和限制条件是对估价所必要,但尚不能肯定,又必须予以明确的前提条件所做的合理假定,以及对由估价目的决定的估价设定的估价对象状况与估价对象实际状况不同之处等所做的说明。

估价假设和限制条件主要包括:①对估价所依据的委托人提供的资料的合法性、真实性、准确性和完整性的假定。②对估价对象的假定。③对评估价值前提的说明。④对估价方法使用前提的说明。更具体的内容如下:

(1)说明对委托人提供的估价所依据的资料进行了审慎检查,无理由怀疑委托人提供的资料的合法性、真实性、准确性和完整性。

(2)说明未经调查核实或者无法调查核实的估价所依据的资料和数据。例如,未到有关部门或机构对估价对象的权属证明材料及其记载的内容进行核实;土地面积、建筑面积(或套内建筑面积、使用面积)是以××证件上记载的为准,经过实地非专业测量大体相当,但未进行专业测量。

(3)说明在情况不明或资料不齐全的情况下是以何种情形估价的。例如,在估价对象无明确的法定用途或者容积率的情况下,是如何确定其用途、容积率并以此来估价的。

(4)说明估价中的一些特殊处理。例如,在估价对象的实际用途、土地权属证记载用途、房屋权属证书记载用途、规划用途等不一致的情况下,是依据何种用途来估价的。

(5)说明在估价中未考虑的因素。例如,无理由怀疑建筑物存在安全隐患,假定建筑物是安全的。

(6)对应评估的价值类型,说明其主要条件。例如,评估的是市场价值,它是假定估价对象在进行了适当的营销后,由懂行、审慎且无被迫的自愿的买方和自愿的卖方,以公平交易方式在估价时点进行交易的估计金额,或者是假定估价对象由熟悉情况的交易双方以公平交易方式在估价时点自愿进行交易的金额。

(六)估价结果报告(可参考本课题之四——房地产估价报告实例)

估价结果报告应简明扼要地说明以下内容:

(1)估价委托人,包括名称或者姓名。

(2)估价机构,包括名称、法定代表人或执行合伙人姓名、住所、资质等级和资质证书编号。

(3)估价目的。

(4)估价对象,包括名称、坐落、范围、规模、用途、权属等基本情况。

(5)估价时点,包括评估的价值对应的日期及确定的简要理由。

(6)价值类型,包括评估的价值的名称、定义或内涵。

(7)估价原则。市场价值评估应有最高最佳利用原则,房地产抵押估价应有谨慎原则。

(8)估价依据。如房地产抵押估价应有《房地产抵押估价指导意见》,房屋征收估价应有《国有土地上房屋征收评估办法》。

(9)估价方法,包括采用的估价方法的名称和简要定义。

(10)估价结果,即最终的估价结果,包括总价及其大写和单位,单价及其单位;总价和单价中只能表述其中之一的,应说明理由。

(11)估价人员,包括执行估价的注册房地产估价师的姓名、注册号及签字,协助估价的人员姓名、相关资格或者职称及签字。

(12)估价作业日期,指估价工作的起止日期,具体是自受理估价委托之日(如收到估价委托书之日、签订估价委托合同之日)至出具估价报告之日。

(13)估价报告使用期限,也称为估价报告应用的有效期,是指自估价报告出具之日起计算,使用估价报告不得超过的时间。估价报告使用期限的长短,应根据估价目的和预计估价对象的市场变化程度确定,原则上不超过一年。估价报告使用期限的表述形式为:自××××年××月××日起至××××年××月××日止。或者:自××××年××月××日起计算××年(××月××日)。

(14)其他需要说明的事项。

知识链接

明确估价报告使用期限的意义

明确估价报告使用期限具有重要意义:在估价报告使用期限内使用估价报告的,相关责任应由出具估价报告的估价机构和签字的估价师承担(但估价报告使用者不当使用的除外);超过估价报告使用期限使用估价报告的,相关责任应由估价报告使用者承担。因此,估价报告使用期限不同于估价报告有效期或者估价责任期限:如果估价报告在其使用期限内被使用的,则估价报告有效期或者估价责任期限应到估价服务的行为结束为止,即出具估价报告的估价机构和签字的估价师要负责到底;如果估价报告超过了其使用期限还未被使用的,则估价报告有效期或者估价责任期限就是估价报告使用期限。

(七)估价技术报告(可参考本课题四——房地产估价报告实例)

估价技术报告应较详细的叙述以下内容:
(1)估价对象描述与分析,包括估价对象实物状况、权益状况和区位状况的描述与分析。
(2)市场背景描述与分析,包括宏观经济形势和相关政策简况、房地产市场总体概况、当地同类房地产市场状况。
(3)估价对象最高最佳利用分析(在用价值评估不作此项分析)。
(4)估价方法适用性分析。逐一分析市场比较法、收益法、成本法、假设开发法等估价方法是否适用于估价对象。对于理论上不适用的,应简述理由;对于理论上适用但客观条件不具备而不能选用的,应充分说明理由。对于选用的估价方法,说明其名称、简要定义和估价思路。
(5)估价测算过程。详细说明估价的测算过程、参数选取等。
(6)估价结果确定。说明估价结果及其确定的理由。

估价技术报告一般应提供给委托人,但因知识产权、商业秘密等原因也可以不提供给委托人。如果不提供给委托人的,应事先在估价委托合同中约定或者在受理估价委托时告知委托人。

(八)附件(可参考本课题四——房地产估价报告实例)

附件是估价报告的重要组成部分,是放在估价报告后面的、相对独立的补充说明或证明估价依据、估价对象状况、估价机构资质和估价师资格等资料。附件包括:①估价委托书复印件;②估价对象位置示意图;③估价对象内、外部状况照片与周围环境和景观的照片;④估价对象权属证明复印件;⑤估价机构营业执照复印件;⑥估价机构的资质证书复印件;⑦注册房地产估价师注册证书复印件。

四、房地产估价报告实例

封　　面
房地产抵押估价报告

估价项目名称:××市××区××镇××街6号××××药业股份有限公司工业房地产抵押估价
委 托 方:××××药业股份有限公司
估 价 机 构:××××房地产评估咨询有限公司
估 价 人 员:×××　　×××　　×××　　×××
估价作业日期:2012年11月18日至2012年12月16日
估价报告编号:××估字(2012)第×××号

目　录

致委托方函……………………………………………………………………（页码）	
估价师声明……………………………………………………………………（页码）	
估价假设和限制条件…………………………………………………………（页码）	
估价结果报告…………………………………………………………………（页码）	
估价技术报告…………………………………………………………………（页码）	
附件……………………………………………………………………………（页码）	

致委托方函

××××药业股份有限公司：

　　受贵公司委托，我公司根据"为确定房地产拟抵押贷款额度提供参考依据而评估估价对象房地产抵押价值"的估价目的，遵循公认的估价原则，按照严谨的估价程序，依据《中华人民共和国城市房地产管理法》、《中华人民共和国土地管理法》、《中华人民共和国担保法》、《城市房地产抵押管理办法》、《××市房地产抵押管理办法》、《房地产估价规范》（GB/T50291—1999）、《房地产抵押估价指导意见》等法律法规、政策和标准；委托方提供的有关资料；我公司所掌握的××市房地产市场的有关资料及估价师实地查勘、调查所获取的资料。在合理假设下，选用科学的估价方法，对位于××市××区××街6号××××药业股份有限公司工业房地产（以下简称估价对象），在估价时点为2012年11月18日的抵押价值进行了专业分析、测算和判断，在对影响估价对象价值因素进行综合分析的基础上，结合估价经验，确定××市××区××街6号××××药业股份有限公司工业房地产，即建筑面积18 754.50平方米的房屋所有权及相应的剩余土地使用年限为32.75年的36 987.80平方米工业用途出让国有土地使用权，在2012年11月18日的估价结果——抵押价值总价为人民币7 244万元，大写金额：柒仟贰佰肆拾肆万元整。具体见表：

估价结果一览表

抵押物名称	总建筑面积（m²）	土地面积（m²）	房地产价值	
			总价（万元）	平均楼面单价（元/m²）
××市××区××街6号××药业股份有限公司工业房地产	18 754.50	36 987.80	7 244	3 862.54

　　估价报告应用有效期：2012年11月18日至2013年11月17日。
　　提交估价报告的份数：共3份。

××××房地产评估咨询有限公司（公章）

法定代表人（签字）：

2012年12月16日

估价师声明

我们保证,在我们的职业道德、专业知识和经验的最佳范围内:

1. 本估价报告的内容是真实、准确、完整的,没有虚假记录、误导性陈述和重大遗漏。

2. 本估价报告的分析、意见和结论,是我们独立、客观、公正的专业分析、意见和结论,但要受到本估价报告中已说明的假设和限制条件的限制和影响。

3. 我们与本估价报告的估价对象没有任何利害关系,也对与该估价对象相关的各方当事人没有任何偏见,也没有任何个人利害关系。

4. 我们是依照中华人民共和国国家标准《房地产估价规范》(GB/T50291—1999)的规定进行分析,形成意见和结论,并撰写本估价报告。

5. 我们已对本估价报告的估价对象进行了实地查勘。

6. 我们在本估价项目中没有得到本公司以外的其他人的重要专业帮助。

报告编制人员	资格及证号	签名盖章
×××	中国注册房地产估价师注册证号:	
×××	中国注册房地产估价师注册证号:	

估价的假设和限制条件

1. 本次估价是以估价对象能够按照法定用途和现状最高最佳用途持续有效使用为假设前提。

2. 本次估价是以提供给估价机构的估价对象房屋所有权及相应的出让国有土地使用权不存在共有权人,且无权属纠纷为假设前提。

3. 根据委托方提供的《国有土地使用证》和《房屋所有权证》显示,估价对象没有设定抵押权。截至估价时点,估价师未知悉估价对象可能存在的优先于抵押权的法定优先受偿款。

4. 本报告以委托方不存在欠缴营业税、城市维护建设税及教育费附加、增值税、房产税、土地使用税等税费和拖欠职工工资及劳动保险为假设前提。

5. 本次估价是以估价对象在估价时点及抵押期间未有任何方式的租售情况为假设前提。

6. 本报告所得出的估价结果内涵包含房地产、附着于房地产内部不可移动或为满足使用功能必须配备的设施、设备的价值,不包含可移动的家具等生活物品的价值。

7. 设定估价对象为符合法律、法规规定,在市场上可转让和可进行抵押登记的房地产为限制条件。

8. 估价结果为估价对象在2012年11月18日的公开市场价值减去估价师已知悉的法定优先受偿款,其公开市场价值为在估价时点时的公开市场交易条件下最可能实现的价格。

9. 一旦发生抵押人不能履行债务,抵押权人须将抵押物拍卖清偿时,根据国家有关规定的优先受偿款外,还有强制拍卖费用、拍卖佣金、诉讼律师费、营业税及附加、印花税、交易手续费、评估费、登记费和合同公证费等,在本报告估价结果中,未扣除这些税费。

10. 本报告估价师未对估价对象的建筑面积及具有相应使用权的土地面积进行测量,以委托方提供的《国有土地使用证》、《房屋所有权证》及《委托书》中所载数据指标为依据,如相关数据发生变化,本次估价结果需做相应调整。

11. 本报告所依据的有关资料,包括法律文件,如《国有土地使用证》、《房屋所有权证》、《委托书》及《企业法人营业执照》等复印件,均为××××药业股份有限公司提供;估价师已对部分权属资料原件和复印件的一致性进行了核查,但鉴于估价机构的执业范围,我们无法对权属资料的真实性进行鉴别,故由产权方对资料的真实性、合法性和完整性负责。

12. 本报告得出的估价结果,仅供抵贷双方参考。抵押贷款最终数额由抵贷双方根据市场风险、兑现难易、政府有关税费缴纳等情况确定。

13. 本报告对现场难于观察到的建筑物与设备内部质量不负检测责任。

14. 委托方只可按照本估价报告的估价目的合理使用,本报告不可用于其他用途。

15. 未经本公司同意,本报告的全部或部分内容不得发表于任何公开媒体上。

16. 如果使用本估价结果的时间超过了报告说明的有效期,我们对此结果造成的损失不承担责任。

估价结果报告

(一)委托方

名称:××××药业股份有限公司

公司住所:××市××区××镇工业开发区×××街6号

法定代表人姓名:×××

(二)估价机构

××××房地产评估咨询有限公司

法定代表人:×××

资质等级:一级

资质证书编号:建房估证字【例××××】×××号

资质证书有效期:2010年×月×日至2013年×月×日

工商营业执照注册号:×××××××××××

(三)估价对象

估价对象为××××药业股份有限公司(以下简称委托方)拥有的位于××市××区××街6号××××药业股份有限公司工业房地产,即建筑面积18 754.50平方米的房屋所有权及相应的剩余土地使用年限为32.75年的36 987.80平方米工业用途出让国有土地使用权。

1. 区位状况

区位状况包括估价对象所处的位置(坐落)、交通、产业集聚度、配套设施等。

(1)坐落:估价对象位于××区××街,地处××内,东临××北街,南临××路,西临××街、距××高速公路约1公里,北临××路。

(2)交通:估价对象周边有××、××、××、××公交线路通行并设站,距地铁××站约500米,对外交通较便捷。

（3）产业集聚度：估价对象位于××区××工业开发区内，地理位置及环境较好，项目周边分布有××制药有限公司、××玻璃钢制品公司、××纤维制品公司、××仪器仪表公司、××科技中心、××轻型钢结构公司、××科技发展公司、××建材厂、××水处理材料技术研究所等工业物业，区域产业集聚度较高。

（4）配套设施：估价对象周边分布有××区××工业管委会、××住宅区、××区环保局、××区公路局、××附属中学、××三中、××中心小学、××区康复医院、××超市等配套设施，配套设施较齐全。

2. 权益状况

（1）土地权属。

《国有土地使用证》编号：【例××国用（1995）第××××××号】

土地使用权人：××××药业股份有限公司

坐落：××区××街道××街6号

地类（用途）：工业用地

使用权类型：出让

出让日期：1995年8月19日

终止日期：2045年8月18日

使用权面积：36 987.80平方米

（2）建筑物权属。

《房屋所有权证》编号：【例×房权证房×字第××××××号】

房屋所有权人：××××药业股份有限公司

房屋坐落：××区××街6号

产别：股份制

房产楼号或幢号：1、2、3、4、5、6、7

结构：混合

建成年份：一九九八

建筑面积：18 754.50平方米

（3）估价师知悉的法定优先受偿款。

根据委托方提供的《国有土地使用证》和《房屋所有权证》显示，估价对象没有设定抵押权。截至估价时点，估价师未知悉估价对象可能存在的优先于抵押权的法定优先受偿款。

（4）权益确定。

根据上述权证，估价对象无共有权人，没有权属争议，没有设定抵押权。房屋规划用途为工业，现为企业生产车间、企业行政办公区及企业生产经营配套用房等。

估价师认为在估价时点，××××药业股份有限公司合法拥有估价对象房屋所有权及相应的出让国有土地使用权。权属状况明晰，可以确定估价对象是合法使用的，可以转让并可抵押的房地产。

根据《物权法》的规定，债权人或者第三人以有权处分的建筑物和其他土地附着物、建设用地使用权、正在建造的建筑物等抵押的，应当办理抵押登记。抵押权自抵押登记时设立。

根据《××市房地产抵押管理办法》的规定，房地产抵押合同自签订之日起30日内，抵押人须向房地产管理部门或土地管理部门办理抵押登记。房地产抵押不到登记部门办理登记的,抵押行为无效,由此造成经济损失的,由责任方承担或赔偿。

3. 建筑经济技术指标与估价范围

根据委托方提供的《国有土地使用证》及《房屋所有权证》记载的数据,估价对象建筑经济技术指标如下:

(1)估价对象土地使用权面积为:36 987.80 平方米。

(2)估价对象总建筑面积为:18 754.50 平方米,其中:1 号楼建筑面积为 1 166.85 平方米、2 号楼建筑面积为 4 924.65 平方米、3 号楼建筑面积为 132.70 平方米、4 号楼建筑面积为 245.25 平方米、5 号楼建筑面积为 126.80 平方米、6 号楼建筑面积为 310.65 平方米、7 号楼建筑面积为 11 847.60 平方米。

(3)本次估价范围为××市××区××街6号××××药业股份有限公司工业房地产,即建筑面积 18 754.50 平方米的房屋所有权及相应的剩余土地使用年限为 32.75 年的 36 987.80 平方米工业用途出让国有土地使用权。

4. 实物状况

估价对象位于××工业开发区内,环境较好,所处区域内企业、单位厂房等布局较规整。

根据估价师现场查勘,估价对象所在宗地四周由铁护栏围成,形成一个相对独立的厂区。厂区内共有 7 幢混合结构建筑物,建筑物外立面均为为白色瓷砖贴面,均建成于 1998 年。估价对象目前为产权方自用的生产、办公及配套用房等,各建筑物功能详见"估价对象建筑物功能分布一览表"。

估价对象建筑物功能分布一览表

建筑物编号	建筑物名称	功能区	层高(m)	建筑面积(m²)
1号	食堂	食堂(一层)	4	1 166.85
		活动中心、会议室(二层)	4	
2号	一期生产、办公区	行政办公区(一层)	3.2	4 924.65
		QC 实验室(二层)	3.2	
		QC 洁净实验室(二层)	2.8	
		片剂一车间(一层)	3.2	
		片剂二车间(二层)	2.8	
		原料药精烘包车间(一层)	3.2	
		技术设备层(二层)	4	
3号	危险品库	危险品库	3.5	132.70
4号	合成实验室	合成实验室	3.5	245.25
5号	氢化室	氢化室	3.5	126.80
6号	锅炉房	锅炉房	6	310.65

建筑物编号	建筑物名称	功能区	层高(m)	建筑面积(m^2)
7号	二期生产区、办公区及综合仓库	片剂三车间(一层)	3.2	11 847.60
		针剂车间(一层)	3.2	
		外用车间(一层)	2.8	
		中心称量车间(一层)	2.8	
		综合仓库	13.8	
		技术设备层(二层)	4.5	
		办公区(二层)	3.2	

估价对象内部装修现状分别为：办公室地面铺地砖、墙面刷涂料、石膏板吊顶（部分刷涂料）；活动中心和会议室地面铺地毯、墙面刷涂料、石膏板吊顶；食堂地面铺地砖、墙面刷涂料、矿棉板吊顶；生产车间为自流平地面、彩钢板墙体及顶棚；实验室地面铺地砖、墙面刷涂料、顶棚刷涂料（部分石膏板吊顶）；设备用房等地面铺地砖、墙面刷涂料、部分矿棉板吊顶；仓库为自流平地面、墙面刷涂料、无吊顶。

经估价师现场查勘，房屋建筑承重结构构件较好、梁柱无倾斜变形、墙面无裂缝、未见基础不均匀下沉，具有较好的强度和稳定性；门窗完好、开启灵活；上下水管和卫生配件良好；供电线路装置完整；设备设施使用正常；维护使用状况较好。

估价对象及其周边市政配套设施完善，估价对象所需上水、雨水、污水、供电、通讯等设施均与市政管网相连，在时间和用量上可以满足项目生产经营使用需要。

（四）估价目的

为确定估价对象房地产拟抵押贷款额度提供参考依据而评估估价对象抵押价值。

（五）估价时点

2012年11月18日。

（六）价值类型

本次估价采用公开市场价值标准。

房地产抵押价值为抵押房地产在估价时点未设立法定优先受偿权利下的市场价值减去房地产估价师知悉的法定优先受偿款。

本次估价结果为估价对象××市××区××街6号××××药业股份有限公司工业房地产，即建筑面积18 754.50平方米的房屋所有权及相应的剩余土地使用年限为32.75年的36 987.80平方米工业用途出让国有土地使用权在估价时点的抵押价值。

（七）估价原则

房地产估价应遵循的原则：独立、客观、公正原则；合法原则；最高最佳使用原则；替代原则；估价时点原则；谨慎原则。

1.遵循独立、客观、公正原则

要求房地产估价师站在中立的立场上，评估出对各方当事人来说均是公平合理的价值。

2.遵循合法原则

以估价对象的合法使用、合法处分为前提估价。

3. 遵循最高最佳使用原则

以估价对象的最高最佳使用为前提估价。当估价对象已做了某种使用,估价时应根据最高最佳使用原则对估价前提作出下列之一的判断和选择,并应在估价报告中予以说明:

(1)保持现状前提:认为保持现状继续使用最为有利时,应以保持现状继续使用为前提估价。

(2)转换用途前提:认为转换用途再予以使用最为有利时,应以转换用途后再予以使用为前提估价。

(3)装修改造前提:认为装修改造但不转换用途再予以使用最为有利时,应以装修改造但不转换用途再予以使用为前提估价。

(4)重新利用前提:认为拆除现有建筑物再予以利用最为有利时,应以拆除建筑物后再予以利用为前提估价。

(5)上述情形的某种组合。

4. 遵循替代原则

要求估价结果不得明显偏离类似房地产在同等条件下的正常价格。

5. 遵循估价时点原则

要求估价结果应是估价对象在估价时点的客观合理价格或价值。

6. 遵循谨慎原则

谨慎原则是评估房地产抵押价值时应当遵循的一项原则,它要求在存在不确定性因素的情况下作出估价相关判断时,应当保持必要的谨慎,充分估计抵押房地产在抵押权实现时可能受到的限制、未来可能发生的风险和损失,不高估假定未设立法定优先受偿权利下的价值,不低估房地产估价师知悉的法定优先受偿款。

(八)估价依据

(1)《中华人民共和国城市房地产管理法》;

(2)《中华人民共和国土地管理法》;

(3)《中华人民共和国担保法》;

(4)《城市房地产抵押管理办法》;

(5)《××市房地产抵押管理办法》;

(6)中华人民共和国国家标准 GB/T50291—1999《房地产估价规范》;

(7)《房地产抵押估价指导意见》;

(8)委托方提供的有关情况和资料,包括《国有土地使用证》、《房屋所有权证》、《委托书》及《企业法人营业执照》等复印件;

(9)我公司所掌握的××市房地产市场的有关资料及估价师实地查勘、调查所获取的资料。

(九)估价方法

根据《房地产抵押估价指导意见》,房地产抵押估价应先求取估价对象在估价时点未设立法定优先受偿权利下的市场价值,然后减去房地产估价师知悉的法定优先受偿款来确定估价对象在估价时点的房地产抵押价值,具体计算公式如下:

房地产抵押价值=未设立法定优先受偿权利下的市场价值-估价师知悉的法定优先受偿款

对于未设立法定优先受偿权利下的市场价值的求取,估价师在认真分析所掌握的资料,并对估价对象进行实地勘查及对邻近类似房地产进行调查后,根据估价对象的特点,遵照国家有关法律、法规、估价技术标准,经过反复研究后选用估价方法。过程如下:

1. 市场比较法

市场比较法是选取一定数量发生过交易且符合一定条件的与估价对象相似的房地产,然后将它们与估价对象进行比较,对它们的成交价格进行适当的调整来求取估价对象价值的方法。由于估价对象属于工业类房地产,市场交易极少,很难获取交易案例,故不选取市场比较法进行估价。

2. 收益法(报酬资本化法)

收益法是预测估价对象房地产的未来收益,然后利用合适的报酬率,将未来的收益转换为价值,以此求取估价对象价值的方法。估价对象属于工业房地产,可出租可自用,可以产生收益,属于收益性或潜在收益性房地产,可选用收益法估价。

3. 成本法

成本法是求取估价对象在估价时点的重新购建价格和折旧,然后在重新购建价格中减去折旧,以此求取估价对象价值的方法。估价对象为开发完成的房地产,可采用成本法进行估价。成本法的本质是以房地产的重新开发建设成本为导向来求取房地产,也称积算法,因此作为抵押房地产评估运用成本法也是谨慎原则的一种体现。

4. 假设开发法

假设开发法是预测估价对象开发完成后的价值和后续开发的必要支出及应得利润,然后用开发完成后的价值减去后续开发的必要支出及应得利润来求取估价对象价值的方法。假设开发法通常用作可供开发的土地、在建工程、可重新改造或改变用途的旧房等类型房地产的估价方法,估价对象为已建成的房地产,故不适宜采用假设开发法。

根据《房地产估价规范》的有关要求,估价师的经验和考虑,估价对象作为工业用房,可出租、可自用,可以产生收益,适宜选用收益法进行估价;考虑本次估价目的为抵押融资,从谨慎角度应选用成本法为另一种估价方法。所以,本次估价采用收益法和成本法,将上述两种方法的估算结果分析综合后,得出未设立法定优先受偿权利下的市场价值。

(十)估价结果

根据房地产评估的基本原则和惯例,不同的评估目的会有不同的评估价值,房地产抵押贷款价值的评估应较侧重考虑未来的风险。根据估价对象现状及主要影响价值因素,经综合分析测算,估价对象在满足假设前提和限制条件、在估价时点2012年11月18日的估价结果为:

1. 市场价值估价结果

市场价值估价结果总价为人民币7 244万元。

2. 估价师所知悉的法定优先受偿款

根据委托方提供的《国有土地使用证》和《房屋所有权证》显示,估价对象没有设定抵押权。截至估价时点,估价师未知悉估价对象存在优先于抵押权的法定优先受偿款。

3. 抵押价值估价结果

抵押价值总价为人民币7 244万元,大写金额:柒仟贰佰肆拾肆万元整。具体见下表:

估价结果一览表

抵押物名称	总建筑面积（m²）	土地面积（m²）	房地产价值	
			总价（万元）	平均楼面单价（元/m²）
××市××区××街6号××药业股份有限公司工业房地产	18 754.50	36 987.80	7 244	3 862.54

（十一）估价师

本次估价的估价师见下表：

估价师	资　格	注册号
×××	中国房地产估价师	××200400××
×××	中国房地产估价师	××199800××

（十二）估价作业期

2012年11月18日至2012年12月16日。

（十三）估价报告应用的有效期

本估价报告应用的有效期为2012年11月18日至2013年11月17日。若在此期间市场行情发生较大变化或受不可抗力的影响，该评估价格应作相应调整。

（十四）变现能力分析

变现能力是指假定在估价时点实现抵押权时，在没有过多损失条件下，将抵押房地产转换为现金的可能性。

估价对象位于××区××工业开发区内，所处地理位置较好，区域产业集聚度较高，市场需求潜力较好；另外，估价对象现状用途为工业厂区，区内各建筑相互配套通用性较好，可独立使用，但不宜分割转让，变现能力较好，但变现时间的长短受物业类型及其通用性、独立使用性等因素影响有所差异。考虑到估价对象的物业类型、区域位置、市场需求程度以及自身实际情况等，预计变现期限会大于12个月。

若假定估价对象拍卖或变卖，因处置抵押物的短期性、强制性、增加处置税费会形成降价拍卖或变卖。

根据最高人民法院的规定：人民法院确定的保留价，第一次拍卖时，不得低于评估价或者市价的80%；如果出现流拍，再行拍卖时，可以酌情降低保留价，但每次降低的数额不得超过前次保留价的20%。

根据《中华人民共和国城市房地产管理法》、《中华人民共和国担保法》、《中华人民共和国合同法》和《××市房地产抵押管理办法》，该项目一旦发生清偿问题，处分方法应参照国家有关政策、法规进行。处分抵押房地产的清偿顺序如下：

(1)支付处分抵押房地产的费用（包括强制执行费用、拍卖佣金、诉讼费、律师费、评估费等专业费），一般为成交价格的7%～9%。

(2)扣除抵押房地产应缴纳的税费（包括营业税及附加、印花税、应补缴的土地出让地价及交易手续费、登记费、合同公证费等），一般为成交价格的10%左右。

(3)优先受偿款(建筑工程承包人有行使权的拖欠工程款等)。

(4)按登记顺序偿还抵押权人债权本息及违约金。

(5)赔偿由债务人违反合同而对抵押权人造成的损失。

(6)剩余金额交还抵押人。所得金额不足以支付债务和违约金、赔偿金时,抵押权人有权向债务人追索。

(十五)有关说明与建议

(1)本报告为抵押房地产估价,由于注重预期风险,在估价时对预期不确定的收益或升值因素较少考虑,采取了谨慎的态度。

(2)估价对象房地产市场状况在抵押期限内可能会随时间变化而变化,这期间若房地产市场有较大的变动造成估价对象市场价值下降会形成预期风险的,提请报告使用人注意。

(3)因处置抵押物的短期性、强制性变现能力差和处置税费会形成降价甚至资不抵债的风险,提请报告使用人注意。

(4)房地产抵押期间,抵押房地产仍由抵押人占有、使用,使用过程中不可避免会造成损耗,特别是装修及设备等折旧较快,有可能降低抵押物价值,提请抵押权人注意。

(5)建议定期或者在房地产市场价格变化较快时对房地产抵押价值进行再评估。

估价技术报告

一、个别因素分析

1. 权益状况

估价对象为位于××市××区××街6号××××药业股份有限公司工业房地产,即建筑面积18 754.50平方米的房屋所有权及相应的剩余土地使用年限为32.75年的36 987.80平方米工业用途出让国有土地使用权,根据委托方提供的资料,估价对象的权属状况如下所示:

(1)土地权属。

《国有土地使用证》编号:【例××国用(1995)第××××××号】

土地使用权人:××××药业股份有限公司

坐落:××区××街道××街6号

地类(用途):工业用地

使用权类型:出让

出让日期:1995年8月19日

终止日期:2045年8月18日

使用权面积:36 987.80平方米

(2)建筑物权属。

《房屋所有权证》编号:【例×房权证房×字第××××××号】

房屋所有权人:××××药业股份有限公司

房屋坐落:××区××街6号

产别:股份制

房产楼号或幢号:1、2、3、4、5、6、7

结构:混合

建成年份：一九九八
建筑面积：18 754.50 平方米

（3）估价师知悉的法定优先受偿款。

根据委托方提供的《国有土地使用证》和《房屋所有权证》显示，估价对象没有设定抵押权。截至估价时点，估价师未知悉估价对象存在优先于抵押权的法定优先受偿款。

（4）权益确定。

根据上述产权证明，估价对象无共有权人，没有权属争议，没有设定抵押权。房屋规划用途为工业，现为企业生产车间、企业行政办公区及企业生产经营配套用房等。

估价师认为在估价时点，××××药业股份有限公司合法拥有估价对象房屋所有权及相应的出让国有土地使用权。权属状况明晰，可以确定估价对象是合法使用，可以转让并可抵押的房地产。

根据《物权法》的规定，债权人或者第三人以有权处分的建筑物和其他土地附着物、建设用地使用权、正在建造的建筑物等抵押的，应当办理抵押登记。抵押权自抵押登记时设立。

根据《××市房地产抵押管理办法》的规定，房地产抵押合同自签订之日起30日内，抵押人须向房地产管理部门或土地管理部门办理抵押登记。房地产抵押不到登记部门办理登记的，抵押行为无效，由此造成的经济损失，由责任方承担或赔偿。

2. 建筑经济技术指标与估价范围

根据委托方提供的《国有土地使用证》及《房屋所有权证》记载的数据，估价对象建筑经济技术指标如下：

（1）估价对象土地使用权面积为：36 987.80平方米。

（2）估价对象总建筑面积为：18 754.50平方米，其中：1号楼建筑面积为1 166.85平方米、2号楼建筑面积为4 924.65平方米、3号楼建筑面积为132.70平方米、4号楼建筑面积为245.25平方米、5号楼建筑面积为126.80平方米、6号楼建筑面积为310.65平方米、7号楼建筑面积为11 847.60平方米。

（3）本次估价范围为××市××区××街6号××××药业股份有限公司工业房地产，即建筑面积18 754.50平方米的房屋所有权及相应的剩余土地使用年限为32.75年的36 987.80平方米工业用途出让国有土地使用权。

3. 实物状况

估价对象位于××工业开发区内，环境较好，所处区域内企业、单位厂房等布局较规整。

根据估价师现场查勘，估价对象所在宗地四周由铁护栏围成，形成一个相对独立的厂区。厂区内共有7幢混合结构建筑物，建筑物外立面均为白色瓷砖贴面，均建成于1998年。估价对象目前为产权方自用的生产、办公及配套用房等，各建筑物功能详见"估价对象建筑物功能分布一览表"。

项目八 房地产估价程序与估价报告

估价对象建筑物功能分布一览表

建筑物编号	建筑物名称	功能区	层高(m)	建筑面积(m²)
1号	食堂	食堂(一层)	4	1 166.85
		活动中心、会议室(二层)	4	
2号	一期生产、办公区	行政办公区(一层)	3.2	4 924.65
		QC实验室(二层)	3.2	
		QC洁净实验室(二层)	2.8	
		片剂一车间(一层)	3.2	
		片剂二车间(二层)	2.8	
		原料药精烘包车间(一层)	3.2	
		技术设备层(二层)	4	
3号	危险品库	危险品库	3.5	132.70
4号	合成实验室	合成实验室	3.5	245.25
5号	氢化室	氢化室	3.5	126.80
6号	锅炉房	锅炉房	6	310.65
7号	二期生产区、办公区及综合仓库	片剂三车间(一层)	3.2	11 847.60
		针剂车间(一层)	3.2	
		外用车间(一层)	2.8	
		中心称量车间(一层)	2.8	
		综合仓库	13.8	
		技术设备层(二层)	4.5	
		办公区(二层)	3.2	

估价对象内部装修现状分别为:办公室地面铺地砖、墙面刷涂料、石膏板吊顶(部分刷涂料);活动中心和会议室地面铺地毯、墙面刷涂料、石膏板吊顶;食堂地面铺地砖、墙面刷涂料、矿棉板吊顶;生产车间为自流平地面、彩钢板墙体及顶棚;实验室地面铺地砖、墙面刷涂料、顶棚刷涂料(部分石膏板吊顶);设备用房等地面铺地砖、墙面刷涂料、部分矿棉板吊顶;仓库为自流平地面、墙面刷涂料、无吊顶。

经估价师现场查勘,房屋建筑承重结构构件较好、梁柱无倾斜变形、墙面无裂缝、未见基础不均匀下沉,具有较好的强度和稳定性;门窗完好、开启灵活;上下水管和卫生配件良好;供电线路装置完整;设备设施使用正常;维护使用状况较好。

估价对象及其周边市政配套设施完善,估价对象所需上水、雨水、污水、供电、通讯等设施均与市政管网相连,在时间和用量上可以满足项目生产经营使用需要。

二、区域因素分析

区域因素包括估价对象所处的位置(坐落)、交通、产业集聚度、配套设施等。

(1)坐落:估价对象位于××区××街,地处××内,东临××北街,南临××路,西临××街,距××高速公路约1公里,北临××路。

(2)交通:估价对象周边有××、××、××公交线路通行并设站,距地铁××站约500米,对外交通较便捷。

(3)产业集聚度:估价对象位于××区××工业开发区内,地理位置及环境较好,项目周边分布有××制药有限公司、××玻璃钢制品公司、××纤维制品公司、××仪器仪表公司、××科技中心、××轻型钢结构公司、××科技发展公司、××建材厂、××水处理材料技术研究所等工业物业,区域产业集聚度较高。

(4)配套设施:估价对象周边分布有××区××工业管委会、××住宅区、××区环保局、××区公路局、××附属中学、××三中、××中心小学、××区康复医院、××超市等配套设施,配套设施较齐全。

三、市场背景分析

1. 2012年上半年××市房地产市场运行情况

房地产市场运行情况可以从房地产开发投资、房地产市场供给、房地产市场销售、政策性住房建设和房地产开发企业项目资金到位等方面来分析。

(1)房地产开发投资完成情况。上半年,全市完成房地产开发投资1 298.3亿元,比上年同期增长4.7%,增速比1—5月提高1.9个百分点。其中,住宅完成投资667.8亿元,下降2.8%;写字楼完成投资142.8亿元,增长6.1%;商业及服务业等经营性用房完成投资114.6亿元,下降12.5%。

房地产开发投资中,建安工程投资为541.5亿元,同比增长15.3%,占全市房地产开发投资比重为41.7%。

(2)房地产市场供给情况。6月末,全市商品房施工面积为11 042.1万平方米,比上年同期增长16%。其中,住宅施工面积为6 528.4万平方米,同比增长17.2%;写字楼为1 298.4万平方米,增长8%;商业及服务业等经营性用房为1 038.3万平方米,增长2.8%。

上半年,全市商品房新开工面积为1 482.4万平方米,比上年同期下降18.9%。其中,住宅新开工面积为792.6万平方米,同比下降25.6%;写字楼为169.1万平方米,下降34.2%;商业及服务业等经营性用房为159万平方米,增长18.7%。

上半年,全市商品房竣工面积为568.8万平方米,比上年同期增长4.6%。其中,住宅竣工面积为379.5万平方米,同比增长38.6%;写字楼为44.8万平方米,下降48.1%;商业及服务业等经营性用房为55.5万平方米,下降23%。

(3)房地产市场销售情况。上半年,全市商品房销售面积为620.9万平方米,比上年同期增长11.9%。其中,住宅销售面积为479.4万平方米,同比增长23.2%;写字楼为64.7万平方米,下降12.4%;商业及服务业等经营性用房为50.6万平方米,下降6.8%。

(4)政策性住房建设情况。上半年,全市政策性住房完成投资371.9亿元,比上年同期增长33.4%。6月末,全市政策性住房施工面积为4 239.5万平方米,同比增长42.6%;新开工面积为671.4万平方米,同比增长2.4%;竣工面积为174.5万平方米,同比增长67.1%。

(5)房地产开发企业项目资金到位情况。上半年,全市房地产开发项目本年到位资金为2 293.2亿元,比上年同期下降9.9%。其中,金融贷款为664亿元,同比增长13.8%;自筹资金为543.8亿元,同比下降31.5%;定金及预收款为709.3亿元,下降0.7%。

2.区域市场分析

××经济开发区(即××工业开发区)是1992年10月经××市人民政府批准成立的,2000年12月××经济开发区被××市人民政府命名为市级开发区。近年来,××经济开发区按照"高起点规划、高标准建设、高水平管理、高效益开发"的原则,在发展方向和定位上,公司不断优化产业结构,以园区的开发建设为基础,实现土地资本、科技资本与金融资本的相融合,保持土地最大限度地得到开发。目前,开发区一期、二期共110公顷土地已经开发完毕。开发区已经形成生物工程与医药和新材料两个主导产业,开发区引进驻区企业50余家,累计投资21亿元,在××区工业经济中起到重要作用。×国的××公司、××公司,×国的××株式会社、××袜业公司,台湾的××隐形眼镜公司、××药业股份公司,中国××总公司、××电力实业总公司、××天然气总公司、中国的××集团、××集团等一批国内外知名企业落户开发区。开发区已形成了生物工程、新医药、机电、新材料、服装、环保设备等行业。一些知名品牌在国内外享有盛名,并行销国内外市场。经过10多年的努力,这里已成为创造财富的工业基地,技工贸总收入从1998年的8.5亿元增长到2008年的175亿元,增长了21倍;税收从2 150万元增长到8.6亿元,增长了40倍;特别是税收已经占到整个××区税收的七分之一;形成了新医药、新材料、都市产业、能源产业一体化发展的良性轨道,××经济开发区已经成为××区经济新的增长点和支撑点。

随着我国宏观经济进入新一轮快速发展期,以及××区被××市确定为城市发展新区和××经济开发区成为××高新技术产业基地,开发区将拥有巨大的发展空间和良好的市场前景。××经济开发区的发展思路是积极拓展发展空间,合理规划,使开发区成为设施齐全、功能高效、管理方便的现代化城市产业区。走可持续发展道路,要按照"布局集中、用地集约、产业聚集"的原则,高标准规划、精心设计,高质量建设,以良好的环境,吸引高科技企业入驻。要充分利用智力资源优势,发展现代都市工业,装备制造业,要发展成为高科技的聚集之地,成为拉动周边地区经济发展的龙头。建立城市化运作的概念,促进郊区城市化进程,缩小城乡差距。××经济开发区已经形成了一套行之有效的管理制度和服务体系,成为××工业对外展示的窗口。以上这些必将对全区的工业发展起到示范和辐射作用,在区域经济发展中起着重要的拉动作用。

3.变现能力分析

变现能力是指假定在估价时点实现抵押权时,在没有过多损失条件下,将抵押房地产转换为现金的可能性。

估价对象位于××区××工业开发区内,所处地理位置较好,区域产业集聚度较高,市场需求潜力较好;另外,估价对象现状用途为工业厂区,区内各建筑相互配套通用性较好,可独立使用,但不宜分割转让,变现能力较好,但变现时间的长短受物业类型及其通用性、独立使用性等因素影响有所差异。考虑到估价对象的物业类型、区域位置、市场需求程度以及自身实际情况等,预计变现时间会大于12个月。

若假定估价对象拍卖或变卖,因处置抵押物的短期性、强制性、增加处置税费会形成降价拍卖或变卖。

根据最高人民法院的规定：人民法院确定的保留价，第一次拍卖时，不得低于评估价或者市价的80%；如果出现流拍，再行拍卖时，可以酌情降低保留价，但每次降低的数额不得超过前次保留价的20%。

根据《中华人民共和国城市房地产管理法》、《中华人民共和国担保法》、《中华人民共和国合同法》和《××市房地产抵押管理办法》，该项目一旦发生清偿问题，处分方法应参照国家有关政策、法规进行。处分抵押房地产的清偿顺序如下：

(1) 支付处分抵押房地产的费用（包括强制执行费用（1%）、拍卖佣金（5%）、诉讼费、律师费、评估费等专业费），一般为成交金额的7%～9%。

(2) 扣除抵押房地产应缴纳的税费（包括营业税及附加（5.5%）、印花税（0.05%）、应补缴的土地出让地价及交易手续费、登记费、合同公证费等），一般为成交金额的10%左右。

(3) 优先受偿款（建筑工程承包人有行使权的拖欠工程款等）。

(4) 按登记顺序偿还抵押权人债权本息及违约金。

(5) 赔偿由债务人违反合同而对抵押权人造成的损失。

(6) 剩余金额交还抵押人。所得金额不足以支付债务和违约金、赔偿金时，抵押权人有权向债务人追索。

4. 预期市场变动趋势

结合估价对象所处的地理位置、区位环境与区域同类物业近来的发展趋势，估价师对未来一段时期内该区域同类物业的市场走势持谨慎预期。

四、最高最佳利用分析

房地产估价要以估价对象的最高最佳利用为前提。所谓最高最佳利用，是指法律上许可、技术上可能、经济上可行，经过充分合理的论证，使估价对象价值最大化的一种利用。

（一）最高最佳利用的衡量、判断标准

最高最佳利用衡量、判断的标准如下：

1. 合法性（规划及相关政策法规许可）

合法性，即检查估价对象是否为法律、法规、规章、政策和出让合同等所允许。本案例估价对象已取得《国有土地使用证》、《房屋所有权证》，土地使用权取得方式为出让，属于合法的建筑物，符合合法原则。

2. 收益递增递减原理

收益递增递减原理，即报酬递减规律、边际收益递减原理和规模报酬规律。此原理可以帮助确定估价对象的最佳集约度和最佳规模。根据所在区域的控制性规划和工业房地产的最佳经济高度，判定估价对象所在建筑实际规模为最佳规模。

3. 均衡原理

均衡原理是指土地与建筑物的均衡性，即以房地产内部构成要素的组合是否均衡来判定。估价对象建筑物建成于1998年，现状容积率适宜，故建筑物与土地规模、档次搭配适当，该房地产的效用能得到有效发挥，为最高最佳利用状态。

4. 适合原理

适合原理是指估价对象与外部环境的协调性。在估价时应按房地产与其周围环境相协调，能获得最佳外部经济效益的用途估价。估价对象所在××区××工业开发区内，产业聚集，对外交通便捷，现状用途在该区域有一定的市场需求，故为最佳用途。

（二）最高最佳利用的前提

估价对象的现状用途为工业房地产，根据最高最佳利用原则对估价前提做下列之一的判断与选择：

1. 维持现状前提

估价对象建筑物为已建成物业，维护使用状况较好，周边新建工业项目的市场价值与其价值差异不大，故现有房地产维持现状、继续利用最为有利。

2. 更新改造前提

估价对象建筑物装修档次与其功能匹配程度高，即使重新装修也不能增加房地产的价值，故不需要进行更新改造。

3. 改变用途前提

估价对象现有工业用途为法定用途，改变用途不能有效增加房地产价值，故不必改变用途。

4. 重新开发前提

估价对象房地产如重新开发，需要消耗至少两年时间，且其重新开发后的价值减去重新开发的必要支出和应得利润小于现有房地产价值，故不必重新开发。

5. 更新改造和改变用途组合

估价对象法定为工业用途，现状用途与法定用途一致，位于××区××工业开发区内，该用途适宜区域环境，且具有一定的市场需求，故无需进行更新改造和改变用途组合开发。

根据上述标准，对估价对象经过合法性分析、三个原理应用分析以及五个最高最佳使用前提的判断与选择，判定现状工业用途为最高最佳利用方式。

五、估价方法选用

根据《房地产抵押估价指导意见》，房地产抵押估价应先求取估价对象在估价时点未设立法定优先受偿权利下的市场价值，然后减去房地产估价师知悉的法定优先受偿款来确定估价对象在估价时点的房地产抵押价值，具体计算公式如下：

房地产抵押价值＝未设立法定优先受偿权利下的市场价值－估价师知悉的法定优先受偿款

对于未设立法定优先受偿权利下的市场价值的求取，估价师在认真分析所掌握的资料，并对估价对象进行实地勘查及对邻近类似房地产进行调查后，根据估价对象的特点，遵照国家有关法律、法规、估价技术标准，经过反复研究后选用估价方法。过程如下：

1. 市场比较法

市场比较法是选取一定数量发生过交易且符合一定条件的与估价对象相似的房地产，然后将它们与估价对象进行比较，对它们的成交价格进行适当的调整来求取估价对象价值的方法。由于估价对象属于工业类房地产，市场交易极少，很难获取交易案例，故不选取市场比较法进行估价。

2. 收益法（报酬资本化法）

收益法是预测估价对象房地产的未来收益，然后利用合适的报酬率，将未来的收益转换为价值，以此求取估价对象价值的方法。估价对象属于工业房地产，可出租可自用，可以产生收益，属于收益性或潜在收益性房地产，可选用收益法估价。

3. 成本法

成本法是求取估价对象在估价时点的重新购建价格和折旧,然后在重新购建价格中减去折旧,以此求取估价对象价值的方法。估价对象为开发完成的房地产,可采用成本法进行估价。成本法的本质是以房地产的重新开发建设成本为导向来求取房地产,也称积算法,因此作为抵押房地产评估运用成本法也是谨慎原则的一种体现。

4. 假设开发法

假设开发法是预测估价对象开发完成后的价值和后续开发的必要支出及应得利润,然后用开发完成后的价值减去后续开发的必要支出及应得利润来求取估价对象价值的方法。假设开发法通常用作可供开发的土地、在建工程、可重新改造或改变用途的旧房等类型房地产的估价方法,估价对象为已建成的房地产,故不适宜采用假设开发法。

根据《房地产估价规范》的有关要求,估价师的经验和考虑,估价对象作为工业用房,可出租、可自用,可以产生收益,适宜选用收益法进行估价;考虑本次估价目的为抵押融资,从谨慎角度应选用成本法为另一种估价方法。所以,本次估价采用收益法和成本法,将上述两种方法的估算结果分析综合后,得出未设立法定优先受偿权利下的市场价值。

六、估价测算过程

(一) 采用收益法(报酬资本化法)估价

估价对象位于××市××区××街 6 号,设计用途为工业,经营模式可以为自用或出租,属收益性或潜在收益性房地产,目前为委托方自用,根据《房地产估价规范》的要求,选用收益法估价,具体是采用报酬资本化法估价。

运用报酬资本化法的技术路线和步骤是:①确定未来收益期限,搜集与验证有关租金、营业收入和营业费用等市场客观水平资料,加以分析判断;②预测未来各期的潜在毛收入,在考虑客观空置率等后估算有效毛收入;③估算正常运营费用;④预测净收益;⑤求取报酬率;⑥运用合适的报酬资本化法公式,计算估价对象的收益价值。

1. 确定收益期限

根据委托方提供的资料,估价对象土地使用权起始日期为 1995 年 8 月 19 日,终止日期为 2045 年 8 月 18 日,则本报告按估价对象剩余收益期限 32.75 年计算。

2. 求年潜在毛收入

估价师调查了周边工业物业的市场情况,多以工业厂区为主,需求程度较好,也有一定的租赁市场。因此估价师根据调查获得的类似房地产收益资料,结合估价对象的实际情况如估价对象的坐落位置、用途、建筑规模、交通便捷度、装修情况及需求程度等,综合确定估价对象整个厂区的平均租金水平按 1.25 元/平方米·日计算,则年潜在毛收入为:

$$1.25 \times 18\ 754.50 \times 365 \div 10\ 000 = 855.67(万元)$$

3. 年有效毛收入的确定

有效毛收入是指从潜在毛收入中扣除正常的空置和租金损失后所得到的收入。

根据估价师对类似物业出租市场空置率等的调查,估价对象作为工业用房,位于××区××工业开发区内,所在区域位置和环境良好,有较好的市场需求潜力。因此估价师根据实际情况、分析综合因素确定估价对象的有效毛收入率为 85%。则年有效毛收入为:

$$855.67 \times 85\% = 727.32(万元)$$

4. 求取年运营费用

运营费用是指为维持估价对象房地产正常持续运营产生的期间必要支出。年运营费用主要包括营业税、城市建设维护税及教育费附加税、地方教育附加税、房产税、维修费、保险费、管理费用等费用。各项成本费用的估算,参考该类房地产的市场水平,以及对未来管理水平的判断,综合确定年运营费用。

(1)年有效毛收入营业税、城市建设维护税及教育费附加税、地方教育费附加税。营业税为年有效毛收入的5%,城市建设维护税及教育附加税、地方教育附加税为营业税额的5%、3%、2%,合计按年有效毛收入的5.5%计算,则:

$$727.32 \times 5.5\% = 40.00(万元)$$

(2)房产税。房产税依照房产原值一次减除30%后的余值计算缴纳,税率为1.2%(房产原值为2 796.58万元),则:

$$2\,796.58 \times 70\% \times 1.2\% = 23.49(万元)$$

(3)维修费。维修费为房屋建安成本的1.5%(房产原值为2 796.58万元),则:

$$2\,796.58 \times 1.5\% = 41.95(万元)$$

(4)保险费。保险费为房屋建安成本的0.15%(房产原值为2 796.58万元),则:

$$2\,796.58 \times 0.15\% = 4.20(万元)$$

(5)管理费。管理费以租金收入的2.0%计算,则:

$$727.32 \times 2.0\% = 14.55(万元)$$

故年运营费用合计为:

$$40.0 + 23.49 + 41.95 + 4.20 + 14.55 = 124.19(万元)$$

5. 确定年净收益

净收益是指由有效毛收入扣除合理运营费用后得到的归属于房地产的净收益,故:

年净收益=年有效毛收入-年运营费用=727.32-124.19=603.13(万元)

6. 报酬率的确定

报酬率是将房地产的年净收益转换成价值的比率,实质上是一种投资的收益率。本报告中的报酬率采用安全利率加风险调整值法,即以安全利率加风险调整值作为报酬率。安全利率选用中国人民银行公布的一年期定期存款年利率,根据估价对象所在地区的经济现状、市场需求状况、建筑新旧程度等因素确定风险调整值,则估价对象房地产的报酬率为7.2%。

7. 选用合适的报酬资本化公式计算

$$V = (A \div R) \times [1 - 1 \div (1+R)^n]$$

公式中:V——估价对象的房地产收益价值;

A——年净收益;

R——报酬率;

n——剩余收益年限。

$$V = (603.13 \div 7.2\%) \times [1 - 1 \div (1+7.2\%)^{32.75}] = 7\,517.40(万元)$$

综合所述,采用收益法(报酬资本化法)测算的估价对象在估价时点的收益价值为7 517.40万元人民币。

(二)采用成本法估价

成本法是求取估价对象在估价时点时的重新购建价格和折旧(或成新率),然后将重新购建价格减去折旧(或者乘以成新率),以此求取估价对象价值的方法。成本法的理论依据是生产费用价值论和替代原理。

重新购建价格是假设在估价时点重新取得全新状况的估价对象的必要支出,或者重新开发全新状况的估价对象的必要支出及应得利润。估价时需要考虑所需的一切合理、必要的费用(包括土地取得费用、前期工程费、建筑安装工程费、管理费、投资利息、销售费用)、销售税金和房地产的社会平均开发利润。

1. 土地取得成本

(1)购置土地的价款。运用基准地价系数修正法计算。

A. 基准地价成果介绍。根据《××市××区人民政府关于印发××区国有土地使用权基准地价的通知》【例×政发[2004]39号】,楼面熟地价是指各土地级别内,完成"通平"的土地在平均容积率条件下,每建筑面积分摊的完整土地使用权的平均价格。

评估过程中,根据城市规划管理部门批准的主要用途,对照《××区基准地价表》先确定估价对象宗地用途类别,进而确定该宗土地的地价区级别、宗地基准地价水平,然后对宗地的容积率、评估基准日、使用年期等个别因素进行地价修正,从而得出宗地的土地价格。××区基准地价表如下:

××区基准地价表(单位:元/平方米建筑面积)

土地用途	价格类型	土地级别				
		一级	二级	三级	四级	五级
商业	基准地价(楼面熟地价)	1200~1980	850~1500	650~1200	450~950	180~600
	基准地价(楼面出让金)	350~450	300~400	220~350	150~280	60~190
综合	基准地价(楼面熟地价)	900~1320	780~1150	600~1050	400~750	130~550
	基准地价(楼面出让金)	230~360	180~290	130~220	90~170	50~110
居住	基准地价(楼面熟地价)	750~1100	600~950	400~850	280~700	120~400
	基准地价(楼面出让金)	120~210	100~180	85~140	70~110	50~90
工业	基准地价(楼面熟地价)	450~600	310~490	250~360	200~320	90~280
	基准地价(楼面出让金)	70~100	60~90	50~80	35~70	20~50

上述基准地价的基本内涵为:

基准地价基准期日:2004年1月1日。

各类基准地价级别土地开发程度:商业、综合、居住、工业用地一至二级的土地开发程度为"七通一平",三至五级的土地开发程度为"五通一平"。

各类基准地价级别土地的平均容积率:商业、综合、居住用地一至二级的平均容积率为1.5,三至五级的平均容积率为1;工业用地的平均容积率为1。

土地使用年期:商业用地40年,综合用地50年,居住用地70年,工业用地50年。

B. 宗地用途类别与计算公式的确定。依据估价对象的《国有土地使用证》的记录,估价对象的土地用途为工业用地,本次评估设定用途与法定用途一致,均为工业用途,属于工业类用地。

根据《××市××区人民政府关于印发××区国有土地使用权基准地价的通知》【例×政发[2004]××号】,其基准地价系数修正法评估宗地地价的计算公式为:

当容积率≥1时,

宗地地面熟地价=适用的基准地价(楼面熟地价)×期日修正系数×年期修正系数×因素修正系数×宗地容积率

当容积率<1时,

宗地地面熟地价=适用的基准地价(楼面熟地价)×期日修正系数×年期修正系数×因素修正系数

C. 宗地基准地价水平的确定。根据《××市××区人民政府关于印发××区国有土地使用权基准地价的通知》【例×政发[2004]××号】、《××区基准地价表》、《××区基准地价级别范围》、《××区基准地价使用说明》中的有关规定,估价对象位于××区××工业开发区,土地用途为工业的现状车间、行政办公区及配套用房等,所在地段土地级别为××工业一级,楼面熟地价取值范围为:450~600元/平方米,故取其所在级别范围内楼面熟地价均价为525元/m^2。

D. 期日修正系数的确定。依据《××市××区人民政府关于印发××区国有土地使用权基准地价的通知》【例×政发[2004]××号】文件中关于"××区基准地价使用说明",本次基准地价基准日为2004年1月1日。根据参考国土资源部土地利用管理司和中国土地勘测规划院在城市地价动态监测网联合公布的××市年度地价指数及季度地价增长率,工业用地熟地价的期日修正系数 K_1 为:

K_1=(宗地评估基准日地价指数/基准地价基准日地价指数)×(1+2012年第一季度工业用地增长率)×(1+2012年第二季度工业用地增长率)×(1+2012年第三季度工业用地增长率)

经计算,得 K_1=2.0316。

E. 年期修正系数的确定。根据《国有土地使用证》复印件的记录,估价对象土地使用权终止日期为2045年8月18日,土地性质为出让,则宗地剩余使用年限为32.75年。

$$年期修正系数=[1-1\div(1+r)^n]\div[1-1\div(1+r)^m]$$

式中:r——土地还原利率(取6.0%);

n——宗地剩余使用年限(32.75年);

m——法定最高使用年限(工业50年)。

经计算,估价对象宗地的年期修正系数为0.9006。

F. 因素修正系数的确定。参照《××区基准地价因素修正系数说明表》,根据宗地各种因素情况确定每种因素的修正系数,使用下面公式测算宗地因素修正系数:

$$因素修正系数=1+\sum K$$

工业用地因素修正系数

影响因素	估价对象因素修正系数(%)
1. 产业集聚程度	2
2. 交通便捷度	1.5
3. 区域土地利用方向	1.2
4. 临路状况	1.3
5. 宗地形状及可利用程度	1.5
6. 基础设施状况	1.5
7. 环境状况	0.6
$\sum K$	9.6
因素修正系数$(1+\sum K)$	1.096

根据上表,估价对象宗地因素修正系数为1.096。

G. 购置土地的价款。估价对象位于××区××工业开发区,所在地段土地级别为××工业一级,适用的基准地价楼面熟地价为525元/平方米;根据《国有土地使用证》及《房屋所有权证》等资料记录,估价对象所在宗地土地使用权面积为36 987.80平方米,地上总建筑面积为18 754.50平方米,容积率为0.5,即当容积率<1时,则其适用的宗地地面熟地价计算公式为:

宗地地面熟地价=适用的基准地价(楼面熟地价)×期日修正系数×年期修正系数×因素修正系数

代入数值,得:

$$525×2.0316×0.9006×1.096=1 052.79(元/平方米)$$

经测算估价对象地面熟地价为1 052.79元/平方米,则估价对象的土地取得费为:

$$1 052.79×36 987.80÷10 000=3 894.04(万元)$$

(2)契税。

契税是土地、房屋权属转移时向其承受者(买方)征收的一种税收,取土地取得费的3%,则契税为:

$$3 894.04×3\%=116.82(万元)$$

(3)土地取得成本。

综上所述,土地取得成本合计为:3 894.04+116.82=4 010.86(万元)

2. 建筑物建造成本

(1)建筑安装工程费。

根据估价对象建筑物的结构类型,参照现行《××市建设工程概算定额》、《材料预算价格》、《机械台班费用定额》以及《××市建设工程间接费及其他费用定额》进行测算,并参考近期同类型建筑物的结算价格,综合考虑后确定建筑物中的建安工程费为:第2幢2 800元/m^2、第7幢1 100元/m^2,其余各幢均为800元/m^2(建安工程费包括建筑结构费用、设备安装费用、内外装修费用及室外工程等费用)。

则估价对象建安工程费为:

$$(2\,800×4\,924.65+1\,100×11\,847.60+800×1\,982.25)÷10\,000=2\,840.72(万元)$$

(2) 前期工程及其他专业费等。

根据××市有关规定和市场情况,对建设项目的前期工程、建设期间税费及其他专业费等间接成本费率有不同的取值,综合各项取费标准,确定本次评估工业用房项目前期费用取建安费用的10%。经测算,前期工程及其他专业费等为:

$$2\,840.72×10\%=284.07(万元)$$

(3) 建筑物建造成本。

根据建筑安装工程费和前期工程及其他专业费等,计算建筑物建造成本为:

$$2\,840.72+284.07=3\,124.79(万元)$$

3. 管理费用

开发管理费包括管理组织房地产开发的各种费用,包括开发商的人员工资及福利费、办公费、差旅费等,其取上述建筑物建造成本的3.0%,则管理费用为:

$$3\,124.79×3.0\%=93.74(万元)$$

4. 投资利息

投资利息为建筑物建造费用和管理费用的资金成本,包括支付贷款的利息,以及基于机会成本的考虑,资本金要放弃可得的存款利息或获得其他收益的可能。

根据该项目的建筑结构类型、建筑规模等,按照《××建筑安装工程工期定额》计算,确定本项目的开发期为2年,其中土地开发期为1年,工程施工期为1年。

根据本项目的特点,假设资金在开发期内均匀投入,贷款年利率为6.25%,则投资利息为:

$$(3\,124.79+93.74)×1/2×6.25\%=100.58(万元)$$

5. 开发利润

按照××市当前的市场状况,不同的年期、不同用途、开发利润率取不同的值。本项目开发建设周期为2年,规划用途为工业,故综合分析确定本项目的直接成本利润率为10%,则开发利润为:

$$3\,124.79×10\%=312.48(万元)$$

6. 销售费用和销售税费

销售费用包括广告宣传和销售代理费,确定为开发总价值的2.5%,销售税费取开发总价值的5.5%,合计为8.0%。

7. 建筑物重置价格

建筑物重置价格为上述2—6项之和,设建筑物重置价格为P,则:

$P=3\,124.79+93.74+100.58+312.48+P×8.0\%$

$P=3\,947.38(万元)$

8. 建筑成新与折旧

估价对象建成于1998年,属混合结构,已使用14年,经查《砖混结构房屋使用年限折余率表》确定折余率为76.98%,经估价师对估价对象房屋的外观等成新的评定,确定折余率为七五成新。

根据《××市房屋重置成新价评估技术标准》以及估价师现场查勘,结合估价对象的实际使用状况,折旧率取房屋使用年限折余率和房屋装修设备完损等级和成新评定说明及折余率各50%的权重后,分析确定估价对象综合折余率约为75%。

砖混结构房屋使用年限折余率表

年限＼折余率%	10	20	30	40	50
1	98.17	81.87	65.57	49.27	32.97	16.67
2	96.56	80.24	63.94	47.46	31.34	15.04
3	94.91	78.61	62.31	46.01	29.54	13.41
4	93.28	76.98	60.68	44.38	28.03	11.78
5	91.65	75.35	59.06	42.75	26.15	10.15
6	90.02	73.73	57.42	41.12	24.82	8.52
7	88.39	72.09	55.79	39.49	23.19	6.89
8	86.76	70.40	54.16	37.86	21.56	5.26
9	85.13	68.83	52.53	36.23	19.93	3.63
10	83.50	67.20	50.90	34.60	18.30	2.00

注：残值率2%

砖混结构房屋完损等级和成新评定说明及折余率表

完损等级	成新评定说明	成新度	折余率（%）
完好房	完全新料新建房	十成新	100
完好房	地基可有轻微不均匀沉降，结构构件平直牢固，无倾斜变形。屋面无渗漏，基层完好，有少量积尘。地面平整、坚固，地板稍有磨损、稀缝。	九成新	90~99
基本完好房	地基稍有超过允许范围的不均匀沉降，但已稳定，有承载能力。承重构件有轻微变形。屋面局部渗漏，排水畅通。地面稍有磨损、小裂。	八成新	80~89
基本完好房	地基稍有超过允许范围的不均匀沉降，有承载能力。承重构件稍有变形、裂缝、倾斜、混凝土构件有轻度剥落露筋。屋面渗漏，防水层稍有空鼓翘边。地面稍有裂缝、空鼓、起砂。	七成新	70~79
一般损坏房	地基有超过允许范围的不均匀沉降。承重构件有局部变形、裂缝、倾斜，部分节点松动。屋面局部漏雨、高低不平。地面局部裂缝、空鼓、起砂，木地板变形。	六成新	60~69
一般损坏房	地基不均匀沉降已引起主体结构局部变形、裂缝，混凝土构件局部变形、裂缝、露筋，木构件局部糟朽。墙身部分裂缝、腐蚀、灰缝疏松。屋面局部漏雨，防水层老化，木基层糟朽、变形。地面局部空鼓、剥落、严重起砂，木地板下沉颤动。	五成新	50~59

完损等级	成新评定说明	成新度	折余率（%）
严重损坏房	地基有明显不均匀沉降或压碎、折断、腐蚀。承重构件明显损坏变形。屋面严重漏雨,排水设施严重锈蚀、断裂、残缺。地面严重剥落、起砂、空鼓。	四成新	40～49
	地基有明显不均匀沉降,并继续发展,承重构件严重损坏变形。屋面严重漏雨,排水设施严重锈蚀、断裂、残缺。地面严重剥落、起砂、下沉。	三成新	30～39
危险房	结构、装修、设备严重破损以至有倒塌危险。	不足三成新	3～29

估价对象折余率的计算过程为：
$$76.98\% \times 50\% + 75\% \times 50\% \approx 75\%（取整）$$

9. 估价对象重置成新价值

据上述计算,得出估价对象重置成新价值为：
$$4\ 010.86 + 3\ 947.38 \times 75\% = 6\ 971.40（万元）$$

综上所述,采用成本法估价的估价对象在估价时点的估价结果为6971.40万元人民币。

七、估价结果

估价师根据特定的估价目的,遵循公认的估价原则,按照严谨的估价程序,选用适宜的估价方法,在对影响估价对象价值因素进行综合分析的基础上,确定××市××区××街6号××药业股份有限公司工业房地产,即建筑面积18 754.50平方米的房屋所有权及相应的剩余土地使用年限为32.75年的36 987.80平方米工业用途出让国有土地使用权在2012年11月18日的估价结果为：

1. 市场价值估价结果

上述两种估价方法得出的市场价值估价结果是：

运用收益法测算的价格为：7 517.40万元人民币。

运用成本法测算的价格为：6 971.40万元人民币。

收益法、成本法是从不同市场角度进行估价,达到互相验证的效果,使估价结果更加客观合理,本次估价对两种方法采用简单算术平均法求取,其最终估价结果为：
$$(7\ 517.40 + 6\ 971.40) \div 2 = 7\ 244 万元（取整）$$

2. 估价师所知悉的法定优先受偿款

根据委托方提供的《国有土地使用证》和《房屋所有权证》的记录,估价对象没有设定抵押权。截至估价时点,估价师未知悉估价对象可能存在的优先于抵押权的法定优先受偿款。

3. 抵押价值估价结果

估价对象的抵押价值总价为人民币7 244万元,大写金额：柒仟贰佰肆拾肆万元整。具体见下表：

估价结果一览表

抵押物名称	总建筑面积（m²）	土地面积（m²）	房地产价值	
			总价（万元）	平均楼面单价（元/m²）
××市××区××街6号××药业股份有限公司工业房地产	18 754.50	36 987.80	7 244	3 862.54

附 件

附件一：估价对象位置示意图（略）
附件二：《国有土地使用证》复印件（略）
附件三：《房屋所有权证》复印件（略）
附件四：《委托书》复印件（略）
附件五：估价对象现状照片（略）
附件六：《企业法人营业执照》复印件（略）
附件七：估价机构房地产估价资质证书（略）
附件八：房地产估价师资格证书（略）

基础训练

1. 简述房地产估价报告的含义。
2. 一份完整、规范的房地产估价报告由哪些内容组成？
3. 房地产估价报告对文字表达和文本格式有何要求？
4. 为什么要对估价报告进行审核？如何审核？

技能训练

在课题一"技能训练"第二项完成估价测算的基础上，按照房地产估价报告的规范格式与内容要求，参考房地产估价报告实例，在老师指导下撰写完成房地产估价报告。

参考文献

[1] 柴强.房地产估价[M].7版.北京:首都经济贸易大学出版社,2012.
[2] 中国房地产估价试与房地产经纪人学会(柴强).房地产估价理论与方法[M].5版.北京:中国建筑工业出版社,2011.
[3] 麻晓芳.房地产估价[M].北京:科学出版社,2010.
[4] 黄晔,胡芳珍.房地产估价[M].北京:北京大学出版社,2009.
[5] 战松.房地产估价[M].大连:大连理工大学出版社,2008.
[6] 戴学珍.房地产估价教程[M].2版.北京:清华大学出版社,2011.
[7] 美国估价学会.房地产估价[M].中国房地产估价试与房地产经纪人学会,译.北京:中国建筑工业出版社,2005.
[8] 窦坤芳.房地产估价[M].北京:机械工业出版社,2007.
[9] 中国房地产估价师与房地产经纪人学会(廖俊平等).房地产估价案例与分析[M].5版.北京:中国建筑工业出版社,2011.
[10] 薛姝.房地产估价[M].北京:高等教育出版社,2003.
[11] 张协奎.房地产估价[M].北京:中国财政经济出版社,2001.

图书在版编目(CIP)数据

房地产估价/常青主编. —西安:西安交通大学出版社,2013.11(2023.1重印)
ISBN 978－7－5605－5750－2

Ⅰ.①房… Ⅱ.①常… Ⅲ.①房地产价格-高等职业教育-教材 Ⅳ.①F293.35

中国版本图书馆CIP数据核字(2013)第232070号

书　　名	房地产估价
主　　编	常　青
责任编辑	王建洪
出版发行	西安交通大学出版社 (西安市兴庆南路1号　邮政编码 710048)
网　　址	http://www.xjtupress.com
电　　话	(029)82668357　82667874(市场营销中心) (029)82668315(总编办)
传　　真	(029)82668280
印　　刷	西安日报社印务中心
开　　本	787mm×1092mm　1/16　印张 14.875　字数 357千字
版次印次	2013年11月第1版　2023年1月第3次印刷
书　　号	ISBN 978－7－5605－5750－2
定　　价	29.80元

如发现印装质量问题,请与本社市场营销中心联系。
订购热线:(029)82665248　(029)82667874
投稿热线:(029)82668133
读者信箱:xj_rwjg@126.com

版权所有　侵权必究

高职高专"十二五"建筑及工程管理类专业系列规划教材

> **建筑设计类**
    （1）素描
    （2）色彩
    （3）构成
    （4）人体工程学
    （5）画法几何与阴影透视
    （6）3dsMAX
    （7）Photoshop
    （8）CorelDraw
    （9）Lightscape
    （10）建筑物理
    （11）建筑初步
    （12）建筑模型制作
    （13）建筑设计概论
    （14）建筑设计原理
    （15）中外建筑史
    （16）建筑结构设计
    （17）室内设计
    （18）手绘效果图表现技法
    （19）建筑装饰设计
    （20）建筑装饰制图
    （21）建筑装饰材料
    （22）建筑装饰构造
    （23）建筑装饰工程项目管理
    （24）建筑装饰施工组织与管理
    （25）建筑装饰施工技术
    （26）建筑装饰工程概预算
    （27）居住建筑设计
    （28）公共建筑设计
    （29）工业建筑设计
    （30）城市规划原理

> **土建施工类**
    （1）建筑工程制图与识图
    （2）建筑构造
    （3）建筑材料
    （4）建筑工程测量
    （5）建筑力学
    （6）建筑CAD
    （7）工程经济
    （8）钢筋混凝土与砌体结构
    （9）房屋建筑学
    （10）土力学与地基基础
    （11）建筑设备
    （12）建筑结构
    （13）建筑施工技术
    （14）建筑工程计量与计价
    （15）钢结构识图
    （16）建设工程概论
    （17）建筑工程项目管理
    （18）建筑工程概预算
    （19）建筑施工组织与管理
    （20）高层建筑施工
    （21）建设工程监理概论
    （22）建设工程合同管理

> **建筑设备类**
    （1）电工基础
    （2）电子技术
    （3）流体力学
    （4）热工学基础
    （5）自动控制原理
    （6）单片机原理及其应用
    （7）PLC应用技术
    （8）电机与拖动基础
    （9）建筑弱电技术
    （10）建筑设备
    （11）建筑电气控制技术
    （12）建筑电气施工技术
    （13）建筑供电与照明系统

(14)建筑给排水工程
(15)楼宇智能化技术

> **工程管理类**
(1)建设工程概论
(2)建筑工程项目管理
(3)建筑工程概预算
(4)建筑法规
(5)建设工程招投标与合同管理
(6)工程造价
(7)建筑工程定额与预算
(8)建筑设备安装
(9)建筑工程资料管理
(10)建筑工程质量与安全管理
(11)建筑工程管理
(12)建筑装饰工程预算
(13)安装工程概预算
(14)工程造价案例分析与实务
(15)建筑工程经济与管理

(16)建筑企业管理
(17)建筑工程预算电算化

> **房地产类**
(1)房地产开发与经营
(2)房地产估价
(3)房地产经济学
(4)房地产市场调查
(5)房地产市场营销策划
(6)房地产经纪
(7)房地产测绘
(8)房地产基本制度与政策
(9)房地产金融
(10)房地产开发企业会计
(11)房地产投资分析
(12)房地产项目管理
(13)房地产项目策划
(14)物业管理

欢迎各位老师联系投稿！

联系人:祝翠华
手机:13572026447　办公电话:029－82665375
电子邮件:zhu_cuihua@163.com　37209887@qq.com
QQ:37209887(加为好友时请注明"教材编写"等字样)